Bauwelt Fundamente 47

Herausgegeben
von Ulrich Conrads

Beirat
für das Programm:
Gerd Albers
Hansmartin Bruckmann
Lucius Burckhardt
Gerhard Fehl
Rolf-Richard Grauhan
Herbert Hübner
Werner Kallmorgen
Frieder Naschhold
Julius Posener
Dieter Radicke
Mechthild Schumpp
Thomas Sieverts

Werner Durth

Die Inszenierung der Alltagswelt

Zur Kritik der Stadtgestaltung

vieweg

CIP-Kurztitelaufnahme der Deutschen Bibliothek

Werner Durth
Inszenierung der Alltagswelt: Zur Kritik der
Stadtgestaltung. – 1. Aufl. – Braunschweig:
Vieweg, 1977.
ISBN 3-528-08647-5

© Friedr. Vieweg + Sohn Verlagsgesellschaft
 mbH, Braunschweig 1977
Umschlagentwurf von Helmut Lortz
Druck: E. Hunold, Braunschweig
Buchbinderei: W. Langelüddecke, Braunschweig
Alle Rechte vorbehalten · Printed in Germany
ISBN 3-528-08647-5

Vorbemerkung

„*Alte deutsche Städte* wie Nürnberg, Rothenburg ob der Tauber, Lübeck u. a. sind in der Welt berühmt, weil sie noch ein deutliches Bild dieser heute verschwundenen Zustände bieten – richtiger gesagt: dieser Zustände, die in der heutigen Gesellschaft nicht mehr die herrschenden, sondern nur noch Überreste einer untergegangenen Zeit sind. Von weither kommen die Menschen gereist, um solche Städte zu besichtigen. Meist wissen sie selbst nicht genau, was ihnen daran so gefällt. Wahrscheinlich ist es bei den meisten die unbewußte Sehnsucht zurück nach einer Zeit, die zwar gewiß nicht so idyllisch war, wie man sie sich heute gern vorstellt, – denn in all diesen alten Städten ist in ihrer Blütezeit viel Blut geflossen – aber doch nach einer Zeit, die nicht den wilden Konkurrenzkampf des entfesselten Kapitalismus kannte. Wo so Giebel neben Giebel steht, ahnt man das wohlhabende oder auch bescheidene, aber wirtschaftlich sichere Leben, getragen und gehegt von der Zunft oder der Kaufmannsgilde, die dafür sorgen, daß jeder seine „Nahrung" bekommt, als Geselle, als Meister, als Ratsherr.
Bürgerliche *Romantik*, ein Zurücksehnen nach „besseren" Zeiten, wohl auch ein Stück Angstgefühl vor den Problemen der Gegenwart und Zukunft, deren Bewältigung sich ein Kleinbürgergemüt nicht vorstellen kann, dazu sicher noch ein Blick durch die rosenrote Brille – kurz: Illusionen und die Selbsttäuschungen einer rückwärtsgewandten untergehenden Klasse, das ist es, was solche alten Städte so populär macht. Ungefähr wie ein alter ausgedienter Schauspieler glücklich ist, wenn er einmal wieder die Luft der Bühne, den Geruch von Staub, Leim und Puder, wittern darf."

Im Jahr 1930 von A. Schwab im *Buch vom Bauen* formuliert[1], könnten diese Worte ebensogut auf die kulturell und politisch restaurativen Tendenzen der Gegenwart bezogen sein – hoffentlich ohne von einer ähnlichen historischen Entwicklung überholt zu werden. Denkmalschutz und Nostalgiebewegung, Regionalismus und Innerlichkeit, alles schon mal dagewesen? Mit einigen Unterschieden offensichtlich: Nachdem die meisten alten deutschen Städte in der Nachkriegszeit durch ihren Umbau von einer zweiten Zerstörungswelle heimgesucht wurden, folgt die Phase gestalterischer Wiederbelebung, dem „Kleinbürgergemüt" als Attraktion und Lebenshilfe. Die städtischen Räume werden nun tatsächlich als Bühne betrachtet und entsprechend ausstaffiert; selbst die verwüsteten Zentren der Metropolen werden mit Kleinstadtkitsch gefüllt.

---

1   A. Schwab, Das Buch vom Bauen, Neuauflage Düsseldorf 1973, S. 161.

Zu dieser Situation wird in diesem Buch polemisch Stellung bezogen. Durch pointierte Zuspitzung und Einseitigkeiten werden Tendenzen markiert, deren Kennzeichnung der Übertreibung bedürfen, um Betroffenheit zu erzeugen. Ein unseriöses Buch also? Zum Teil. Grundlage ist eine im Denkmalschutzjahr 1975 vom Fachbereich Architektur der Technischen Hochschule Darmstadt angenommene Dissertation. Zu aktuellen politischen und kulturellen Entwicklungen in Bezug gebracht, ergänzt und überarbeitet, nahm sie allmählich den Charakter eines Pamphlets an, in dem sich Fakten und Befürchtungen assoziativ verschränken. Doch ist so aus der Dissertation hoffentlich ein Lese-Buch geworden. Ein Lesebuch, in dem man auch Seiten überblättern kann, ohne die Orientierung verlieren zu müssen, da unter verschiedenen Aspekten und nicht ohne Wiederholungen stets ein Thema variiert wird: die gestalterische Kostümierung der städtischen Alltagswelt, deren Charakter sich gerade durch die Verkleidung ihrer Oberfläche zu erkennen gibt – durch die enthüllende Verhüllung gesellschaftlicher Miseren, die ohne ihre Maskierung kaum weniger unerträglich wären.

Im 1. Kapitel werden in einer Bestandsaufnahme zur Stadtgestaltung die anschaulichen Resultate und ideologischen Folgen historischer Entwicklungen dargestellt, deren ökonomische und politische Ursachen im 2. Kapitel untersucht werden. Daß aufgrund ähnlicher Ursachen die übergreifenden Gestaltungsmaßnahmen im städtischen Raum in Einzelbereichen bereits vor-formuliert waren zur Förderung von Arbeitsmotivation, zur Steuerung von Kaufverhalten und zur Steigerung der Wohnzufriedenheit, wird im 3. Kapitel gezeigt. In Form eines trotz fast unzulässiger Kürzungen noch recht trockenen Exkurses beschäftigt sich das 4. Kapitel mit den theoretischen Deutungsmustern, durch die nicht nur der städtische Raum als Bühne, sondern gesellschaftliches Leben insgesamt als Rollen- und Schauspiel betrachtet werden kann.

Da die Diskussion der in der Dissertation entfalteten Thesen immer wieder zu Fragen nach ‚positiven' Alternativen führte, wird im 5. Kapitel schließlich versucht, Bedingungen der Möglichkeit alternativer Gestaltungs-Praxis zu benennen. Dazu wird auf städtische Konflikte und politische Initiativen hingewiesen, durch die gestalterische Phantasie zu einem Moment sozialer Bewegung werden kann. Doch bleiben diese Orientierungsversuche ebenso widersprüchlich wie die an verschiedenen Orten dazu geführten Gespräche: Orientierungsversuche in Richtung auf eine sozial verantwortliche Berufspraxis, über deren Verwirklichung letztlich nicht kluge Sprüche und bessere Einsicht, sondern gesellschaftsverändernde Praxis in übergreifenden politischen Zusammenhängen entscheidet, wie auch das als Nachwort abschließende Zitat aus dem bereits genannten Buch von A. Schwab zu bedenken gibt.

Werner Durth   Juli 1977

Inhalt

Vorbemerkung 5

1. **Bestandsaufnahme: Wechsel der Perspektive**
   1. Auf dem Wege zur Humanisierung der Umwelt?
      Die neue Wirt(schaft)lichkeit unserer Städte 9
      Verschärfte Widersprüche 16
      Architektur als politisches Medium 22
   2. Architektur: Die Modernisierung des Funktionalismus
      Neue Tendenzen 24
      Der Bruch mit dem naiven Funktionalismus 27
      Eine Architektur der Psycho-Hygiene 30
   3. Städtebau: Von der Organismus-Analogie zum Bühnen-Modell
      Die Identifikation mit dem Angreifer 33
      Markt als Bühne und Spielregel 36
      Der Planer wird Bühnenbildner 39
   4. Stadtgestaltung: Ein Lückenbüßer macht sich breit
      Die Stadt als Erlebnisraum 41
      Die Erlebnis-Inventur 45
      Perspektiven der Stadtgestaltung 49
   5. Ökonomie und Stadtgestalt 51

2. **Rückblick: Bedeutungswandel der Stadtgestalt**
   1. Aktualisierung: Ausgangsbedingungen
      Nachkriegszeit und Wiederaufbau 58
      Attraktivität als Standortfaktor 61
      Die ‚Krise der Städte' 66
   2. Konkretisierung: Stadtumbau und Städtewerbung
      Notwendigkeit und Grenzen staatlicher Planungsversuche 69
      Städtekonkurrenz und Imagepflege 74
      Die Stadt als Ware und Werbeobjekt 80
   3. Expansion: Die Politik der Bestandssicherung
      Die Stadtbewohner bei Laune halten! 87
      Folgen der Stadtflucht 90
      Stadtgestaltung als politisches Showbusineß 96
   4. Raumgestaltung in Einzelbereichen 102

3. **Parallelen: Entwicklungstendenzen der Raumgestaltung**
   1. Arbeitsbereiche
      Vom Taylorismus zur Aktionswissenschaft 108
      Betriebsklima und Raumgestaltung 113
      Die Durchdringung von Arbeit und Freizeit 120
   2. Einkaufszentren
      Die Inszenierung der Warenwelt 126
      Stadtzentren als Fußgängerzonen 131
      Ambivalenz der Urbanität 140
   3. Wohnbereiche
      Die Wohnung als Ware und Gegenmilieu 143
      Ausbruchsversuche 149
      Die Politisierung der Reproduktionsbedingungen 153
   4. Raumgestaltung als Ideologieproduktion 157

4. **Neuorientierungen: Wissenschaft als Ideologie**
   1. Urbanität als Rollenspiel
      Freiheit, Gleichheit, Eigentum 161
      Großstadt-Robinsonaden 164
      Situationsdeutung und optische Täuschung 169
   2. Umwelt als Alltagswelt
      Verkehrsregelung oder Supermarkt? 172
      Zur Semiotik der Architektur 177
      Interaktionstheoretische Verkürzungen 180
   3. Gestaltung als szenisches Arrangement
      Architekturkritik als Bedeutungsanalyse 183
      Zeichen, Symbol, Klischee 186
      Rückschlüsse 188
   4. Objektive Bedingungen sozialer Interaktion 191

5. **Alltagspraxis: Aneignung der Stadtgestalt**
   1. Hinter den Kulissen
      Die Ästhetik der Repression 195
      Städtische Konflikte und soziale Bewegungen 199
      Wem gehört die Stadt? 204
   2. Fluchttendenzen und Orientierungsversuche
      Vorwärts oder zurück? 207
      Produkt-Design oder Prozeß-Gestaltung? 210
      Abkürzung auf Umwegen 213
   3. Lösungsversuche
      Der Architekt als Berater 218
      Sackgassen und Stolperdrähte 222
      Die Inszenierung: Wiederholung einer Tragödie als Farce? 224

Nachwort (aus dem Jahr 1930) 226

Bildnachweise 228

1. Bestandsaufnahme: Wechsel der Perspektive

1. Auf dem Wege zur Humanisierung der Umwelt?

Die neue Wirt(schaft)lichkeit unserer Städte

Wer die Zentren der großen Städte lange nicht sah, wird sich erstaunt die Augen reiben: Die Städte erscheinen in neuem Kostüm. Statt Betongrau wird Bunt getragen, statt Konfektionsware präsentiert man originelle Details. Von den Lichterketten der Kugellampen bis zum Dessous der kleingepflasterten Wegränder wird die Garderobe getauscht, eine künstliche Schicht von Behaglichkeit verkleidet das städtische Chaos. Zum *Jahr des Denkmalschutzes* erklärt, scheint das Jahr 1975 eine Trendwende zu markieren. Nach einem Jahrzehnt zerstörerischen Städtewachstums und damit wachsender Kritik an der „Unwirtlichkeit unserer Städte"[1] stehen Stadtgestaltung und -erhaltung auf dem Programm von Bundes-, Landes- und Kommunalpolitikern. Privatinitiativen zur Farb- und Fassadengestaltung werden subventioniert, durch Wettbewerbe angeregt und flankiert von denkmalpflegerischen Maßnahmen, die sich nicht mehr nur auf historisch besonders wertvolle Einzelbauten richten, sondern auf umfassenderen Milieu- und Ensembleschutz.

Um die Prognostiker und Entwicklungsplaner ist es still geworden. Die Experten sind sich einig: Nicht mehr Stadterweiterung und Neubau, sondern Bestandspflege und Modernisierung werden die Planung in den nächsten Jahren bestimmen. Ein Perspektivwechsel im Städtebau? Die Lebensqualität der Vergangenheit scheint inzwischen näher als die der Zukunft: Seit durch Verschärfung der ökonomischen Krise Wachstumserwartung und Reformoptimismus zerbrochen sind, „gewinnt der *Erhaltungsgedanke* im Städtebau einen Rang, der ihn immer deutlicher von der nur schwer faßbaren Nostalgiebewegung der vergangenen Jahre abhebt und zu nachprüfbaren Kriterien seiner Notwendigkeit und Zweckmäßigkeit führt".[2] Auch wenn es noch verfrüht erscheint, „von einer grundlegenden Umkehr der Städtebaupolitik zu sprechen", wird doch selbst aus der Sicht der Bundesregierung ein Wendepunkt ausgemacht. Nachdem auch offiziell die Politik der „Bestandspflege"[3] an die Stelle langfristiger Programme und Planungen getreten ist, hat sich tatsächlich manches

---

1 A. Mitscherlich, Die Unwirtlichkeit unserer Städte, Frankfurt/Main 1965.
2 Städtebaubericht 1975 der Bundesregierung, Bonn-Bad Godesberg o. J., S. 10 f.
3 Raumordnungsbericht 1974 der Bundesregierung, Bonn-Bad Godesberg 1975, S. 10.

geändert. In den Zentren der Städte gewinnt die Politik gesellschaftlicher Restauration gegenständliche Anschaulichkeit. Eine Krisenästhetik beginnt das Bild der Städte zu prägen: Auf den Spuren der „Nostalgiebewegung" werden Stadt-Bilder ausschnitthaft hergerichtet und in Fernsehbildern, Zeitungsfotos, Berichten und Kommentaren bedeutungsvoll als Stationen auf dem Weg zur Humanisierung der Umwelt gefeiert. Lassen wir uns drauf ein und schauen uns um!

Von herausgeputzten Altbaufassaden bis hin zum Scheinantiquariat eleganter Cafés und Boutiquen wird die heimelige Atmosphäre der guten alten Zeit beschworen; die Atmosphäre einer fiktiven Vergangenheit, die gegenüber der bedrohlichen Gegenwart mehr Sinngehalt und Fluchträume bietet als die vage Fiktion einer ungewissen Zukunft. „Denkmalschutz als Volksbewegung"[4] wird zu einer modischen „Vergangenheitswelle"[5], die in einer breiten konservativen Strömung zur Rettung kulturellen Erbes ansetzt und im Treibgut der Flohmärkte zur Trödel-Bewegung verebbt.

Angesichts der gründlichen Zerstörung historischer Stadtstrukturen und der mit ihnen ‚gewachsenen' Lebensformen beginnen sich in romantischer Verklärung der Vergangenheit sogar politische Grenzen zu verwischen in dem einen Bemühen, wenigstens noch zu retten, was zu retten ist. Seit der Stadtumbau großen Stils zum Stillstand gekommen ist und das ‚Inordnungbringen' der Städte ansteht, scheint nach langer Unruhe endlich ein gesellschaftlicher Konsens erreicht: „Die neue Wertschätzung unserer Großväter-Architektur und ihre liebevolle Restauration" weisen den Weg, der „vom Gegeneinander zum Miteinander"[6] führen soll — zurück zu den Vätern. Einstimmig wohlwollend berichten die Massenmedien über die einsetzende ‚Humanisierung der Städte' und über die vielfältigen Initiativen zur Erhaltung und Verschönerung historischer Bauten. Als sei die Sicherung und Pflege des Bestehenden das Beste, was von der Zukunft noch zu erwarten ist, tritt rückblickende Bestandsaufnahme an die Stelle weitgreifender Planungs- und Reformdiskussionen. Kaum eine Tageszeitung oder Illustrierte, die nicht regelmäßig über die Restauration pittoresker Bauten berichtet. Dem Unbehagen an der Modernität wird eine freundliche Gegenwelt geschaffen — bis in die Spots der Fernsehwerbung schlägt der neue Trend durch: Die jungdynamischen Konsumenten der Astronauten-Generation wirken bereits wie niedliche, veraltete Relikte der 50er Jahre gegenüber den Dandies, die im modischen Großvater-Look aus nachgebauten Oldtimern lächeln. Ein anspruchsvoll nostalgischer Lebensstil wird vorgeführt, dessen Kulissen der Vergangenheit entliehen sind — eine heile Welt, aus dem Arsenal der Geschichte zusammengestellt, lückenlos

---

4 Frankfurter Allgemeine Zeitung vom 21. 1. 1975.
5 Frankfurter Allgemeine Zeitung vom 29. 1. 1977.
6 Aktion Gemeinsinn e. V. (Hg.), Unser Lebensraum braucht Schutz. Denkmalschutz, Bonn 1975, S. 32, S. 36.

von der Kleidungsmode über Wohnungsmöbilierung bis hin zur Gestaltung der Straßen und Plätze.
Breite publizistische Aufmerksamkeit finden daneben die Versuche, durch extravagante Hausbemalungen die Monotonie der Stadtbilder zu durchbrechen und „Farbe als Antiarchitektur"[7] wirksam werden zu lassen Bis hinein ins verrußte Ruhrgebiet wird versucht, „Besitzer von stilvollen alten Gebäuden dazu zu bewegen, den Grauschleier von den Fassaden zu reißen".[8] Dem mitreißenden Aufruf zu einem Fassadenwettbewerb folgt die Belehrung: „Der ureigentliche ‚Zweck' menschlicher Siedlungen liegt wohl darin, daß dort Menschen leben, nicht nur funktionieren sollen. Auf diesem Weg ‚zurück' spielt der stark emotionale Einfluß der Farben auf die menschliche Psyche eine nicht unerhebliche Rolle." Mit dem Motto „Die Moderne ist trostlos und trist – Rettet den liebenswerten Kitsch" und mit saftigen Gewinnen werden die „progressiven, farb-bewußten Hausbesitzer"[9] auf den „Weg zurück" gelockt.
Der Mut zur Farbe macht Schule. Und wer nicht alles unterstützt, „um durch Illusion die Welt angenehmer erscheinen zu lassen"[10], wem beim „Aufbegehren mit Farbe gegen Entfremdung" Bedenken kommen, gilt als arroganter Moralist oder gar als „faschistischer Purist". Die Diskussion über die Zulässigkeit ästhetischer Operationen am Erscheinungsbild der Städte ist passé. Abgelöst von der sozialen Organisation des Innenlebens der Gebäude, beginnen die Fassaden ein reges Eigenleben zu führen. Inzwischen kann festgestellt werden, „daß man sich bereits an den Gedanken zu gewöhnen beginnt, von der Restaurierung zur Rekonstruktion und historischen Kulissenschieberei überzugehen".[11] Ohne Vorbehalt wird fast alles dankbar aufgegriffen, was das Stadtbild lebendiger erscheinen läßt. Während an einigen Orten gemalte Scheinlandschaften die Häuserwände sprengen, wird andernorts städtebauliches

7 Frankfurter Allgemeine Zeitung vom 6. 1. 1975.
8 Farbige Fassaden-Oasen in der Steinwüste, in: Format, Zeitschrift für verbale und visuelle Kommunikation, Heft 2/1974, S. 53.
9 Bericht über einen Fassadenwettbewerb des Siedlungsverbands Ruhrkohlenbezirk, in: Format, a.a.O.
10 Der Spiegel vom 23. 12. 1974, S. 39.
11 Frankfurter Allgemeine Zeitung vom 29. 1. 1977.

Face-Lifting durch Haut-Transplantation versucht, indem Neubauten durch umgepflanzte Altstadt-Fassaden verkleidet werden. Ganze Gebäude werden sorgsam aus ihrer Umgebung genommen, in Einzelteilen quer durch die Stadt gerollt und Situationen eingefügt, in denen sie besser zur Geltung kommen. Selbst die monotonen Strickmusterfassaden der großen Warenhäuser werden auf historische Masche gewechselt. Der Zusammenhang von Form und Funktion wird aufgelöst, der Widerspruch wird zur Pointe: Stolze Bürgervillen bergen Agenturen und Banken, Fachwerkhäuser Kaufhauskonzerne.
Neue Maßstäbe werden gesetzt. Wenn schon zu repräsentativen Neubauten und durchgreifender Modernisierung das große Geld fehlt, sollen wenigstens die zentralen Plätze und Straßenräume wieder als „gute Stubb" der Stadt hergerichtet, für Bewohner und Besucher feingemacht werden: Auch wenn dabei zusammengelesene Fassadenteile und Trümmer historischer Bauten als Lückenbüßer im Stadtbild eingesetzt werden, erachtet man solche Attrappen doch für besser als die ungeschminkte Wirklichkeit, „wo es uns zudem auch noch billiger kommt, weil wir das Alte neu bauen können und nicht altes innen langwierig erneuern müssen".[12]
Die zentralen städtebaulichen Situationen sollen nicht mehr als zufällige Resträume zwischen den Außenwänden von Einzelgebäuden erfahrbar sein, sondern wieder als geschlossene Stadt-Innenräume, die von der Tapete aus Häuserwänden bis zur Straßenmöbilierung wohnlich eingerichtet werden und deren (Schau-)Fenster Ausblicke auf den Reichtum der Warenwelt freigeben.[13]
So bieten sich die Innenstädte in einer neuen Wirtlichkeit an, und unschwer wird der Besucher die vertrauten Symbole privater Geborgenheit im Ensemble des Stadtbilds wiedererkennen. Der ungestillten Natursehnsucht, dem heimlichen Fernweh und dem Wunsch nach Einbindung in feste Traditionen abgelauscht, beginnt sich das Repertoire der Gegenstände zur Sicherung familiärer Gemütlichkeit im Raum der Straßen und Plätze zu verdoppeln: Dem Naturersatz der Vorgärten und Blumenfenster entsprechen gestaffelte Planzentröge und Pflasterhügel; dem altdeutschen Einrichtungsstil entspricht das Nebeneinander altenglischer Pubs, mittelalterlicher Schänken und rustikaler Grillstuben. Die folkloristischen Elemente der Wandbehänge und Muschel-

---

12 R. Arndt, Am Römerberg soll historisch gebaut werden, in: Presse- und Informationsamt der Stadt Frankfurt am Main (Hg.), Zur Diskussion: Was kommt zwischen Dom und Römer, Frankfurt/Main 1975.
13 Städtebaubericht 1975, a.a.O., S. 34: „Fußgängerbereiche können den Städten ein Stück urbaner Humanität zurückgeben und damit wesentlich zur Erhöhung des Freizeitwertes beitragen. Die engen Gassen älterer Stadtstraßen, in der Zeit des Fuhrwagenverkehrs entworfen, sind für das Kraftfahrzeug wenig geeignet. Dem Fußgänger zurückgegeben, werden sie wieder erlebbar. Die Einzelhandelsgeschäfte spüren dies an den steigenden Umsätzen; Cafés können sich in der warmen Jahreszeit auf die Straßen ausdehnen, und in der öffentlichen Meinung erhält die architektonische Gestaltung von Plätzen, Straßen und Gebäuden wieder an Gewicht. Insgesamt wird es wieder erstrebenswert, in der Innenstadt zu wohnen."

ikonen finden sich wieder in den Grottagen der internationalen Restaurants und Boutiquen. Die Glasteile der Kommoden und Schränke werden vertreten durch die in den Straßenraum gerückten Vitrinen der Kaufhäuser, und wie modische Aschenbecher auf Spitzendeckchen zieren stählerne Brunnenplastiken die Verkehrsinseln und U-Bahn-Eingänge. Wie der beklemmende „Wohnfetischismus"[14] als hilflose Beschwörung mangelnder Gemeinsamkeit zerstörte Familienstrukturen verdeckt, so kaschieren hier Ersatzarchitekturen den Qualitätsverlust städtischen Lebens. Und spürbar bleibt die demonstrierte Behaglichkeit bis in die Einzelräume ebenso unbehaglich wie die rustikale ‚Wirtlichkeit' der großen Abfütterungsmaschinerien, in denen bis zur Dirndl-Tracht der Bedienung mit optischen Inszenierungen der Verlust an Kultur im Geschäftsinteresse überspielt wird, um „Attraktivität" zu sichern.

„Während jeder Gastwirt weiß, wie sehr die Attraktivität seines Lokals für diese oder jene Gruppe von Gästen von der Einrichtung seiner Räume abhängt, und eine ganze Industrie davon lebt, dem einzelnen eine Wohnungsumgebung zu ermöglichen, in der er sich scheinbar oder wirklich wohlfühlt, haben die Stadtplanung und das Bewußtsein der Öffentlichkeit jahrzehntelang den öffentlichen Raum als Qualität vernachlässigt."[15] Dies hat sich gründlich geändert, seit die zahlenden Gäste der Städte ausbleiben, seit die zahlungskräftigen Bewohner verstärkt abwandern ins Umland oder attraktivere Orte; seit die Kaufkraftströme ebenfalls ins Umland zu fließen beginnen und selbst umworbene Dienstleistungsunternehmen nachziehen und ihre Arbeitsplätze dorthin verlagern. Unter den Bedingungen knapper Ressourcen und damit weiter verschärfter Konkurrenz zwischen den Kommunen schlägt mangelnde Attraktivi-

---

14 Vgl. A. Mitscherlich, Die Unwirtlichkeit unserer Städte, a.a.O., S. 129.
15 M. Trieb, Stadtgestaltung – Theorie und Praxis, Düsseldorf 1974, S. 22.

tät auch in der Bilanz der Stadtwirtschaft durch, die von Steuereinnahmen ähnlich abhängig ist wie eine Gastwirtschaft von der Stammkundschaft. Freilich ist wie die meisten Vergleiche auch dieser schief, doch wird am Bild eines deutlich: Auch die gestalterische Verwandlung der Städte ist nicht bloß zweckfreies Ergebnis humanitärer Ansprüche und Forderungen, als das sie in Büchern, Artikeln und Ansprachen meist dargestellt wird. Auch die „Investition erfinderischer Gestaltung"[16] ist von handfesten ökonomischen und politischen Interessen getragen, was schon an ihrer räumlichen Verteilung, an ihren Schwerpunkten und Grenzen sichtbar wird. Die anfangs beschriebenen, fast noch ungewohnten Erscheinungsformen der neueren städtebaulichen Entwicklung sind deshalb daraufhin zu untersuchen, wo und für wen seit neustem auch ‚Gestalt' investiert wird; welchen – den Dingen selbst nicht mehr ablesbaren – Zwecken diese Mittel dienen.

Verschärfte Widersprüche

Wer die Zentren der großen Städte lange nicht sah, wird sich erstaunt ein zweites Mal die Augen reiben – wenn er die sorgsam gestalteten Ghettos der Fußgängerzonen, Prachtbauten und Bürgerhäuser verläßt und sich von den Hauptzufahrtsstraßen seitwärts in die „Grauen Zonen"[17], hinter die schmucken Fassaden verirrt. Dort findet er ein Chaos von Verkehrsschneisen mit Trümmerrändern, durch Bauzäune abgesperrte Materialwüsten und Investitionsruinen aus dem Krieg der Spekulationskonkurrenten, die ebenso erschreckend wie wirkliche Kriegsschäden von sinnlos verschleudertem gesellschaftlichem Reichtum künden. Er findet gutbürgerliche Mietshäuser und herrlich bewohnbare Gründerzeitvillen, die – von den Söldnern der Eigentümer unbrauchbar gemacht – noch Spuren des Kampfes um billigen Wohnraum tragen. Wenig weiter führt der Weg durch heruntergekommene Wohnblöcke in Straßen, deren Ränder Mülltonnen und Autowracks säumen: das Spielfeld von Ausländerkindern, die aus der Enge überbelegter Wohnungen flüchten.
In diesen Gebieten bleiben nur jene zurück, die sich ein Ausweichen in die besseren Wohnviertel oder in die Randzonen der Städte nicht leisten können und somit zu Zwangsbewohnern werden: Alte, Ausländer, Studenten, kinderreiche Arbeiterfamilien. Die Prozesse selektiver Abwanderung aus den Kernstädten der Ballungsräume wird zu einem Hauptproblem der Kommunalpolitik, da der Aufteilung in ‚gute' und ‚schlechte' Wohngebiete die beschleunigte Aufteilung der Bevölkerung folgt. Nüchtern stellt der Städtebaubericht der

16 A. Mitscherlich, a.a.O., S. 29.
17 Vgl. J. Jacobs, Tod und Leben großer amerikanischer Städte, Gütersloh und Berlin 1963, sowie H. P. Bahrdt, Humaner Städtebau, Hamburg 1963, bes. S. 114 f.

Bundesregierung fest: „Während sich in zentrumsnahen verdichteten Altbaugebieten die ausländischen Arbeitnehmer und ältere einkommensschwache Bevölkerungskreise konzentrieren, ziehen in Neubaugebiete vor allem jüngere Familien."[18] Die räumlich erfahrbare soziale Abgrenzung der Bevölkerungsschichten läßt frühere Konzepte sozialer Mischung und Integration als unrealistisch erscheinen. Doch nicht nur die Diskrepanzen zwischen Zentren und Peripherie vergrößern sich. Auch in und zwischen den Zentren verschärfen sich die Kontraste. Während auf der einen Seite festzustellen ist, daß sich aufgrund der guten Erreichbarkeit zentraler Einrichtungen und tertiärer Arbeitsstätten „alte und neue Villenviertel in Zentrumsnähe bei entsprechender Ausstattung hoher Wertschätzung erfreuen" und in den letzten Jahren sogar „in manchen Städten eine Rückwanderung einzelner einkommensstarker Haushalte in zentrale Wohnbezirke" zu beobachten ist, gibt andererseits „nicht wenigen alten Ortskernen (...) die ausländische Bevölkerung das Gepräge".[19] Da selbst die Bundesregierung „das räumliche Auseinanderrücken sozialer Schichten"[20] konstatieren muß, wird die Not wachsender sozialer und räumlicher Distanz vorübergehend zur Tugend subkultureller Stabilisierung erklärt: „Diese Entwicklung muß nicht in jedem Fall negativ bewertet werden, da sie die sozialen Kontakte unter den ausländischen Arbeitnehmern stärken und damit ihrer Vereinsamung entgegenwirken kann. Es gilt jedoch zu verhindern, daß aus solchen Wohnbereichen Ghettos werden."[21] Dies wird besonders wichtig dort, wo die innerstädtischen Wohngebiete auch für einheimische Bewohner noch attraktiv sind und gar an Anziehungskraft noch gewinnen sollen; je stärker die beschleunigte Stadtflucht der Bewohner die kommunale Finanzlage verschlechtert und zur Aufwertung solcher Wohngebiete zwingt.

Während so in den noch guten Wohnlagen der Innenstädte durch Restauration und Modernisierung Bestands*pflege* betrieben wird, ist sie in den Neubausiedlungen am Stadtrand auf Bestands*sicherung* reduziert. Hier werden nur die dringendsten Einrichtungen des öffentlichen Bedarfs noch ausgebaut; die Infrastrukturausstattung, besonders die ‚sozialen Dienste', werden auf dem mindest erforderlichen Stand eingefroren. Allenfalls die Organe staatlicher Bestandssicherung werden erweitert: Unter Hinweis auf steigende Kriminalität und Verwahrlosung, besonders unter den Jugendlichen, werden neben Sozialarbeitern auch Sonderpolizisten eingesetzt und Kontrollsysteme ausgebaut.

Hier ist die in den Innenstädten vordergründig bekämpfte „Unwirtlichkeit" ungebrochen und verstärkt erfahrbar. Die ehemals klinisch sterilen Hochhaus-

---

18 Städtebaubericht 1975, a.a.O., S. 17.
19 A.a.O., S. 19.
20 A.a.O., S. 17.
21 A.a.O., S. 19.

wände, Zugänge und Rasenbeete haben die Aura der Unberührbarkeit verloren, haben durch Wetter, Verschleiß und Zerstörungsversuche Patina angesetzt — eine Patina aus grauen Regenstreifen an Fensterbänken und ungenutzten Balkons, aus Spuren eilig gelöschter Papierkorb-Brände, aus abgestoßenem Putz und bekritzelten Wänden im Umkreis lädierter Hauseingänge. Dazwischen immer wieder: Spuren der Zerstörung von Wohnumgebung als Ausdruck ohnmächtiger Reaktion auf Lebensbedingungen, deren Monotonie in der Schäbigkeit der Architektur ihren Ausdruck findet. Hier ist alles auf das Notwendigste beschränkt, durchkalkuliert und kontrolliert. Die wenigen Versuche etwa der Jugendlichen, sich ihre Umwelt durch Veränderung anzueignen, gelten als Sachbeschädigung und werden strafrechtlich verfolgt; bis hin zu den Vorschriften der Balkonbenutzung sind die Möglichkeiten persönlicher Selbstdarstellung beschränkt auf den engen Raum der Wohnung, für die man auch zahlt.

Erlebnisräume? Stadtgestaltung? Bedeutungslose Vokabeln in dieser Umgebung. Und die schüchternen Versuche, mal einem Kindergarten, mal einem Hochhaus farbige Akzente zu geben, wirken hier ähnlich grotesk, wenn auch undramatischer als etwa im Märkischen Viertel, der Vorstadt der Superlative: „Dort hatte man geglaubt, mit brüllenden Schockfarben eine mausetote Architektur wieder zum Leben erwecken zu können. Das Ergebnis: Eine grellbunt beschmierte Leiche."[22] Nicht umsonst werden die ‚Ensembles' trister Wohnsilos als Schlafstädte bezeichnet: Ergebnisse einer ruinösen Trennung der Lebensfunktionen, die individuell nur über lange Pendelstrecken und Reisezeiten zusammengefügt werden können.

Bis in die sinnlichen Erscheinungsformen ihrer Einzelbereiche ist die Stadt Ausdruck ökonomischer Zwänge, die zugleich den Alltagsverlauf und die Erfahrungswelten ihrer Bewohner bestimmen. Denn nicht nur die baulichräumliche Organisation der Stadt wird beherrscht vom *stummen Zwang der ökonomischen Verhältnisse* — von einer *Ökonomie des Raumes*, die sich aus dem Rentabilitätsgefälle der Bodennutzung ergibt und sich bis in die Gestalt der Einzelbauten hin auswirkt —: Der Tagesverlauf der arbeitenden Menschen wird beherrscht von einer *Ökonomie der Zeit*, die nach der für Arbeit, Berufsverkehr und Besorgungen notwendigen Zeit kaum noch Freiräume läßt. „Das Alltägliche setzt sich in seiner Trivialität aus Wiederholungen zusammen."[23] So ist die vielbeklagte Monotonie der Vorstädte nur eine beiläufige, aber konsequente Erscheinungsform einer monotonen Alltäglichkeit, in der sich die täglich eingeschliffenen Handlungsverläufe zu einem routiniert durchlaufenden Tätigkeitskreis verbinden. Die Erfahrung des räumlichen und sozialen Zusammenhangs städtischen Lebens schrumpft zusammen auf die Wahrnehmung enger Kanäle durch die Routinewelt des Alltagslebens, auf die Kenntnis

---

22 Farbige Fassaden-Oasen in der Steinwüste, a.a.O., S. 53.
23 H. Lefèbvre, Das Alltagsleben in der modernen Welt, Frankfurt/Main 1972.

individuell eingefahrener und abgesicherter Trampelpfade durch den städtischen Dschungel. Der organisierte Alltag verläuft nach einem streng einzuhaltenden Tages-Programm, und nach diesem im Kopf fest eingeschriebenen Plan führen die subjektiven Funktionsbänder durchs ‚Labyrinth Stadt', von der Wohnung aus und wieder zurück. Mit dem allmorgendlichen Aufbruch zur Schule und zur Arbeit beginnt im wörtlichen Sinne ein Tages-Lauf über viele verschiedene Stationen, der in den bläulich flimmernden Wohnzimmern abends zwar sein Ende, nicht aber sein Ziel findet.

In Erinnerung an die Pracht der gepflegten Wohn- und Einkaufsbereiche werden die Kontraste hart: Während in den städtischen Vorzeigezonen die Szenerie eines freien und glücklichen Lebens entfaltet wird, wächst in den Gebieten der alten und neuen Mietskasernen materielle Not, Isolation und Kontrolle – von der Verarmung der ‚Wahrnehmungswelt' ganz zu schweigen. Das in der Stadtmitte ausgestellte Leben steht quer zur Alltagserfahrung der Masse der Bevölkerung. Quer zu Arbeits- und Lebenserfahrungen, die zur Flucht ins Private treiben, aber auch dort über Massenmedien wieder eingeholt werden von Bildern, in denen Ausschitte der sonst unheimlichen Außen-Welt als Orte eines besseren Lebens vorgestellt werden: Schönheit und Reichtum der Warensammlung in den Einkaufsstraßen verdrängen die Gedanken an die täglich erlittenen Bedingungen ihrer Produktion. Restaurierte Edelquartiere lenken ab vom Verfall ihrer Randzonen, der Anblick herrlicher Fassaden könnte die Höhe der Wohnungsmieten dahinter vergessen machen.

Architektur als politisches Medium

Die Ambivalenz gegenwärtiger Entwicklungstrends wird offensichtlich: Einerseits kann die breite öffentliche Kritik an der Verschlechterung städtischer Lebensbedingungen nicht länger übergangen werden, da sich trotz wachsender Repression die Formen kollektiven Widerstandes – wie Demonstrationen, Hausbesetzungen, Mieter- und Bürgerinitiativen – mehren und die Legitimationskrise des Wohlfahrts-Staates verschärfen. Andererseits werden die Grenzen einer „Humanisierung, die machbar ist"[24], immer deutlicher, je mehr diese – von der konkreten Verbesserung der Lebensbedingungen abgelöst – bloß Moment privatwirtschaftlicher Kalkulation oder staatlicher Steuerungsstrategien wird.

Über Jahre hinweg wurde besonders in den Massenmedien der wachsende Protest gegen die zerstörerischen Wirkungen kapitalistischer Stadtentwicklung vor allem an den sichtbarsten Formen festgemacht, auf Architekturkritik verkürzt und damit weitgehend entpolitisiert. Indem die öffentliche Aufmerksamkeit von den sozioökonomischen Bedingungen ab- und auf die städtebaulichen Erscheinungsbilder umgelenkt wurde, konnten zugleich durch demonstrative Gestaltungsmaßnahmen dieser veröffentlichten Kritik vorübergehend die anschaulichsten Belege genommen werden.

Die „Wiederkehr des Historismus"[25] und ein neuer Manierismus in Architektur und Städtebau sind Resultate des hilflosen Versuchs, das verbreitete Unbehagen an den städtischen Lebensbedingungen zu kompensieren durch Angebote für eine „Regression in den Kitsch"[26], der aus dem Ghetto der Wohnzimmeridyllik in die Stadtzentren drängt. Dabei kann allerdings dieses Angebot meist bloß visuell wahrgenommen werden, ohne aber auch neue Möglichkeiten konkreten Wahr-Nehmens, praktischer Aneignung der räumlich-gegenständlichen Umwelt im täglichen Lebensvollzug zu eröffnen. Wie in der ‚guten Stube' der Wohnungen gilt auch hier: Fühlen Sie sich wie zu Hause, aber bitte: Nichts berühren!

Die Einschränkung entwerferischen und konzeptionellen Spielraums durch kostenminimierende Organisation einerseits und effektmaximierende Dekoration andererseits ist Symptom einer Entwicklung, in deren Verlauf städtebauliche Gestaltung mit Urban Design, Humanisierung mit Ästhetisierung gleichgesetzt werden. Doch selbst dieser Rückzug auf den Augen-Schein des

---

24 Der Spiegel, a.a.O., S. 42.
25 N. Pevsner bemerkte im Bereich der Einzelbauten bereits 1961 eine „Revolte aus Langeweile" in der modernen Architektur und stellte „eine neue Tendenz" fest, die primär „auf die Gestaltung der Außenflächen" abzielt: N. Pevsner, Moderne Architektur und der Historiker oder Die Wiederkehr des Historismus in: Deutsche Bauzeitung, Heft 10/1961, S. 757 f.
26 A. Lorenzer, Städtebau: Funktionalismus oder Sozialmontage?, in: H. Berndt u. a., Architektur als Ideologie, Frankfurt/Main 1968, S. 52.

Städtebaus wird problematisch. Da trotz Funktionalismus und ‚Internationalem Stil' eine zugleich gesellschaftlich verbindliche und ästhetisch befriedigende Formensprache nicht entwickelt werden konnte, werden nun die Ansatzpunkte städtischer ‚Selbstdarstellung' in den Relikten lokaler Geschichte gesucht, die — falls nicht vorhanden — auch nachproduziert oder aufgemalt werden. Nicht mehr die Einheit des funktionellen und ästhetischen Gebrauchswertes, sondern gestalterische Klischees sollen Teilhabe an stabilen Lebensformen bieten und Sinn vermitteln: So gilt „Altstadt als Erlebis von Gemeinsamkeit"[27], ganz gleich, was darin geschieht. Die in der Gegenwart vermißte ‚Heimat' wird in der Vergangenheit *an sich* gesucht.

Fordert die aufgezwungene berufliche Mobilität den Individuen Bindungslosigkeit ab, so sollen die „Bindungen des Bürgers an seine Stadt vor allem auf der Unverwechselbarkeit von Stadtbild und Stadtstruktur"[28] beruhen. Nicht das Leben, sondern das Erleben zählt. Entsprechend wird — wie später zu zeigen sein wird — auch von Planern ‚Stadt' nicht mehr nur als technisch-ökonomischer Funktionszusammenhang, sondern zunehmend als Kette subjektiv erfahrener Erlebnisbereiche[29] begriffen, bei der das je Hinzugedachte und Hineingedeutete einen wesentlichen Bestandteil städtischer Lebensqualität ausmachen.

Der Prozeß der Ablösung immer umfassenderer Gebrauchswertversprechen von den konkreten Nutzungsangeboten und ihre Organisation durch eine „Technokratie der Sinnlichkeit"[30] ist in sorgfältigen Analysen zur Warenästhetik untersucht und an Beispielen aus verschiedenen gesellschaftlichen Lebensbereichen weiterverfolgt worden. Daß — bei allem Unterschied der Entstehungs- und Funktionszusammenhänge — ähnliche Prozesse nun zunehmend auch die städtebauliche Praxis der Planer und Architekten bestimmen, wird deutlich nicht nur am sichtbaren Formwandel der Städte, sondern auch am Bruch mit den bisher gültigen Deutungs- und Gestaltungsmustern des naiven Funktionalismus in Architektur und Städtebau. Die symbolische Dimension der räumlichen Umwelt wird neu entdeckt; Architektur wird zum Träger von Bedeutungen, die auch weitgehend unabhängig vom konstruktiven und funktionalen Gefüge der Gebäude arrangiert werden können.

Andererseits führt jedoch gerade die Einsicht in die Bedingungen und Grenzen einer bloß an der Oberfläche ansetzenden Humanisierung der Städte zu einer verstärkten Politisierung der Forderungen nach humanen Lebensbedingungen

---

27 Altstadt ist Erleben von Gemeinschaft, Bericht über Denkmalschutz und Stadtsanierung in: Frankfurter Allgemeine Zeitung vom 21. 3. 1975, S. 46.
28 C. C. v. Pfuel, Eine Zukunft für unsere Vergangenheit. Über das Europäische Denkmalschutzjahr 1975, in: Aus Politik und Zeitgeschichte, Beilage zur Wochenzeitung Das Parlament, 8. 3. 1975, S. 4.
29 Vgl. T. Sieverts, Die Stadt als Erlebnisgegenstand, in: W. Pehnt, (Hg.), Die Stadt in der BRD, Stuttgart 1974, S. 29 f.
30 W. F. Haug, Kritik der Warenästhetik, Frankfurt/Main 1971, S. 55.

in den Städten — zu Forderungen, die besonders wirksam auch von Planern und Architekten unterstützt werden können: durch Mitarbeit in kommunalpolitisch aktiven Gruppen, durch fachliche Beratung und durch Erarbeitung praktikabler Alternativen. Mit wachsendem sozialen Engagement wird Architektur als politisches Medium entdeckt, werden Entwurf und Darstellung zu Mitteln der Aufklärung. In anschaulichen Plänen, Bildern, Modellen und gemeinsamen Aktionen werden die gemeinschaftliche Umgestaltung und Nutzung von Hinterhöfen, Vorgärten, Straßenräumen, von leerstehenden Wohnhäusern, Fabrikhallen und Kirchen konkret vorstellbar. So treten neben die handfesten Forderungen nach billigeren und besseren Wohnungen, Verkehrs- und Versorgungseinrichtungen zunehmend auch Vorstellungen von weitergehenden Veränderungen im Stadtteil. Warum soll es nur in den Einkaufszentren Fußgängerbereiche und Straßenmöblierungen geben, warum nicht Spielstraßen mit Bretterbuden und Klettergerüsten in den benachbarten Wohngebieten, in deren Straßen der Autoverkehr aus den Zentren abgedrängt wird? Warum soll ‚Stadtgestaltung' nur dort konzentriert sein, wo sie der Anlockung zahlungskräftiger Käufer und Mieter dient?

Die Umgestaltung der Innenstädte hat einen neuen Horizont von Vorstellungsmöglichkeiten eröffnet, der sich nicht mehr auf das Hier und Jetzt der vorhandenen Angebote eingrenzen läßt, sondern durch das Aufzeigen konkreter Alternativen ständig ausgeweitet wird. Damit gewinnt selbst die an der Stadtbild-Verschönerung ansetzende Humanisierung der Städte allmählich eine Eigendynamik, die auch durch Partizipationsangebote nicht kontrollierbar wird. Eine *Politisierung der Stadtgestaltung* tritt der *Ästhetisierung einer Kommunalpolitik* entgegen[31], die neben den ökonomischen Verwertungsbedingungen vor allem die Loyalität der Bevölkerung sichern muß und dabei unter wachsenden Legitimationsdruck gerät.

2. Architektur: Die Modernisierung des Funktionalismus

Neue Tendenzen

Nachlassende Bauproduktion und Auftragsmangel, wachsende Arbeitslosigkeit und Existenzangst geben den düsteren Hintergrund ab, vor dem sich die aktuelle Architekturdiskussion wie ein bewegtes Schlachtengemälde ausnimmt: Während auf der einen Seite Rationalisten gegen Populisten Front beziehen und Trivialarchitekturen gegen Archetypen ins Feld geführt werden, wird auf der anderen Seite um die richtige Linie zwischen Parteien, basis-

---

31 Vgl. W. Benjamin, Das Kunstwerk im Zeitalter seiner technischen Reproduzierbarkeit, Frankfurt/Main 1972, bes. S. 51, und: ders., Versuche über Brecht, Frankfurt/Main 1971, S. 95 f.

demokratischer und gewerkschaftlicher Orientierung gerungen.[32] Zwischen ästhetischem Eskapismus und Suche nach politischer Identität schwanken die Versuche zur ideologischen Neuorientierung, gemeinsam in der Opposition gegen den historisch überlebten Funktionalismus. Seit durch den Mangel an Bauaufgaben die ökonomische Basis der Architekten und Planer erschüttert wurde und zudem durch die ihnen zugewiesene Sündenbock-Rolle auch der ideologische Überbau ins Wanken geriet, zeichnen sich im Gewirr der Fronten drei strategische Linien zur Bewältigung der harschen Wirklichkeit ab:
Rückzug in eine heile Welt des Ästhetizismus, in der neben der Produktion elitärer Idealentwürfe und galeriereifer Genieskizzen auch die Entdeckung und Verklärung von anonymer Architektur und Volkskunst Platz hat;
Anpassung an Marktlage und Publikumsgeschmack nach wechselnden Moden: „Der Architekt der Zukunft ist Organisator des Grundrisses, rationeller Konstrukteur und allenfalls Dekorateur"[33] — dies nun besonders und mit allen Wasser marktgerechter Produktgestaltung gewaschen;
Widerstand gegen die ökonomischen und politischen Bedingungen, durch die nicht nur die Planer, sondern vor allem die üblicherweise ‚Beplanten' betroffen sind — Versuche der Solidarisierung und Suche nach einer klaren Position nicht nur *zu*, sondern auch *in* den Produktionsverhältnissen: durch Veränderung der Produktionsweise, durch Entwicklung von Selbsthilfe-Architekturen, Beraterkonzepten und Partizipationsmodellen.
Während ästhetische Regression und progressive Politisierung zwei komplementäre Bewegungen bilden, die gegen Ende dieses Buches weiterverfolgt und in ihrer Beziehung zueinander betrachtet werden sollen, ist zur Richtungsbestimmung gegenwärtiger Tendenzen zunächst die dominante Orientierung zu untersuchen: die *Anpassung* an gesellschaftliche Verhältnisse, die eine marktgerechte Modernisierung des Funktionalismus erfordern. Denn was für die meisten der angestellten und freien Architekten uneingestanden längst das Gebot ökonomischer Existenzsicherung war, findet seit einiger Zeit Ausdruck auch auf der Ebene von Kongressen, Artikeln und Programmen: der Verlust des Alleinvertretungsanspruchs gestalterischer Kompetenz, die Anerkennung der friedlichen Koexistenz unterschiedlicher ästhetischer Normensysteme, auf die man sich je nach Kundenkreis einzustellen hat — ein Stück nun auch offizieller Außenpolitik der Berufsverbände.
Die über Jahre gesteigerte öffentliche Architektenschelte hat ihre Wirkung nicht verfehlt: Auch die Ideologie wird auf die veränderten Bedingungen zugeschnitten. Bis in die Schlagzeilen der Tagespresse läßt sich die Bekehrung

---

32 Vgl. hierzu etwa die in Arch + ab Heft 20/1973 geführten Diskussionen.
33 H. Adrian, Die Gestalt der Stadt, in: M. Pfaff u. a. (Hg.), Informations- und Steuerungsinstrumente für eine höhere Lebensqualität in den Städten, Göttingen 1976, S. 731.

verfolgen, mit der „Form follows Psycho"[34] als neues Credo ausgegeben wird. Zu öffentlicher Selbstbezichtigung mischen sich sogar konvertierte Rationalisten in den Chor der reuigen Sünder — „Die Architekten bekennen sich schuldig"[35], um sich nach dem längst geforderten Abwurf von überflüssigem „Kulturballast"[36] nach neuen Orientierungen[37] und Handlungsfeldern umsehen zu können. Da sich absehen läßt, daß in der nächsten Zukunft nicht große Projekte, sondern bescheidene An- und Umbauten innerhalb der bereits vorhandenen Stadtstrukturen ihre Berufsperspektiven bestimmen werden, muß auch die bisher ignorierte ‚Unarchitektur' ebenso systematisch ins Planen und Bauen miteinbezogen werden wie die verschrobenen Wünsche von Bauherren, um die man bisher zumindest offiziell noch einen weiten Bogen machen konnte. So lassen sich selbst die „röhrenden Hirsche der Architektur" nicht länger übersehen, drängen sie sich doch unaufhaltsam ins Revier auch der akademisch qualifizierten Gestalter, die den früher geschmähten Publikumsgeschmack verlegen zu akzeptieren beginnen. Ja, mehr noch: In offiziösen Diskussionen um Milieu[38] und die Neue Un-Sachlichkeit wird die Not gestalterischer Ratlosigkeit zur Tugend sozialer Einsicht erklärt. Nicht mehr nur die formale Hochsprache der Vorbilder zählt. Auch wenn die vorgetragene Begeisterung zwischen den Polen sozialen Engagements und modischer Volkstümelei schwankt: Man versucht wieder, ‚dem Volk aufs Maul zu schauen' und regionale Dialekte auch in der Architektur zu unterscheiden. Und auch dafür ist in Kongressen zur Legitimation schnell ein Begriff zur Hand: Im ‚Neuen Regionalismus' wird die Anbindung der Gestaltung an lokale Traditionen propagiert.

Nach Jahren sozialwissenschaftlicher Orientierung und theoretisierender Wahrheitssuche wird in Rückwendung auf die sinnlich erfahrbaren Qualitäten räumlicher Gestaltungsmittel die Sinnlichkeit der Schrebergärten und Ersatzarchitekturen entdeckt. Das Kitsch-Verdikt wird aufgehoben. Mit wachsender Sensibilität für die Vielfalt und Wirksamkeit ästhetischer Ausdrucksformen scheint die Abnabelung von der Ideologie des Funktionalismus endgültig voll-

---

34 Form follows Psycho — Die „neue Unsachlichkeit" oder: Der Deutsche Werkbund und die röhrenden Hirsche, Bericht über die Jahrestagung des Deutschen Werkbunds in Baden-Baden, in: Form 69, Zeitschrift für Gestaltung, zitiert in: Deutscher Werkbund (Hg.), Die neue Unsachlichkeit. Emanzipation der Gestalt? , Mannheim 1975, S. 57.
35 Schlagzeile der Stuttgarter Zeitung vom 19. 2. 1975.
36 R. Banham, Die Revolution der Architektur, Reinbek bei Hamburg 1964, S. 279.
37 „Was aber die Menschen brauchen und woran sie trotz aller demonstrativen Nüchternheit festhalten, erfährt man an den Trivialitäten einer Subkultur, die — als Kitsch belächelt — nicht Ergebnis eines architektonischen Credos ist, sondern Ergebnis von Wünschen, Resultat eines Ausdrucksverlangens, das in der Seriosität des funktionalisierten Alltags keine Erfüllung findet." H. Klotz, Funktionalismus und Trivialarchitektur — Der Werkbund und die röhrenden Hirsche, in: Deutscher Werkbund (Hg.), a.a.O., S. 13.
38 Vgl. hierzu die Beiträge in: Der Architekt, Heft 9/1975.

zogen, ein neuer Historismus steht an: „Die historischen Muster werden als Form frei für neue Interpretationen, neue Bedeutung, neue Nähe. Sie werden mit neuen Augen gesehen. Daß sie dies aushalten, rückt sie, in der Konvention unseres Sehens, in den Bereich der Kunst."[39] Erst allmählich, doch mit wachsender Intensität „fangen die Architekten an, sich im Zeichen sinkender Neuproduktion für die Probleme der historischen Zentren und der alten Wohnviertel zu interessieren"[40] – zumal sich auch durch die neueren gesetzgeberischen Maßnahmen zu Wohnungsmodernisierung und -eigentum auch die künftigen Tätigkeitsfelder bis in die Umorganisierung bereits bestehender Wohnungen verlagern. Mit der schwärmerischen Entdeckung von Trivialarchitektur und Alltagsästhetik beginnen sich Architekten und Planer auf eine veränderte Situation einzustellen.

Der Bruch mit dem naiven Funktionalismus

Unter Annahme egalitärer Standards, allgemeinverbindlicher Normen des Geschmacks und der Nutzung hatte die Avantgarde des Funktionalismus und des ‚Internationalen Stils' noch zeitlos stabile Typen und Normen architektonischer Gestaltung zu entwickeln versucht, deren „Vollkommenheitsstadium"[41] sie nahezu erreicht zu haben meinte. An den ‚von der Natur diktierten', einheitlichen Bedürfnissen der Menschen und den natürlichen Eigenschaften der Materialien sollte sich zweckmäßige und materialgerechte Gestaltung orientieren. Die ästhetische Aufbereitung der Gegenstände wurde – vom einfachen Gebrauchsgegenstand bis zum Städtebau – dem Entwicklungsstand der Produktivkräfte angepaßt, ohne daß aber die historische Formbestimmtheit der gesellschaftlichen Produktionsverhältnisse angemessen in Rechnung gestellt wurde. Denn entgegen den Intentionen der Funktionalisten verlangt die privatwirtschaftliche Produktionsweise, daß gerade die „Ästhetik nicht auf einen unveränderlichen Typ bzw. eine unveränderliche Norm ausgerichtet" wird, „sondern im Hinblick auf die Massenproduktion für einen sich ständig verändernden öffentlichen Markt".[42]
Was beliebt, ist auch erlaubt, sogar geboten von den Gesetzen des Marktes, unbeschadet ästhetischer Prinzipien. Damit einher geht freilich nicht nur die ständige Irreführung der Sinne – etwa durch Holzbalken, Schmiedeeisen, Butzenscheiben – sämtlich aus Kunststoff. Sinnliche Erkenntnis wird zudem überformt durch die mit den Waren verknüpfte „Phantasieproduktion"[43] der

39 M. Schneider, Zur Theorie der Stadtgestalt. Stoff für Zweifel, in: Stadtbauwelt, Heft 48/1975, S. 241.
40 Aktion Gemeinsinn e. V. (Hg.), a.a.O., S. 16.
41 R. Banham, a.a.O., S. 278.
42 Ebda.
43 O. Negt, A. Kluge, Öffentlichkeit und Erfahrung, Frankfurt/Main 1972, S. 286 f.

Konsumenten, die mit den Gegenständen zugleich ihre Leitbilder und Wunschträume kaufen. So bieten etwa die Villenvororte, in denen stolze Hauseigentümer von Alpenchalets bis zur Versicherungspracht eine Vielfalt von Formensprachen der privaten Selbstdarstellung entwickelt haben, tausendfach Beispiele für die dort längst übliche „permanente Maskerade in Architektur"[44].

Inzwischen hielt die bunte Maskerade auch Einzug in die Zentren; und entsprechend wollen sich Einwohner trüber Satellitenstädte ihre „Bimsblocktristesse"[45] wenigstens wegmalen lassen, wenn es ihnen schon nicht wie manchen privaten Bauherren möglich ist, in der Gestalt des Eigenheims ihre „Wunschträume mit ihrer Identität zu verwechseln".[46]
Angesichts der wahrnehmbaren Veränderungen am Bild der Städte rennt seit einigen Jahren bereits die populäre Kritik am Funktionalismus in der Architektur offene Türen ein. Die Ideen von ‚funktionalistischem' Bauen im traditionellen, fast ethischen Sinn haben längst ausgedient, nachdem sie lange genug die rücksichtslose ökonomische Ordnung der Dinge ideologisch verbrämt und damit erleichtert haben. Inzwischen können die Menschen als zu organisierende Dinge unter Dingen nicht länger biologistisch auf Grundfunktionen reduziert und als „wohnungssuchendes Abstraktum"[47] behandelt werden. Da zudem die egalitären Standards an den Unterschieden der etablierten Normen und Wertsysteme versagen, sind Differenzen der Anspruchsniveaus zu berücksichtigen und selbst empfindlichere ‚Materialeigenschaften' der Menschen müssen geschätzt werden, deren ‚psycho-hygienische' Pflege empfohlen wird.[48] Unter dem Deckmantel der Kritik am Funktionalismus hat sich inzwischen eine Psychologisierung der Architekturtheorie vollzogen und damit zugleich die Ausweitung und Anpassung des Funktionalismus an veränderte gesellschaftliche Bedingungen, unter denen es mit der bloß physischen Reproduktion der lebendigen Produktivkraft der Menschen nicht mehr getan ist. Dies gilt als gesichert. Inzwischen stehen Probleme kompensatorischer Umweltgestaltung, psychischer Stabilisierung und sozialer Orientierung im Vordergrund. Konsequent muß „die Forderung nach Funktionalität auch auf die Erfüllung psychologischer Bedürfnisse ausgedehnt"[49] werden. „So gesehen hat die Baukunst nicht nur die Aufgabe, einem praktischen Zweck zu dienen, sondern sie hat auch eine psychologische Funktion."[50]

---

44 A. Mitscherlich, a.a.O., S. 12.
45 A.a.O., S. 13.
46 Ebda.
47 A.a.O., S. 38.
48 A.a.O., S. 94 f.
49 H. Berndt, Ist der Funktionalismus eine funktionale Architektur?, in: H. Berndt u. a.: Architektur als Ideologie, Frankfurt/Main 1968, S. 19.
50 C. Norberg-Schulz, Logik der Baukunst, Berlin 1965, S. 19.

Zu diesen Einsichten leistete ein großer Teil der öffentlichen Kritik einen wichtigen Beitrag, da er publikumswirksam zwischen zwei Polen eingespannt war: dem grauen Schreckbild einer ‚funktionalistischen' Kasernenarchitektur und dem positiven Leitbild einer ‚Urbanität', mit dem zugleich ein neuer alter Lebensstil vorgestellt wurde —: der des flanierenden Bürgers, der unbelastet von Arbeit und Hast seine Umwelt aus der Touristenperspektive wieder schätzen lernt.

In der kontrastreichen Gegenüberstellung von ‚Funktionalismus' und ‚Urbanität' wurde das Bild einer Lebensform entworfen, zu deren Verwirklichung gerade auch architektonische Gestaltung wesentlich beitragen sollte. Bereits vom Übergang zu den 70er Jahren wurde ein tiefgreifender Wandel auch im Gestaltungsverständnis der Architekten erwartet: „Das Jahr 1969 könnte in der deutschen Nachkriegsarchitektur einen Wendepunkt markieren. Weitreichende Entscheidungen über die Zukunft des westdeutschen Wohnungsbaus sind fällig. Die erste Phase des Wiederaufbaus, vom akuten Wohnungsmangel gekennzeichnet, ist zu Ende. Kein Jahr länger werden sich Architekten, Städteplaner und Bauherren darauf herausreden können, daß sie zur raschen Deckung des Bedarfs, zur Behebung einer Notlage auch Minderwertiges für vertretbar halten dürfen."[51] Bislang — so hieß es polemisch — sei „hinter der Fassade strenger Sachdienlichkeit Herrschaft in Gestalt eingeplanter Bedürfnisse"[52] ausgeübt worden, indem menschliche Bedürfnisse auf biologische Grundfunktionen reduziert und städtebaulich festgeschrieben worden seien. Der Architekt habe sich selbst „als bloßer technischer Erfüllungsgehilfe der tonangebenden Instanzen"[53] eingestuft und an den entwickelten immateriellen menschlichen Bedürfnissen vorbeiproduziert. Einzig in der ökonomischen Organisation abstrakten Menschenmaterials, in der Schaffung möglichst hygienischer und reibungsloser Bedingungen zur gesellschaftlichen Reproduktion habe er seine Aufgabe gesehen, nicht aber auch in der psycho-hygienischen Ausformung einer Umwelt, durch die auch individuelle Orientierung und Identifikation gestalterisch vorstrukturiert werden sollen. Mit solchen Argumenten konnten einerseits breite Diskussionen entfacht und als Ventile wirksam, der wesentliche Hintergrund der städtischen Misere aber zugleich verdeckt und die Richtung auf mögliche Verbesserung im Rahmen gegebener Verhältnisse gewiesen werden, indem immer wieder eine Vielzahl scheinbar höchst konkreter Forderungen erhoben wurde:

---

51 Der Spiegel vom 3. 2. 1969, Titelstory: Zukunft verbaut — Wohnen in Deutschland, S. 49.
52 K. Horn, Zweckrationalität in der modernen Architektur. Zur Ideologiekritik des Funktionalismus, in: Architektur als Ideologie, Frankfurt/Main 1968, S. 120.
53 A. Lorenzer, Städtebau: Funktionalismus oder Sozialmontage? , in: Architektur als Ideologie, a.a.O.

- Forderungen nach einer Bereicherung des visuellen Angebots und der ästhetischen Erlebnismöglichkeiten durch mehr Farbe, Form und Abwechslung im Stadtbild,
- Forderungen nach sinnfälliger und sinnvoller Strukturierung der Stadtgestalt zur Erleichterung der Orientierung in und zwischen lokalen= sozialen Situationen,
- Forderungen nach einer Umwelt, die vielfältig emotionale Bindungen und Möglichkeiten affektiver Besetzung vorbereiten hilft.

Insgesamt Forderungen, durch die an Stelle politisch-ökonomischer Aspekte zur Betrachtung des Gestaltwandels der Städte neben den ästhetischen vor allem psychologische Argumentationen in die öffentliche Diskussion eingebracht wurden. Mit dem trojanischen Pferd stadt-soziologischer Argumentation wurde die Entsoziologisierung und Psychologisierung der Architekturdiskussion eingeleitet. Begleitet waren solche Forderungen dabei meist von Fragen nach den Mitteln, durch die den vielfältigen ästhetischen, kognitiven und emotionalen Bedürfnissen Rechnung getragen werden soll – letztlich also von Fragen nach einem verbindlichen Minimalkonsens, der an Stelle der sterilen Kastenarchitektur eine neue Selbstdarstellung der verstädternden ‚offenen' Gesellschaft erlauben könnte, trotz der Pluralität und Widersprüchlichkeit sozialer Wertsysteme und entsprechend unterschiedlich ausgeprägter Geschmackspräferenzen und Wahrnehmungsmuster.

Eine Architektur der Psycho-Hygiene

Wenn inzwischen ganze Stadtbereiche gestalterisch hergerichtet und wie nach Mustern verschwiegener Wunschträume ausgeformt werden, so trugen zur Vorbereitung der Architekten dazu wesentlich manche der in den 60er Jahren verbreiteten – auch stadtsoziologischen – Publikationen bei. In ideologiekritischer Aufräumarbeit halfen sie, zunächst einige allzu pessimistische Argumente der traditionellen Großstadtkritik abzuräumen und an deren Stelle ein leuchtendes Bild der Möglichkeiten städtischer Lebensformen aufzubauen[54], zu deren Verwirklichung auch eine neue Architektur beitragen sollte. In Empfehlungen zur Steigerung städtischer Attraktivität wurde schon früh die Beachtung der psychologischen Wirksamkeit gestalterischer Elemente und ein entsprechend sensibilisiertes Entwerfen gefordert: ,,Wir müssen lernen, den Sinn der architektonischen Formensprache in die Alltagssprache zu übersetzen. Wir müssen lernen, den sozialen und psychologischen Gehalt, den wir beispielsweise dem Begriff der Urbanität unterlegen, adäquat von architekto-

---

54 So etwa H. P. Bahrdt, der schwärmerisch die in der Großstadt gegebenen Möglichkeiten der Individuation betont, in: Die moderne Großstadt, Hamburg 1969 (Erstauflage 1961).

nischen Formen abzulesen und auch auf sie zu übertragen."[55] Was tatsächlich als kommunalpolitische Notwendigkeit im Konkurrenzkampf um Wachstumschancen und Kaufkraftströme auf die Tagesordnung gesetzt war – dies wird im 2. Kapitel dieses Buches ausführlich dargelegt –, wurde in aufklärerischem Pathos als humanitäres Ziel ausgegeben. Dazu sollten gerade die Architekten und Städtebauer alle ihre Möglichkeiten einsetzen, um die Scharte der angeblich von ihnen verschuldeten ‚Verödung' wieder auszuwetzen. Indem nicht die gesellschaftlichen Verhältnisse, sondern vor allem das Verhalten und das falsche Bewußtsein der Architekten für Monotonie und Funktionstrennung à la Charta von Athen verantwortlich gemacht wurden, war deren Sündenbock-Rolle besiegelt. Damit setzte eine Ablenkung von den eigentlichen Ursachen der zerstörerischen Stadtentwicklung ein, die den kritischen Gehalt der traditionellen Angriffe gegen die Großstadt weiter entschärfte.

In der traditionellen Großstadtkritik war noch die Großstadt schlechthin als Ursache aller Übel angesehen worden, die mit der Entfaltung kapitalistischer Wirtschaft durch beschleunigte Industrialisierung und Verstädterung verbunden waren. Schon damals wurde durch den konservativen Charakter einer moralisierenden Kritik der Blick auf die sich herausbildenden Herrschafts- und Abhängigkeitsverhältnisse versperrt. Dennoch drückte sich im romantischen Verlangen nach vorindustriellen Lebensformen mit ihren stabilen, identitätssichernden Orientierungsmustern [56] die Ablehnung jener damals sich entwickelnden neuen Formen der Vergesellschaftung aus, die durch Unverbindlichkeit und Versachlichung der zwischenmenschlichen Beziehungen geprägt sind: Die Ablehnung der alle Lebensbereiche durchdringenden Geldwirtschaft, in der die tiefere Ursache des Qualitätsverlusts von Leben und Zeit vermutet wurde. Zwar war diese konservative Großstadtkritik nicht als Angriff auf kapitalistische Herrschaftsformen formuliert worden, umschrieb aber soziale Fehlentwicklungen am Beispiel großstädtischer Formen der Vergesellschaftung, die noch insgesamt als pathologisch kritisiert wurden. Mit der Verkürzung dieser traditionellen Kritik auf den Augenschein baulicher Unmittelbarkeit jedoch ging die Personalisierung der gesellschaftlichen Bedingungen einher, die zur auch visuellen Verarmung der Städte geführt hatten. Öffentlich wurden Planer und Architekten zu „mehr Investition erfinderischer Gestaltung"[57] aufgerufen, denn „sie sind die Fachleute, die der Vernunft gegen die irrationalen und egoistischen Motive der Bodenbesitzer den

---

55 H. Berndt, Der Verlust von Urbanität im Städtebau, in: Das Argument, Heft 4/1967, S. 263 f.
56 Vgl. H. Oswald, Die überschätzte Stadt, Olten 1966, S. 29 f. Sensible Illustrationen zur sozialpsychologischen Bedeutung der Ausbreitung der Geldwirtschaft gibt G. Simmel in: Die Großstädte und das Geistesleben, nachgedruckt in: C. Wright Mills (Hg.), Klassiker der Soziologie, Frankfurt/Main 1966, S. 381 f., und in seiner Philosophie des Geldes, Berlin 1958.
57 A. Mitscherlich, a.a.O., S. 29.

Weg bahnen müssen".[58] Im Übergang von Großstadtkritik auf Architekturkritik, von der Ebene gesellschaftlicher Verhältnisse auf ästhetische Probleme wurde somit durch Kanalisierung des Unmuts der Bevölkerung auf die betonierte Uniformität ein Terrain erschlossen, auf dem der lautstark angekündigte ‚Kampf gegen unmenschliche Auswüchse moderner Industriegesellschaften' durch gestalterische Verschönerung ihrer Oberfläche leicht gewinnbar erschien.

Inzwischen werden selbst Einzelvorschläge zur Fassadengestaltung aufwendig als kulturelle Ereignisse gefeiert und in der Sprache von Konzertkritiken gewürdigt.[59] Geschmäcklerisch wird um Verblendungs-Alternativen gestritten, und auch die Nachahmung historischer Stile gilt längst nicht mehr als Makel. Was für den Amerikaner Venturi das Leuchtschriftvokabular von Las Vegas,

ist für bundesdeutsche Architekten und Feuilletonisten die Geschichte: ein Fundus zur Entdeckung architektonischer ‚Umgangssprachen', die ohne eigene Begriffs-Anstrengung zu übernehmen sind und im Wirbel ästhetischer Sensationen zum Verschleiß sich anbieten.

Auch beginnt inzwischen die seit Jahren geforderte Modernisierung des naiven Funktionalismus wirksam zu werden: Orientierendes Anschauungsmaterial vermittelt dem bildhaften Denken der Architekten adäquate neue Leitbilder. Seit die Nischen ungehemmter Selbstdarstellung in Ferienparadiesen, Vorgärten und Hinterhöfen entdeckt, von Kunst- und Sozialwissenschaftlern ausgekundschaftet und ausgewertet wurden, kann der Katalog verwertbarer Gestaltungsmuster rasch erweitert werden. Die Sammlung gestalterischer Klischees zur Verknüpfung von Architektur und Triebphantasie beginnt sich zu füllen. Eine Rettet-den-Kitsch-Bewegung geht auf Beutezug durch die heilen Welten der Phantasie und der Vergangenheit. In einer merkwürdigen Dialektik der

---

58 A.a.O., S. 21.
59 Vgl. die Serie zur ‚Berliner Stadtreparatur' in der Berliner Morgenpost, ab 18. 1. 1977.

Aufklärung verkehren sich die ideologiekritisch vorgebrachten Forderungen nach Identifikations- und Orientierungsfunktionen der Architektur in dünne Schutzargumente für eine manipulative Umweltgestaltung. Nachdem die Moderne bis hin zum brutalistischen Bauen keine eigenständige und akzeptable Formensprache mehr bietet, wird das Repertoire der Vergangenheit aktuell und in Wiederholung abgenutzt. Die architektonischen Ausdrucksformen geschlossener Sinngefüge werden von ihren Inhalten getrennt und in gänzlich anderen Zusammenhängen ähnlich verbraucht wie die mit minderwertigen Waren verknüpften Bilder eines glücklichen Lebens.[60]

3. Städtebau: Von der Organismus-Analogie zum Bühnen-Modell

Die Identifikation mit dem Angreifer

Ähnlich wie sich in der Architektur die traditionellen Deutungsmuster des Funktionalismus zur Lösung anstehender Probleme weithin als untauglich erwiesen hatten, zudem durch öffentliche und interdisziplinäre Kritik stark angegriffen waren, drängte sich ein Wechsel der Sichtweise auch im Städtebau auf: eine Umorientierung von weitgreifenden Entwicklungsplänen auf eine vergleichsweise bescheidene ‚Politik der Stadtgestaltung', der jetzt aber nicht mehr nur die objektiv gegebenen, räumlich-materiellen Zusammenhänge der Stadt-Gestalt, sondern die im täglichen Handlungsablauf der Menschen aktuellen Stadt-Erscheinungsbilder und Erlebnisfolgen zum Gestaltungsobjekt wurden. Die Dimension der individuellen Vorstellungen und Erlebnisweisen der Stadtbewohner gewann an Bedeutung. Ein *Paradigmawechsel im Städtebau*: Versuche, ‚Stadt' nicht mehr nur *von oben*, sondern partiell auch aus der *Perspektive der Benutzer* sehen zu lernen, um Ansätze ‚subjektbezogener' Gestaltungs- und Steuerungsmöglichkeiten entwickeln zu können. Diese Akzentverschiebung führte innerhalb weniger Jahre zu einer Aktualisierung theoretischer Konzepte und methodischer Ansätze mancher wissenschaftlicher Disziplinen, zu denen kaum Verbindung bestanden hatte, solange sich

---

60 H. Lefèbvre, a.a.O., S. 110: „Die Stadt und das Städtische laufen auf diese Weise Gefahr, zum höchsten Reichtum der Privilegierten zu werden, zum höchsten Konsumgut, das diesem Konsum einen gewissen Sinn verleiht. Warum stürzen sich die ‚wohlhabenden' Leute auf die Antiquitäten, die Stilmöbel? Und warum die Massen in die italienischen, flämischen, spanischen, griechischen Städte? Der organisierte Tourismus als Modalität des Konsums und der Ausbeutung der Freizeit, der Hang zum Malerischen und zum ‚Qualitäts'produkt genügen nicht, alles zu erklären. Es gibt noch etwas anderes. Was? Die Sehnsüchte, den Bruch mit dem Alltäglichen, den Verzicht auf die Modernität und auf das Schauspiel, daß sie sich selbst von sich selbst gibt, die Zuflucht zur Vergangenheit."

Städtebauer mit einem baugeschichtlich geprägten Architekturverständnis an physische Realitäten und technisch-ökonomische Funktionszusammenhänge halten konnten und in ihren ästhetischen Traditionen unerschüttert blieben. Bedrängt von präzise planenden Technikern, argumentationsgewandten Sozialwissenschaftlern und einer wachsamer werdenden Öffentlichkeit blieb zur wissenschaftlichen Legitimation städtebaulicher Gestaltung nur eine Flucht nach vorn. Gleichsam in Identifikation mit dem Angreifer mußten gestalterische Entscheidungen zumindest verbal abgesichert und der Nachweis eines den anderen Wissenschaften vergleichbaren Grades an Rationalität erbracht werden.

Zu dem (externen) Druck durch die breite Welle öffentlicher Anklagen kamen noch wachsende (inter-)fachliche Anforderungen und Kontrollen besonders von Sozialwissenschaftlern, die ihre Zuständigkeit für Bereiche des Städtebaus zu entdecken begannen [61] und durch ihre Angriffe auf das traditionelle Selbstverständnis der Architekten eine Vielzahl (inner-)fachlicher Diskussionen um interdisziplinäre Orientierung und Neuordnung der Ausbildungsgänge provozierten. So lag es nahe, sich in dieser unsicheren Situation besonders eng an die Argumente der gerade populären Soziologie des Städtebaus zu halten, die sich obendrein anbot, den Planern und Architekten wissenschaftlich fundierte Orientierungshilfen auch zur Neubestimmung gestalterischer Aufgaben und Möglichkeiten zu geben. Das Interesse der Praktiker richtete sich dabei freilich allererst auf leicht faßbare Modelle und Argumentationshilfen, die an Plausibilität und Anschaulichkeit den inzwischen überholten nicht nachstanden. Die verbreiteten organizistischen Vorstellungen und selbst der eingängige Nachbarschaftsbegriff waren gründlich kritisiert und auch durch empirische Studien destruiert worden. In diese Lücke drängten nun soziologische Konzeptionen von „Privatheit" und „Öffentlichkeit"[62], von „Urbanität"[63] und städtischer „Mannigfaltigkeit"[64], die trotz ihrer wissenschaftlichen Präsentation eine „simple In-Eins-Setzung gesellschaftlicher Beziehung mit räumlich eindeutigen Einheiten" (von Siebel als „eine dem architektonischen Denken gewissermaßen zwangsläufige Fehlleistung"[65] beschrieben) erlauben. Damit wurden Grundzüge eines noch vorwissenschaftlichen ‚Umwelt'-Verständnisses

---

61 So wurde mit Blick auf die gerade aktuelle Stadt-Bau-Soziologie gefordert, man solle – gleichsam als sozialen Vormund der Architekten – den Soziologen zum „Leiter der Stadtplanung" machen: Vgl. W. Siebel, Zur Zusammenarbeit zwischen Architekten und Soziologen, in: Das Argument Heft 4/1967, S. 298; vgl. auch H. Korte (Hg.), Soziologie der Stadt, München 1972.
62 Vgl. H. P. Bahrdt, Die moderne Großstadt, a.a.O., und ders.: Humaner Städtebau, a.a.O.
63 Vgl. E. Salin: Urbanität, in: Erneuerung unserer Städte. Vorträge, Aussprachen und Ergebnisse der 11. Hauptversammlung des Deutschen Städtetages, Stuttgart 1960.
64 J. Jacobs, a.a.O.
65 W. Siebel, a.a.O., S. 294.

festgelegt, dem gemäß beobachtbare Verhaltensmuster und materielle Stadtstrukturen anschaulich aufeinander bezogen werden können und ihre gleichzeitig wechselseitige Ausformung zum Programm wird: „Ein Teil der Misere unserer heutigen Städte besteht darin, daß sie in ihrer Bauweise nicht städtisch genug sind und deshalb die Bewohner daran hindern, bzw. sie nicht genug dazu stimulieren, städtisch zu leben."[66]
Einerseits wurde im anschaulichen Beschreiben von mißliebigen Phänomenen dem breiten Protest der „öffentlichen Meinung" wirksam Ausdruck gegeben; als veröffentlichte Meinung aber verzerrte die Welle kritischer Publikationen und Sonntagsreden den Erfahrungszusammenhang weiter Teile der Bevölkerung durch gezielte Selektion und Reduktion von Problemzusammenhängen. Zwar war die ‚Krise der Stadt' nur *ein* Symptom einsetzender Prozesse gesellschaftlicher Umstrukturierungen — die später als eigentliche Ursachen der hier geschilderten Umorientierung zu untersuchen sind —, doch wurde gerade dies zu besonderer Aktualität gebracht, da Unbehagen projektiv auf die ‚Häßlichkeit' der räumlichen Umwelt gerichtet und an dieser konkretistisch festgemacht werden kann. Dazu konnten auch hier einige eingängige Argumente der traditionellen Großstadtkritik aufgenommen und entschärft, dann zunehmend auf Kritik der Architektur und schließlich zum Lamento über mangelnde Möglichkeiten urbanen Stadt-Erlebens umgebogen werden.
Was dabei als städtisches (Er-)Leben ausgegeben wurde, erfaßte nun freilich nicht mehr jenen Zusammenhang gesellschaftlichen Lebens, den die ‚Funktionalisten' der Architektur in den vier ‚Schlüsselfunktionen' — Arbeiten, Wohnen, Sich erholen, Sich bewegen — auf ihre Art immerhin noch begrifflich zu fassen versuchten und sogar nach einem vernünftigen Plan gemeinschaftlich organisieren und gestalterisch veranschaulichen[67] zu können hofften. Demgegenüber wurde jetzt als Wesens-Merkmal der Stadt deren ‚Urbanität' betont[68], die vor allem in den innerstädtischen Einkaufsbereichen lokalisiert wurde. Der zentrale Geschäftsbereich der Städte wurde zum Kern- und Angelpunkt des städtischen Lebenszusammenhangs, wobei die gerade dort am deutlichsten erfahrbare und oft genug beklagte Not wachsender Anonymität und Versachlichung der zwischenmenschlichen Beziehungen zur Tugend urbanen Lebens umetikettiert wurde.
Trotz fast gegenteiliger Inhalte wurde der Urbanitätsbegriff ähnlich wie der der Nachbarschaft zum Träger idealisierter Vorstellungen von vorindustriellen Lebensformen (Polis) dadurch, daß auch er sowohl auf bestimmte Formen

66 H. P. Bahrdt, Umwelterfahrung, München 1974, S. 23.
67 Vgl. dazu die CIAM-Lehrsätze von 1933, in: U. Conrads, Programme und Manifeste zur Architektur des 20. Jahrhunderts, Berlin 1964.
68 Vgl. etwa H. P. Bahrdt, a.a.O.; dabei steht nicht mehr die materielle Produktion, sondern die Warenzirkulation im Mittelpunkt des Interesses. Besonders überzeichnet etwa bei P. Hammel, Unsere Zukunft: Die Stadt, Frankfurt/Main 1972, S. 21. Aus kritischer Sicht vgl.: R. Jakhel, Illusion und Realität der City, Aachen 1976.

der Vergesellschaftung als auch auf konkret lokalisierbare Bereiche und Raumformen bezogen werden konnte. Widersprüchlich und nur vage definiert in die Planungsdiskussion der 60er Jahre eingeführt, war der Urbanitätsbegriff gerade durch seine schillernde Unbestimmtheit allen Projektionen offen — „Urbanität ist Bildung, ist Wohlgebildetheit an Leib und Seele und Geist"[69] — und für unterschiedliche Zwecke instrumentalisierbar. Daß er selbst in der gegenwärtigen Phase restaurativer Bestandspflege seine politisch-ideologische Wirksamkeit nicht verloren hat, ist bei näherer Betrachtung allerdings nicht erstaunlich. Indem selbst Soziologen noch in kritischer Pose durch Übertragung und Verallgemeinerung historisch längst überholter Erscheinungsformen gesellschaftlichen Lebens die öffentliche Aufmerksamkeit vorwiegend auf die konsumorientierte ‚Urbanität' der Innenstädte lenkten, stärkten sie geradezu die Voraussetzungen einer unhistorischen Betrachtungsweise, in der die aktuellen gesellschaftlichen Entwicklungsbedingungen systematisch verdrängt werden können. Mit dem scheinbar bescheidenen Anspruch, bloß den Erscheinungsformen nach „typische Bauformen verschiedener geschichtlicher Perioden in Korrespondenz mit typischen menschlichen Verhaltensweisen zu sehen", dabei aber bewußt auf eine „vom Wirtschaftssystem ausgehende Betrachtung des sozialökonomischen Gebildes der modernen Stadt"[70] zu verzichten, wurde ein detailreich-anschauliches Wunschdenken geschult, dessen Ergebnis Hanns Adrian ironisch folgendermaßen charakterisiert: „Das Leitbild, das wir von einer Stadt haben, ist eine mittelalterliche Stadt mit Fernheizung, aber ohne kirchliche und feudale Herrschaft, eine bürgerliche Repräsentationsstadt des 19. Jahrhunderts ohne Hinterhäuser, eine Stadt ohne Industrie, ohne Banken und Beton und ohne Büros — allerdings mit gleichmäßig hohem Einkommen für alle."[71] Durch Ausblendung des gesellschaftlichen Reproduktionszusammenhanges und durch Reduktion der Betrachtung auf die Lebensbereiche jenseits der materiellen Produktion war der Boden für beliebige Projektionen und eklektizistische Vorstellungen bereitet.

Markt als Bühne und Spielregel

Das nach historischem Muster idealisierte Bild des bunten Marktgeschehens wurde Vorlage zum neuen „Entwurf eines Leitbildes"[72], in dem die lokale und soziale Situation des Marktes zum Brennpunkt des örtlichen Lebenszusammenhanges wird, an dem die „offene Gesellschaft" adäquat zur Selbst-Darstellung kommen soll. Denn gerade der Markt „ist offen: jeder kann ihn betreten, zwanglos. Jeder kann ebenso frei wieder gehen. Hier ist man Teil

---

69 E. Salin, Urbanität, a.a.O., S. 14.
70 H. P. Bahrdt, Die moderne Großstadt, a.a.O., S. 13, S. 16.
71 H. Adrian, a.a.O., S. 737.
72 P. Hammel, a.a.O., S. 20, S. 21.

einer Öffentlichkeit, wie sie öffentlicher nicht zu denken ist".[73] Der Markt wurde zum Paradigma städtischen Lebens schlechthin, denn in der Begegnung als Warenbesitzer können sich die Individuen bei aller Unterschiedlichkeit von allen unmittelbaren Bindungen und Herrschaftsverhältnissen frei fühlen und sind über Tauschbeziehungen dennoch eingebunden in ein Ordnungssystem, das als Muster „unvollständiger Integration"[74] gelten kann. „Jedermann gilt als vollwertiger Partner. Die Marktorganisation kennt im Prinzip keine Stände und Kasten, keinen im voraus festgelegten Ablauf und keine starren Normen. Sie ist in ihrem Wesen individualistisch, veränderlich und unberechenbar. Dennoch besteht so etwas wie eine Marktordnung, eine Spielregel des Marktes".[75] Diese unterscheidet sich von den in anderen Lebensbereichen geltenden Bindungen und Normen allerdings wesentlich darin, daß die Individuen variabel und zwanglos nur jene Ausschnitte ihrer Persönlichkeit ‚ins Spiel' zu bringen brauchen, welche ihnen zur Darstellung ihrer Rolle als Käufer oder Verkäufer gerade als angemessen erscheinen. Konsequent werden die in der Öffentlichkeit des Marktes beobachteten Formen stilisierten und segmentierten Rollenverhaltens als verallgemeinerbares Muster städtischer Verhaltensweisen beschrieben.[76] Und konsequent bedarf dieses repräsentative Verhalten einer repräsentativen Umgebung: der Öffentlichkeit von Straßen und Plätzen, die einzig der Darstellung von Waren und ihrer Konsumenten dienen. „Der Markt wird zur Bühne, zum Spielplatz der städtischen Gesellschaft."[77] So entspricht dem Übergang vom produktionsorientierten Aufbau technisch-ökonomischer Funktionszusammenhänge zu Aufgaben konsumorientierter Erlebnis-Planung durch Urban Design ein Wechsel der Sichtweise, der als Übergang vom Organismus- zum Bühnen-Modell beschrieben werden kann. Als Organismus begriffen konnte ,Stadt' noch ganzheitlich als Gestalt betrachtet werden, deren räumliche und funktionelle Gliederung der immanenten Vernunft gesellschaftlicher Entwicklung[78] folgt, wobei die Menschen einem naturhaften Zusammenhang von Arbeiten, Wohnen, Verkehr und Erholung eingefügt zu sein scheinen, der reibungslos zu organisieren und gestalterisch zu veranschaulichen ist. In Gestalt und Funktionszusammenhang undurchschaubar geworden, wird demgegenüber die Stadt als Erlebnisraum vorgestellt als eine Welt der Kulissen, vor denen einzig die Selbst-Darstellung der bürgerlichen Individuen als Konsumenten ihren Platz hat.

73 U. Conrads, Umwelt Stadt. Argumente und Lehrbeispiele für eine humane Architektur, Reinbek bei Hamburg 1974, S. 130.
74 H. P. Bahrdt, a.a.O., S. 58 f.
75 P. Hammel, a.a.O., S. 29.
76 Dabei läßt sich eine durchgängige Argumentationslinie von G. Simmel über L. Wirth zu H. P. Bahrdt und anderen nachzeichnen.
77 P. Hammel, a.a.O., S. 32.
78 Vgl. die CIAM-Lehrsätze, a.a.O.; auch: H. Berndt, Das Gesellschaftsbild bei Stadtplanern, Stuttgart 1968.

Der Planer wird zum Bühnenbildner, der Auftritte in wechselnden Szenen gestalterisch vorzubereiten hat. Dabei wird Urban Design als eine Art Dramaturgie verstanden, die weniger an fachinternen Kriterien ästhetischer Traditionen orientiert ist als am Geschmack eines anspruchsvollen und erlebnishungrigen Publikums, das zugleich die Schauspieler stellt. Je weniger nun die in der städtischen Öffentlichkeit gespielten Rollen im Textbuch ökonomischer Abhängigkeiten, traditioneller Bindungen und stabiler Wertsysteme festgeschrieben sind, umso mehr Improvisation ‚gekonnten' Verhaltens wird denen abverlangt, die dabei an Kulisse und Bühnendekor Anhaltspunkte zur Stabilisierung ihrer Handlungsmuster suchen. „Es bedarf der räumlichen Bühne. Eine Anhäufung solcher Bühnen ist die Stadt. Vielleicht macht das heute am ehesten noch ihr Wesen aus. Sie ist eine Apparatur zur Vermittlung von Kontaktalternativen. Diese Qualität von Stadt ist in bestimmten ihrer Bereiche konzentriert, in anderen verdünnt vorhanden. Man kann fragen: Wie sehen diese Räume aus, wo sind sie, zu welchen Zeiten sind sie das und was kostet es, daß sie so sind?"[79] Hintergrund und Zusammenhang können unbeleuchtet bleiben, denn „Bühnen entsprechen der räumlichen Reichweite der wahrnehmenden Sinne. Mitunter hat auf ihnen eine ganze Hierarchie von Anlässen Platz. In ihrer Auslegung und räumlichen Struktur haben sie rollenverändernde Auswirkungen". Um diese Auswirkungen steuern und erlebniswirksam organisieren zu können, muß allerdings „der Planer (...) für das Einsammeln solcher relativ preiswerten Daten sensibilisiert werden: Was tut sich eigentlich in der Situation, die ich zu problematisieren habe?"[80] Wenn auch zum Erlebnis von ‚Urbanität' (= mögliche Offenheit des Verhaltens) dem Rollenspiel mehr Spiel-Raum gefordert wird, so sollen doch die Grundzüge in genauer Kenntnis der inspirativen und stimulierenden Wirkung der Bühnenelemente gestalterisch vor-definiert werden; „d. h. die Raumqualitäten müssen einen eindeutigen Beitrag zur Definition der Situation liefern."[81]
Attraktivität und Überlegenheit gegenüber dem Organismus-Modell gewinnt dabei das Bühnen-Modell nicht allein aufgrund der Tatsache, daß es Deutungsmuster vermittelt, die dem Funktionswandel städtebaulicher Gestaltung historisch adäquater sind als jene, die im Bild der Stadt als Organismus anschaulich werden. Vielmehr liegt dessen tiefere Bedeutung darin, daß – ähnlich wie im organizistischen und biologistischen Verständnis von Gesellschaft auch – ein ganzer Komplex von Denkformen vermittelt wird, auf dem sich ein umfassendes Selbst- und Weltverständnis aufbauen kann, das unmittelbar mit individuellen Alltags-Erfahrungen übereinstimmt und zur Deutung verschiedenster sozialer Situationen geeignet ist, und das zudem noch wissenschaftliche Digni-

---

79 P. C. Dienel im ‚Geleitwort' zur deutschen Ausgabe von: E. Goffman, Verhalten in sozialen Situationen. Strukturen und Regeln der Interaktion im öffentlichen Raum, Gütersloh 1971, S. 10 f.
80 A.a.O., S. 10.
81 H. P. Bahrdt, Umwelterfahrung, a.a.O., S. 39.

tät besitzt, da selbst reputierte Sozialwissenschaftler „die Gesellschaft als Bühne, bevölkert von lebendigen Schauspielern" betrachten und analysieren: „Bühne, Theater, Zirkus, Karneval – das ist der luftige Grund, auf dem das dramatische Modell ruht."[82]
Als vermittelnde Position zwischen dem autoritären Ästhetizismus der selbsternannten Stadtbaukünstler – die dem Vorwurf unnützer gestalterische Willkür ausgesetzt sind – und dem Rückzug auf kostengünstiges Erstellen bloßer Zweckbauten – der oft genug als verhängnisvoller Weg in die ‚Unwirtlichkeit' gekennzeichnet wurde – wird so versucht, einen ästhetischen Minimalkonsens zu begründen. Dieser soll sich nun weder gelungener subjektiver Expression, noch einer „erbarmungslos praktischen"[83] Zweckmäßigkeit oder fiktiven Materialgerechtigkeit verdanken, sondern einer gründlichen Kenntnis der symbolischen Qualitäten räumlicher Umwelten. „Der Städtebau der Zukunft sollte sich in einem neuen Sinn ‚funktionalistisch' orientieren. Die erste Überlegung soll sein, welche Funktion das jeweils Gebaute in der Definition sozialer Situationen und im Ablauf sozialer Interaktionen hat, und inwieweit es verschiedenen Menschen einer Kultur entsprechend ihren Bedürfnissen ermöglicht, aktiv und autonom Umwelt zu konstituieren und zu erweitern. Hierum geht es, wenn von Humanisierung der Umwelt gesprochen wird."[84] Modernisierung des Funktionalismus auch hier.

Der Planer wird Bühnenbildner

Während so auf der einen Seite eine Welle sozialwissenschaftlicher Kritik die traditionellen Denkschemata der Planer und Architekten weitgehend infrage stellte und neue Orientierungen vorgab, vollzog sich die Verfestigung des Bühnenmodells als neues Deutungsmuster gleichzeitig über neue Anstöße von außen: Indem unter dem Titel ‚Stadtgestaltung' aus England und den USA ‚Urban Design' importiert und auch in der BRD aktuell wurde, schien sich ein neues und zukunftsträchtiges Tätigkeitsfeld im Zwischenbereich von Architektur und Städtebau zu eröffnen.
Mit der Erweiterung des Planungshorizonts ging seit Mitte der 60er Jahre auch eine Differenzierung städtebaulicher Bestandsaufnahmen und Prognosetechniken einher, die zum Import neuer Untersuchungsmethoden führte. Neben kybernetischen Planungsmodellen und quantitativen Simulationstechniken wurden dabei auch jene Ansätze aufgegriffen, mit denen man die vermißte Erlebniswirksamkeit städtischer Räume empirisch untersuchen und wissenschaftlich entwickeln zu können hoffte: Je abstrakter die Pla-

---

82 P. L. Berger, Einladung zur Soziologie. Eine humanistische Perspektive, München 1971, S. 52.
83 T. W. Adorno, Ohne Leitbild. Parva Aesthetika, Frankfurt/Main 1967, S. 111.
84 H. P. Bahrdt, Umwelterfahrung, a.a.O., S. 39 f.

nungsmethoden und je weiter entfernt die Entscheidungsprozesse von der konkreten Erfahrung und Einflußnahme der Planungsbetroffenen, umso genauer sollten Planungsergebnisse und mögliche Auswirkungen antizipiert werden können. Während die Anwendung der formalisierten Modelle nach einem kurzen Eroberungszug schon sehr bald auf die Grenzen stieß, die gesellschaftlicher Planung in einem privatwirtschaftlichen Marktsystem gesetzt sind, gewannen — bescheiden, aber stetig — jene Ansätze an Boden, die auf Erfassung und Steuerung subjektiven Umwelterlebens abzielten. Indem Stadtbildanalysen nicht auf den objektiven Funktionszusammenhang städtischen Lebens, sondern auf beliebige Abfolgen visueller Erscheinungsbilder gerichtet wurden, sollte zumindest ein Teil der von Sozialwissenschaftlern aufgezeigten und in öffentlicher Kritik angeprangerten Lücken städtebaulicher Praxis überprüft und geschlossen werden. Trotz der Vorgabe scheinbar objektiver Methoden und handfester Regeln wurde Stadtplanung dabei zugleich wieder idealistisch als „zeitbemessene Kunst"[85] begreifbar, denn der Planer als Bühnen-Bildner tritt in Aktion und formt die Kulissen des städtischen Lebens: „Wir sind nicht einfach Beobachter dieses Schauspiels — wir spielen selber mit und bewegen uns auf der Bühne gemeinsam mit anderen Spielern. Meistens ist unsere Wahrnehmung von Stadt nicht ungeteilt und gleichmäßig, sondern vielmehr zerstückelt, fragmentarisch, mit anderen Dingen und Interessen vermischt".[86] Die richtige Ordnung in die chaotische Bilderfolge zu bringen, soll Aufgabe der Planer sein, indem sie methodisch lernen, die Stadt gleichsam aus der Touristenperspektive zu sehen und für die Bewohner entsprechend herzurichten. Diese „wissen ziemlich genau Bescheid über die Häßlichkeit der Welt, in der sie leben, und sie äußern sich ziemlich vernehmlich über den Schmutz, den Rauch, die Hitze, die Überfüllung, das Chaos und die Eintönigkeit, die in ihr herrschen. Aber sie sind sich kaum im klaren über die Wichtigkeit einer harmonischen Umgebung — einer Welt, in die sie vielleicht einmal als Tourist oder Urlauber einen kurzen Blick werfen durften. Sie können sich keinen Begriff davon machen, was der Rahmen bedeuten kann: tägliche Freude, einen Ankerplatz für ihr Leben — eine ausdrucksvollere und reichere Welt."[87] Auszusparen und zu verstellen sind durch Urban Design dabei alle die Ausblicke und Einsichten, die zum geplanten Stadterleben in Widerspruch geraten und die Touristenperspektive verwirren könnten. Besonders die Konfrontation mit den grauen Zonen auf der Schattenseite der Zentren und großen Zufahrtsstraßen, in denen unter wenig attraktiven Bedingungen große Teile der Bevölkerung zu leben und zu arbeiten gezwungen sind, ist zu vermeiden. Denn „der allzu häufige Anblick strapaziert unsere Nerven. Vielleicht liegt die Antwort in der Anwendung einiger dramaturgischer Kunstgriffe auf die städti-

---

85 K. Lynch, a.a.O., S. 10.
86 A.a.O., S. 10 f.
87 A.a.O., S. 11.

sche Szenerie. Wenn die graue Zone zu häufig sichtbar wird und insgesamt zu deprimierend ist, weil wir ihr zu sehr ausgesetzt werden, könnten wir möglicherweise veranlassen, daß sie von unseren Hauptverkehrsstraßen gemieden und umgangen wird, um uns den Blick auf jene Stadtteile freizugeben, die wir lieber mögen. (...) Könnten wir nicht alles, was das bessere Image unseres Stadtzentrums verzerrt, verbergen oder zumindest dämpfen?"[88]

In Sichtflächenplänen und Fotoserien wird durch Stadtbilduntersuchungen die visuelle Einstimmung auf das marktorientierte Stadterleben überprüft, werden Vorschläge für gestalterische Eingriffe und Maskierungen gemacht, um von der Stadtmitte bis in die Randbereiche der Villen und Eigenheimsiedlungen hinein den Besuchern ein konsistentes Stadtbild zu vermitteln. Gerade im Rahmen publikumswirksamer Stadtbildpflege geht es somit nicht mehr nur um die physische Beschaffenheit von Gebäuden, Straßen und Plätzen, die über objektive Indikatoren wie Baualter, -zustand und -nutzung zu bestimmen und nach fachinternen konstruktiven, funktionalen und ästhetischen Kategorien zu gestalten sind, sondern um eine wissenschaftlich kontrollierte Neuentdeckung der städtischen Umwelt als subjektiv erfahrenen Handlungs- und Erlebnisraum. Dabei wird zunehmend die Einschätzung der jeweiligen Funktionen und Wertungen planerisch bedeutsam, die den ästhetischen und symbolischen Qualitäten städtebaulicher Elemente im angestrebten ‚Regionalbewußtsein' der Bevölkerung zukommen sollen. Eine Marktlücke wurde entdeckt: Stadtgestaltung als neue Vermittlungsdisziplin zwischen Planen und Bauen.

4. Stadtgestaltung: Ein Lückenbüßer macht sich breit

Die Stadt als Erlebnisraum

Seit einigen Jahren gewinnt in der Planungstheorie wie in der städtebaulichen Praxis, in der öffentlichen wie in der fachinternen Diskussion ein Begriff neues Gewicht, der zuvor durch Assoziationen an historisierende Stadt-Bau-Kunst eher verpönt war: ‚Stadtgestaltung' — inzwischen fast zum Schlagwort geworden, zu einem Etikett, unter dem in wissenschaftlichem Jargon ästhetische Qualitäten des Städtebaus neu ge- und verhandelt werden. Ein Etikett, mit dem sich leicht Schwindel treiben läßt, da niemand so recht weiß, was darunter eigentlich zu verstehen ist. Doch da aus der Geläufigkeit Selbstverständlichkeit wurde, kann Rückfrage Blamage bedeuten — und da verhält man sich lieber wie die Leute im Märchen von des Kaisers neuen Kleidern. So konnte ‚Stadtgestaltung' inzwischen zu einem jener bedeutungsvoll aufgeladenen

---

88 P. D. Spreiregen, Urban Design. The Architecture of Cities and Towns, New York 1965. Zitiert in: R. Goodman, Stadtplanung als Geschäft oder die Handlanger am Reißbrett, Reinbek 1973, S. 86.

und vielseitig verwendbaren Sonntagswörter der Planung werden, um die sich im Laufe der Zeit wie von selbst feste Jahresringe scheinbar fachlicher Nonsens-Terminologien bilden. Da durch wechselnde Angebote einige der Handlungsreisenden in Sachen Stadtgestaltung eher zu Verwirrung als zur Orientierung beigetragen haben und eine schlüssige Definition ohnehin nicht zu leisten ist[89], fallen schon Präzisierungsversuche schwer, bleibt Stadtgestaltung eher ein diffuses Programm als ein mit konkreter Bedeutung gefüllter Begriff: ein Programm zur Entdeckung der Stadt als Erlebnisraum aus der Perspektive ihrer Bewohner, gemäß deren „immateriellen Bedürfnissen"[90]. Da sich die physische Qualität der Städte gemäß den materiellen Bedürfnissen der Bewohner unter den gegebenen Bedingungen wohl kaum einrichten läßt, richtet sich die Aufmerksamkeit auf die „psychische Qualität"[91].

Auf den ersten Blick scheint dabei sogar ein abgrenzbares Aufgabenfeld umrissen, dessen Ränder auf der einen Seite die übergreifenden Maßnahmen der Stadt- und Regionalplanung berühren, auf der anderen Seite den auf konkrete bauliche Umsetzung bezogenen Hochbauentwurf. Programmatisch werden die bisher oft genug vernachlässigten gestalterischen Aspekte der Stadtplanung als Perspektiven einer nahezu eigenständigen Disziplin vorgestellt; eine gezielte ‚Politik der Stadtgestaltung' soll die Kluft zwischen der langfristig disponierenden Stadtentwicklungspolitik und deren sinnlich-anschaulicher Materialisierung überbrücken helfen. Indem von der Verkehrs- und Flächennutzungsplanung über die Festlegung von Traufhöhen und Dachneigungen bis hin zu Details der Straßenmöblierung Planungsebenen unterschiedlichen Konkretionsgrades ressortübergreifend in Verbindung gebracht werden, sollen möglichst alle planerischen Entscheidungen auf die mögliche ‚Erlebniswirksamkeit' ihrer sinnlich-anschaulichen Realisierung hin überprüft und aufeinander abgestimmt werden.[92]

Bei näherer Betrachtung jedoch werden die Ränder dieses neuen Aufgabenfeldes unscharf. Denn eine solche Einordnung des Gegenstandsbereichs in zeitlich-räumliche Dimensionen kann der inhaltlichen Akzentverschiebung nicht gerecht werden: der Neuentdeckung subjektiver ‚Umwelterlebnisqualitäten', die theoretisch als weitgehend unabhängig vom städtischen Funktionsgefüge und damit vom alltäglichen Erfahrungszusammenhang der Bevölkerung konzipiert werden. „Stadtgestaltung ist bewußte Arbeit an der psychischen

---

89 Vgl. hierzu die Versuche von M. Trieb, in: Stadtgestaltung, a.a.O., S. 17 f., wo ihm Stadtgestaltung „zum Prediger der Menschlichkeit im Sinne urbaner Individualität" gerät.
90 A.a.O., S. 42.
91 A.a.O., S. 15.
92 Als breite Darstellung methodischer Ansätze vgl. K.-J. Krause, Verhaltensbezogene städtebauliche Gestaltung, Hannover 1976; vgl. auch M. Trieb, Stadtbild in der Planungspraxis, Stuttgart 1976.

Qualität unserer Städte".[93] Solche ‚Arbeit' aber richtet sich nun nicht mehr primär auf die materielle Ausgestaltung des städtischen Funktions- und Formen*zusammenhangs*, sondern auf die gezielte Beeinflussung des subjektiven Stadt-Erlebens in ausgewählten Bereichen; nicht mehr die objektive Stadtgestalt, sondern das in wechselnden Situationen individuell erfahrene Stadtbild ist ihr Gegenstand.

Zur wissenschaftlichen Fundierung dieser Aufgabenverlagerung ist seit Kevin Lynchs „Bild der Stadt" eine inzwischen fast unüberschaubare Vielzahl von Artikeln und Büchern veröffentlicht worden, die eine gemeinsame Grundlage aber immerhin darin haben, daß an die Stelle stabiler ästhetischer Normen und Gestaltungskriterien der Hinweis auf die Vielfalt individueller Wahrnehmungs- und Handlungsmuster getreten ist, durch die das Bild der objektiven Wirklichkeit gruppen- und situationsspezifisch verzerrt wird. Dabei verweisen die in einem bunten Potpourri zum Thema Stadtgestaltung gesammelten Untersuchungsansätze und Theoriekonzepte auf eine breite Skala von Disziplinen, die von der Informationsästhetik und Semiotik über Verhaltensforschung, Anthropologie und experimentelle Psychologie bis zu Sozialpsychologie und Psychoanalyse reicht.[94]

Inzwischen wurden in unzähligen Gutachten, Untersuchungen, Berichten und Kongressen theoretische und methodische Ansätze differenziert, ergänzt und bereichert. In einem diffusen Zwischenfeld von Umweltpsychologie und Stadtgestaltung wurden akademische Karrieren begründet und Schulbildungen eingeleitet, wurden Monopolisierungsstrategien verfolgt und Terrainkämpfe ausgetragen, doch wuchs mit der Verselbständigung der Forschung auch die Anwendungslücke zur städtebaulichen Praxis. Eher verwirrend als orientierend bleiben trotz der Bemühungen um ein „strukturales Konzept"[95] die subtilen Unterscheidungen und Wechselbeziehungen zwischen Stadtgestalt, -erscheinung, -bild, -image, zwischen Außen-, Um-, und Alltagswelt, zwischen effektivem und potentiellem Environment: Eine Inflation von Terminologien verweist auf eine unüberschaubare Vielfalt immaterieller Dimensionen der räumlichen Umwelt, die auf höchst heterogene disziplinäre Systeme bezogen sind. Als Zeichensystem[96], als Sprache[97], als gelebter[98], erlebter[99], orientierter[100], gestimmter[101] Raum, als Wahrnehmungs-[102], Lebens- und Handlungs-

93 M. Trieb, Stadtgestaltung, a.a.O., S. 15.
94 Vgl. hierzu Kapitel 4 dieses Buches.
95 M. Trieb, a.a.O., S. 27.
96 Vgl. A. Carlini, B. Schneider, (Hg.), Architektur als Zeichensystem, Tübingen 1971; dazu auch: M. Kiemle, Ästhetische Probleme der Architektur, Quickborn 1967.
97 Vgl. U. Eco, Semiotik der Architektur, in: ders., Einführung in die Semiotik, München 1972; R. de Fusco, Architektur als Massenmedium, Gütersloh 1972.
98 Vgl. O. F. Bollnow, Mensch und Raum, Stuttgart 1963; dazu auch E. Ströker, Philosophische Untersuchungen zum Raum, Frankfurt/Main 1965.
99 Vgl. O. F. Bollnow, Probleme des erlebten Raumes, Schriftenreihe der Nordwestdeutschen Universitätsgesellschaft, Heft 34/1962.
100 Vgl. L. Kruse, Räumliche Umwelt, Berlin 1974, S. 77 f.

raum[103] konzipiert, wird die räumliche Umwelt höchst problematisch: Auch die „Aspekte von Architekturumwelt"[104] werden unterschieden in ‚mathematisch-geometrische' und ‚gelebte' Aspekte von Raum, Zeit und Materie. Zwar besteht bei aller Verschiedenheit der theoretischen wie methodischen Ansätze weithin Einigkeit darin, daß sich in Umwelterlebnis und -vorstellung objektive Realität und subjektive Einstellungen und Wertmuster durchdringen, doch sind die Gewichte unterschiedlich gesetzt:
Auf der einen Seite ist es die Analyse der realen Beschaffenheit räumlicher Situationen, von der her Aussagen über angeblich objektiv feststellbare Erlebnis-Qualitäten gewonnen werden sollen, etwa durch informationstheoretisch bemessene Reizmengen zwischen den Polen von ‚Monotonie' und ‚Chaos'[105]; hier soll die − im Entwurf zu bestimmende − Struktur der Reize selbst für sinnfällige ‚Reduktion von Komplexität' sorgen. Dabei werden die intentionalen und selektiven Leistungen der Menschen weitgehend außer acht gelassen; gerade noch der Zustrom von Reizmengen kann durch schnellere oder langsamere Fortbewegung reguliert werden.[106]
Auf der anderen Seite dagegen wird im Wissen um die Bedeutung lebensgeschichtlich geprägter Einstellungen und Wertsysteme das Stadt-Bild allererst als subjektive, handlungsbestimmende Stadt-Vorstellung begriffen. Von einer solchen Position aus lassen sich nun freilich weniger leicht plausible Gestaltungsempfehlungen ableiten. Denn das subjektive Bild objektiv gegebener Raumstrukturen bildet sich in Spuren sozialer Erfahrungen ab, die nicht durch Raumgestaltung unmittelbar zu determinieren sind, wohl aber in ihren konkreten Zusammenhängen gleichsam sinnlich eingefärbt werden können. Die Prozesse individueller Selektion und Wertung von Umweltausschnitten sind Ergebnis und Teil von Handlungsabläufen, die in komplexe Gefüge sozialer Handlungen eingebunden sind und nur vermittelt über den räumlich strukturierten gesellschaftlichen Funktionszusammenhang auf Formen architektonischer Gestaltung bezogen werden.

101 A.a.O., S. 59 f.
102 Vgl. H. Becker, K. D. Keim, Wahrnehmung in der städtischen Umwelt − möglicher Impuls für kollektives Handeln, Berlin 1973.
103 Richtungweisend auch für die architektbezogene Aktualisierung der Dimensionen des ‚gelebten' Raumes sind Studien in der Tradition lebensphilosophischen, phänomenologischen und existential-ontologischen Denkens. In diesem Zusammenhang besonders wirksam wurden die Lebenswelt-Analysen E. Husserls, an die neuere Studien zur phänomenologischen Psychologie einerseits und zur Soziologie andererseits anknüpfen. Vgl. dazu auch: M. Merleau-Ponty, Phänomenologie der Wahrnehmung, Berlin 1966.
104 B. Weinges, Zur sozialen Wirkung gebauter räumlicher Umwelt, Diss. Hannover 1973, S. 31 f.
105 Vgl. A. Rapaport u. a., Komplexität und Ambivalenz in der Umweltgestaltung, Stadtbauwelt 26/1970, S. 115.
106 Vgl. A. E. Parr, Über die Konsequenzen der Monotonie. Ein psychologischer Exkurs, in: Stadtbauwelt 20/1966, S. 571 f.

Die Erlebnis-Inventur

Zur vergröbernden Verdeutlichung unterschiedlicher Positionen wurden oben zwei Perspektiven voneinander abgegrenzt, deren Trennung sich bei einer entsprechenden Zuordnung von Stadtbild-Untersuchungen jedoch nicht scharf durchführen läßt. Solche Analysen können auf verschiedenen Betrachtungsebenen angegangen werden und lassen die zunehmende Einbeziehung subjektiver Erfahrung und emotionaler Resonanz erkennen. Sie reichen vom
— Messen und Beschreiben der materiellen Elemente der Stadtgestalt unter baugeschichtlichen, raumstrukturellen, informationstheoretischen und wahrnehmungspsychologischen Gesichtspunkten bis zur
— Auswertung komplexer Assoziationen und Vorstellungsbilder zu einzelnen Stadtbereichen und ganzen Städten.

Da hier nun kein Überblick über den aktuellen ‚Stand der Wissenschaft' gegeben werden soll, wird im folgenden nur auf einige Untersuchungsmethoden hingewiesen, die im Verlauf des oben skizzierten Perspektivwechsels auch Eingang in die Planungspraxis gefunden haben. Ihr planungspraktischer bzw. -politischer Gebrauchswert liegt dabei allerdings auf völlig unterschiedlichen Ebenen, da sie einmal als tatsächliche Entscheidungshilfen dienen, ein andermal zum suggestiven ‚Verkaufen' bereits getroffener Entscheidungen herhalten müssen. Je nach Verwendungszusammenhang wird mal trockene ‚Wissenschaftlichkeit' demonstriert, mal wird durch optische Täuschungen etwa in lockeren Vorher-Nachher-Skizzen Veränderung als Verbesserung sinnlich plausibel. Unter dem Druck wechselnder Aufgaben und Interessen konnte sich eine sinnvolle ‚Logik der Forschung' in diesem Bereich nicht entwickeln, so daß auch der Versuch einer ordnenden Darstellung nur unvollständige Aufzählung bleibt, gerade wenn besonders die für die neue ‚Subjektorientierung' kennzeichnenden psychologischen und sozialwissenschaftlichen Untersuchungsmethoden zur ‚Erlebniswirksamkeit' in den Blick geraten sollen.[107]

Auf architektonische Stadtbild-Pflege bezogen, bieten baugeschichtliche Untersuchungen die längsten Traditionen. Klassifikationen nach Alter und Stil-

---

107 Andernfalls bietet sich zur Darstellung der bisher für Stadtbild-Analysen entwickelten Methoden eine Zuordnung zu verschiedenen Planungsebenen an, wie dies auch K.-J. Krause, Stadtgestaltung und Stadterneuerung, Bonn 1974, S. 14 f. darstellt und illustriert:
— ‚Site-Analysis' als eine Vorstufe zur Flächennutzungsplanung, auf der großräumig die Verschränkung von Stadt und Landschaft untersucht wird,
— ‚Raum-Gestalt-Analyse' als eine Zwischenstufe von Flächennutzungsplan und verbindlichem Bebauungsplan zur Untersuchung der stadträumlichen Gliederung,
— ‚Townscape-Analysis' als Untersuchung städtebaulicher Einzelsituationen im Rahmen städtebaulicher Entwurfskonzeptionen,
— ‚Stadtgestalt-Analyse' mit Schwerpunkt auf gestalterischen Entwurfskonzeptionen auf der Ebene des Bebauungsplans,
— ‚Sequenz-Analysen' mit Schwerpunkt auf der bewegungsqualitativen Gestaltung von Wegen, Netzen und Knoten.

merkmalen bilden einen stabilen Rahmen, in dem sich durch Verweis auf
objektive Daten Empfehlungen zu Denkmalpflege und Stadterneuerung geben
lassen. Zwar stellen sich hier Probleme der Definition historischer und kultureller Werte, doch können aus gleichsam archäologischer Sicht Maßstäbe
angelegt werden, die in der Öffentlichkeit Rückhalt finden durch die wachsende Sensibilisierung selbst für Reste historischer Idyllik und landschaftlicher
Besonderheiten: Stadtgestaltung als gesellschaftliche Spurensicherung.

Eine Pionierfunktion beim Aufspüren und Darstellen umfassenderer ‚atmosphärischer' Qualitäten aus der Bewohner-als-Tourist-Perspektive hatten Untersuchungen im Umfeld der ‚townscape-studies'[108], die auf Entdeckung, Pflege und Gestaltung pittoresker städtebaulicher Situationen ausgerichtet sind.
Das Erfassen naturräumlicher und städtebaulicher Besonderheiten ist hier zwar
weitgehend durch Empfindsamkeit und Geschmack des Untersuchenden bzw.
durch fachinterne Gestaltungs-Kriterien bestimmt, doch läßt die Anschaulichkeit der zumeist in lockeren Skizzen festgehaltenen Untersuchungsergebnisse
Fragen nach wissenschaftlicher Kontrolle von ‚Informationsgehalten' und
‚Anmutungsqualitäten' überflüssig erscheinen.
Weiterführende Untersuchungen wurden auf der Basis von Bewegungsabläufen[109] als Sequenz-Analysen[110] entwickelt. Auf Sichtflächenplänen wurden
Ausblicke kartiert, in Fotofolgen festgehalten und über Montagen Veränderungen simuliert. Zur Überprüfung möglicher Erlebnisqualitäten baulicher
Veränderungen und Neuplanungen wurden darüber hinaus ganze Serien grafischer Notationssysteme entwickelt, die allerdings nur ansatzweise eine sinnliche Antizipation erlauben: ,,Wenn die Sequenzchoreographie eines Stadtbereichs mit einer urbanen Partitur vergleichbar ist, so fehlt der Stadtgestaltung
bisher die Möglichkeit von Probeaufführungen stadtgestalterischer Entwürfe.
Die Entwicklung und Bewertung räumlicher Sequenzen aus der Sicht der
Stadtbewohner setzt die Simulation des späteren sinnlichen Alltags der Betroffenen voraus, die schon im Entwurfsstadium möglich sein muß".[111] Um
diesem Mangel abzuhelfen, wurden einige Simulationstechniken entwickelt,
von denen filmtechnische Verfahren zur Aufnahme von Architekturmodellen
am ehesten den Eindruck der Authentizität vermitteln. Mit Spezialkameras
können — in Augenhöhe potentieller Städter — detailreiche Modelle städtebaulicher Situationen durchfahren und auf Bildschirmen wiedergegeben wer-

---

108 Am bekanntesten dürfte hier sein: G. Cullen, Townscape, London 1961.
109 Zur Untersuchung unterschiedlicher Erlebnis- und Verarbeitungsweisen vgl. S. Herlyn, Die bauliche Umwelt im Bewußtsein der Bevölkerung, Diss. Berlin 1973.
110 Vgl. dazu: P. Thiel, A Sequence-Experience Notation for Architectural and Urban Space, Town Planning Review, N. 32, 1961, S. 33 f.; G. Nitschke, P. Thiel, Entwicklung einer modernen Darstellungsmethode bewegungs-, zeit- und stimmungsstrukturierten Umwelterlebnisses, in: Bauen + Wohnen, H. 12, 1968, S. XII 1 f.; D. Appleyard, R. Myer, K. Lynch, The View from the Road, Cambridge 1964; J. Holzschneider, Rhythmus und visuelle Sequenz, in: Baumeister, Heft 4/1969.
111 M. Trieb, Stadtgestaltung, a.a.O., S. 215; vgl. auch die folgenden Seiten.

den: ein Verfahren, das sich nicht nur zur Überprüfung von Gestaltungsalternativen, sondern besonders auch zur vorbereitenden Öffentlichkeitsarbeit im Vorfeld baulicher Eingriffe eignet.[112]
Eine folgenreiche Erweiterung methodischer Ansätze wurde durch „Das Bild der Stadt" von Kevin Lynch ausgelöst. Zwar empfiehlt Lynch in seinem höchst einflußreichen Buch noch, in der Stadtbild-Analyse „die Bedeutung von der Form zu trennen"[113] und stellt fest: „ ‚Sinn' ist ebenfalls eine Beziehung, die sich aber ganz und gar von räumlichen oder strukturellen Beziehungen unterscheidet" — so wirken seine Gestaltungsempfehlungen mit Forderung nach Einprägsamkeit, Ablesbarkeit und Greifbarkeit wie eine Neuformulierung stadtbau-künstlerischer Prinzipien[114] auf gestalttheoretischer Grundlage —, doch sind nicht die praxisbezogenen Empfehlungen das Richtungweisende dieses Ansatzes, sondern die Untersuchungen der individuellen Stadt-Vorstellungen, aus denen sie gewonnen wurden.[115]
War Lynch noch hauptsächlich an den übereinstimmenden Elementen der subjektiven Stadt-Bilder innerhalb einer relativ homogenen Gruppe und an möglichst praxisorientierten Rückschlüssen interessiert, so wurde in einer Reihe von Folgeuntersuchungen mit verfeinerten methodischen Ansätzen inzwischen versucht, Entwicklung, Struktur, alters- und schichtspezifische Differenzen solcher ‚subjektiver Landkarten' zu erforschen und auch Bedeutungsstrukturen zu entschlüsseln. Der gesellschaftlich vorgegebene Unterschied in Art und Möglichkeit der Auseinandersetzung der Menschen mit ihrer gegenständlichen Umwelt hat die Ausprägung unterschiedlicher Orientierungsmuster und ‚kognitiver Stile' zur Folge, über die z. B. Zeichnungen Aufschluß geben, in denen Versuchspersonen ihre ‚gelebte' Umwelt wiedergeben: In ‚mental map'-Verfahren[116] können die lebensgeschichtlich ausgebildeten subjektiven Präferenzen und Orientierungsmuster ausgewertet werden, in denen sich die städtebauliche Realität individuell verzerrt abbildet. Dabei läßt sich zeigen, daß mit steigendem Bildungsniveau und Abstraktionsvermögen der

112 Vgl. L. Grund u. a., Modellfilmsimulation für die Kommunale Planungspraxis. Am Beispiel Fußgängerzone Neu-Isenburg, in: Stadtbauwelt Heft 51/1976; A. Markelin, Erfahrungen bei der Anwendung sensorischer Simulation im Städtebau, in: Bauwelt, Heft 25/1977.
113 K. Lynch, a.a.O., S. 19.
114 Vgl. C. Sitte, Der Städtebau nach seinen künstlerischen Grundsätzen, Wien 1889.
115 Auch wenn dabei den bestimmenden nicht-sinnlichen Determinanten der Wahrnehmung, den intervenierenden sozialen und psychologischen Variablen nicht Rechnung getragen wird und das vorgegebene Notationssystem (Brennpunkte, Ränder, Linien etc.) enge Grenzen setzt, gründen sich auch die meisten der neueren Stadtbild-Analysen noch auf diesen Ansatz. Dabei wurde der Ansatz Lynchs in zwei Richtungen weiterentwickelt: in ‚objektive' Stadtbild-Analysen mit differenzierterem Notationssystem und in die Untersuchung ‚subjektiver' Stadt-Vorstellungen mit differenzierten ‚Erlebnisprofilen'. Hierzu vgl. T. Sieverts, Stadt-Vorstellungen, in: Stadtbauwelt, Heft 9/1966.
116 Umfangreiche Literaturangaben dazu in: W. Preiser (Hg.), Fourth International EDRA Conference, Stroudsburg 1973, Volume I, S. 240 f., Volume II, S. 182 f.

Bezug der Menschen zu den sinnlich-anschaulichen Qualitäten der räumlichen Umwelt verloren geht zugunsten einer streng funktional-zeichenhaften Erfassung der wichtigsten Nutzungsangebote und -zusammenhänge.[117] Nicht an zeichnerischen Darstellungen, sondern an verbalisierten Äußerungen setzen dagegen jene Untersuchungen an, in denen über Interviews anhand standardisierter Fragebögen Aufschluß über Wohnzufriedenheit und Siedlungserleben gesucht wird.[118] Wieweit dabei allerdings in isolierten Test- und Interviewsituationen durch die Verbalisierung von Einstellungen und Erwartungen tatsächlich ein realistisches Bild von der Betroffenheit der Bewohner gewonnen werden kann, bleibt fraglich.[119]

Über die Erforschung der ‚objektiven' Gestaltqualitäten der materiellen Stadtstruktur und deren kognitiver Aneignung hinaus weisen auch Versuche der „Erfassung der erlebnismäßigen Resonanz auf die Gestaltungseigenart"[120] der städtischen Umwelt. Dabei kommt es nicht auf die im mentalen Abbild (‚cognitive map') verfestigte Denotation vorgegebener Stadtstrukturen, Nutzungsmöglichkeiten und -zusammenhänge an, sondern auf die in der jeweiligen Stadt-Vorstellung mitschwingenden Konnotationen, die emotional geprägten Nebenbedeutungen, die sich mit der Erinnerung an bestimmte Umweltabschnitte verbinden. Durch Skalierung gegensätzlicher Begriffspaare — das Sematische Differential[121] — sollen aus diesem diffusen Bedeutungs-Umfeld Aussagen über Erlebnisqualitäten gewonnen werden. Das Erstellen solcher ‚Polaritätsprofile' wird, neben anderen Methoden, zur Untersuchung der ‚Anmutungsqualität' von Waren hauptsächlich in Bereichen der Markt- und Werbepsychologie angewandt und ist inzwischen, insbesondere durch die Arbeiten J. Frankes, auch in die Stadtplanung eingeführt worden: In entsprechend konzipierten Listen sollen die für den Charakter von Siedlungsgebieten zutreffenden Eigenschaften bezeichnet werden.

---

117 Vgl. dazu auch H. Berndt, Ist der Funktionalismus eine funktionale Architektur?, a.a.O., S. 39 f.
118 Vgl. A. Waterhouse, Die Reaktion der Bewohner auf die äußere Veränderung der Städte, Berlin/New York 1972.
119 Hier sei nur an die breite sozialwissenschaftliche Methodenkritik an Wohnzufriedenheits-Untersuchungen erinnert, die auf psychologische Mechanismen aufmerksam macht, welche häufig zur zwanghaften Identifikation mit den gegebenen Lebensbedingungen führen.
120 J. Franke, Ansätze einer psychologischen Grundlagenforschung zur Stadtgestaltung, in: Mitteilungen der Deutschen Akademie für Städtebau und Landesplanung, München 1972, S. 80.
121 Zu empirischen Untersuchungen vgl.: J. Franke, Zum Erleben der Wohnumgebung, Stadtbauwelt 1969, H. 51/52, S. 292 f.; J. Franke und J. Bortz, Beiträge zur Anwendung der Psychologie auf den Städtebau, in: Zeitschrift für experimentelle und angewandte Psychologie, Band XIX, 1972, S. 76 f. und S. 226 f.; J. Franke u. a., Die Erlebniswirkung von Wohnumgebungen, in: G. Kaminski, Umweltpsychologie, Stuttgart 1976.

Gerade bei der Untersuchung des Images[122] von Gebäuden, Stadtteilen, ganzen Städten und Regionen wurde mit ähnlichen Skalen gearbeitet: Andere in der Markt- und Werbepsychologie gängige Methoden (wie projektive Tests etc.) wurden in Bereichen der Stadtplanung und -gestaltung selten angewandt, da einerseits zu wenig gesicherte Erkenntnisse über den Prozeß der Image-Bildung und -Steuerung vorliegen und andererseits sich die Komplexität der städtischen Umwelt den bei werbewirksamer Aufbereitung von Waren bewährten Verfahren weitgehend sperrt.

Perspektiven der Stadtgestaltung

So sind in Richtung auf ‚erlebnisorientierte' Bestandsaufnahme und Kriterienkataloge ganze Bündel von Methoden entwickelt und in die Planungspraxis eingeschleust worden: Im Sinne einer Marktforschung für städtebauliche Produktgestaltung können Planungsempfehlungen abgeleitet und wissenschaftlich legitimiert werden, doch sind sie damit noch keineswegs durchgesetzt. Aufgrund fehlender finanzieller, rechtlicher und organisatorischer Voraussetzungen bleiben die meisten solcher Untersuchungen planerisch folgenlos, sofern sie nicht von vornherein lediglich der ‚Öffentlichkeitsarbeit' von Planungsämtern und Bürgermeistern dienten. Ohne auf ein inhaltlich bestimmtes Tätigkeitsfeld oder einen eigenständigen Theorieansatz bezogen zu sein, ist Urban Design jedoch immer noch eher eine Deckadresse für städtebauliche Absichtserklärungen als ein mit Bedeutung gefüllter Begriff: Assoziationen zum Begriff des Industrial Design verweisen auf Entsprechungen, auf werbewirksame städtebauliche Produktgestaltung. Trotz aller theoretischen und methodischen Weiterentwicklungen reduziert sich das materielle Substrat der Stadtgestaltung, die entsprechende städtebauliche Praxis jenseits der Anwendungslücke, zumeist gerade auf das, was ihre Protagonisten nicht als Stadtgestaltung verstanden wissen wollen: auf „städtebauliche Dekoration oder Umweltkosmetik".[123] Da die übergreifende Organisierung der „Erlebnis-Faktoren" von der „Art der Nutzung über die Erscheinung bis hin zur Bedeutung"[124] eine tiefgreifende Umgestaltung der Städte erfordern würde, bleiben die meisten Bekenntnisse zur „eigentlichen" Aufgabe der Stadtgestaltung leer, solange sie nicht zugleich auch die Bedingungen der Realisierung des „emanzipatorischen Postulats einer Sozialbindung des Ästhetischen"[125], einer wirklich „sozial relevanten Ästhetik"[126] konkret benennen. So reichen die meisten Forderungen

122 Vgl. Institut für angewandte Sozialwissenschaften (Hg.), Eine vergleichende Studie über die Attraktivität von Großstädten, Bonn-Bad Godesberg 1972.
123 M. Trieb, a.a.O., S. 18.
124 A.a.O., S. 19.
125 J. Pahl, Gestaltorientierte Stadtplanung, in: H. Glaser (Hg.), Urbanistik, München 1974, S. 67.
126 M. Trieb, a.a.O., S. 21.

nicht weiter, als die „gesetzliche Verankerung der Stadtbild-Analyse als Bestandteil der Vorbereitenden Untersuchungen nicht nur für Stadterneuerungsmaßnahmen (sog. Sanierung), sondern für *jeden* Vorgang der verbindlichen Bauleitplanung"[127] zu verlangen. Nach ebenfalls gesetzlicher Verankerung von Abbruch-Geboten, Teilabbruch-Geboten und Veränderungs-Geboten innerhalb der verbindlichen Bauleitplanung soll dann das Messer zur gestalterischen Operation angesetzt werden: „Unerläßlich für die Durchsetzung gestaltorientierter Stadtplanung ist auch die rechtliche Möglichkeit, Fremdkörper und Wucherungen, die einer gestaltorientierten Regeneration der Stadt im Wege stehen, beseitigen zu lassen. So wird sie diese Sünden kollektiv wiedergutzumachen haben."[128] Angesichts der gegebenen Eigentumsverhältnisse stehen die Chancen solcher kollektiven Wiedergutmachung allerdings denkbar schlecht, auch wenn sich kleine Schritte in diese Richtung beobachten lassen, die leicht zur Überinterpretation verführen. So mehren sich etwa zur vorbeugenden Vermeidung möglicher Konflikte, angesichts der wachsenden Empfindlichkeit der Bevölkerung gegenüber planerischen Eingriffen in ihre unmittelbare Umwelt, die Versuche, gestalterische Rahmenbedingungen bereits im Vorfeld konkreter Planungsmaßnahmen zu verankern, und auch die neu belebten Diskussionen um örtliche Gestaltungssatzungen bieten zahlreiche Beispiele für die Bemühungen um einen städtebaulichen ‚Verunstaltungs-Schutz'. Daneben scheinen im Zusammenhang mit Sanierungs- und Modernisierungsmaßnahmen — schon durch die städtebauförderungs-gesetzliche Institutionalisierung umfassender ‚Vorbereitender Untersuchungen' — allmählich Aufgabenfelder erschlossen zu werden, die über kosmetische Nachbehandlung oder publizistische Aufbereitung städtischer Strukturen hinausweisen. Die Ambivalenz der ‚Politik der Stadtgestaltung' wäre zu illustrieren auch am politischen Stellenwert, den Denkmalschutz und -pflege im Zuge von Stadtumbau und -erneuerung erhalten. Daß dabei die oben skizzierten methodischen Ansätze zur empirischen Untersuchung von Stadtbild und Stadtgestalt eher einen vagen Hintergrund als solide Entscheidungshilfen bieten, braucht nun nicht eigens betont zu werden. Zu offensichtlich treten zudem gerade in der letzten Zeit angesichts der wachsenden Finanznot der Gemeinden und ihrer staatlichen Oberverbände fundamentale Planungsprobleme zutage, als daß schon heute derart differenzierte Überlegungen und Untersuchungen auf breiter Ebene zum Tragen kommen könnten.

So zeichnen sich unter dem ebenso plakativen wie schillernden Titel der Stadtgestaltung gegenwärtig zwei Entwicklungstrends ab: Während der eine auf verstärkte *Beachtung der Gestaltwirksamkeit eines jeden Planungsschritts* zielt und als vorbereitende *Prozeß-Gestaltung* eine Neuorientierung am ‚Gestalt-Aspekt' quer durch verschiedene Planungsebenen und Einzelressorts nahelegt, sind auf der anderen Seite Ansätze zur *Verselbständigung einer*

---

127 J. Pahl, a.a.O., S. 68.
128 A.a.O., S. 69.

eigenständigen Disziplin zu beobachten, die als nachbereitende *Produkt-Gestaltung* auf Kontrolle und Arrangement von Oberflächenphänomenen gerichtet ist. Während jedoch auf der einen Seite die Forderungen nach ‚gestaltorientierten' Entscheidungen etwa über Standortalternativen und Erschließungskonzepte eher programmatischen Charakter haben und sowohl großen planerischen Handlungsspielraum als auch große Spiel-Massen voraussetzen, sind die Forderungen nach Reparatur und Regelung von Fassaden- und Platzgestaltungen vergleichsweise bescheiden und realistisch, zumal sie sich organisch in die politische Landschaft einfügen: Denn je schärfer die Mittel der ‚öffentlichen Hände' zur Lösung der drängendsten Aufgaben kalkuliert werden müssen, umso mehr Aufmerksamkeit muß zur Sicherung der Loyalität der Bevölkerung dem effektvollen Anpreisen und ‚Verkaufen' von Planungsmaßnahmen gewidmet werden, deren Auswirkungen anschaulich vor Augen treten und leicht zur Projektionsfläche für aufgespeicherten Unmut werden können. Gerade die Schere zwischen wachsendem Planungsbedarf und sinkenden Realisierungschancen bei immer noch hohem Anspruchsniveau der Bevölkerung gegenüber staatlichen Leistungen bietet die objektiven Voraussetzungen der Wirksamkeit einer ‚erlebnisorientierten' Gestaltungsideologie, die − unter bestimmten ökonomischen und politischen Bedingungen entwickelt − auch bei gewandelten Verhältnissen aktuell bleibt, wie im nächsten Kapitel gezeigt wird.

5. Ökonomie und Stadtgestalt

Bisher war viel von Perspektivwechsel, Trendwende und Brüchen die Rede. An Beispielen aus der städtebaulichen Praxis, an methodischen Ansätzen und theoretischen Konzepten zur Stadtgestaltung wurde gezeigt, wie Stadterleben und -wahrnehmung zunehmend auf jene Bereiche städtischer Öffentlichkeit ausgerichtet werden, in der reiche Warenangebote, flanierende Bürger und gepflegte Fassaden die Vorstellung eines bruchlos guten Lebens vermitteln. Als neue und wichtige Aufgaben im gegenwärtig verlangsamten Prozeß des Stadtumbaues wurden genannt: die gestalterische Programmierung geschlossener Erlebniszusammenhänge und die Überformung der darin störenden visuellen Eindrücke − um Arbeit und Not möglichst unsichtbar zu machen, denn ihr *Anblick* „strapaziert unsere Nerven".[129]
Alles das konnte als brandneue Entwicklung, als demiurgisches Werk einer gerade entstehenden *Technokratie der Sinnlichkeit* erscheinen, deren ideologischer Überbau von Sozialwissenschaftlern bereitgestellt wird, die ihrerseits wieder mit Großunternehmen, Warenhauskonzernen und Bodenspekulanten im Bunde sind − fast eine Verschwörungstheorie, in der verwickelte gesell-

---

129 P. D. Spreiregen, Urban Design, a.a.O.

schaftliche Verhältnisse sich ordnen zu überschaubaren Bündeln von Marionettenschnüren, die in geschickter Regie von den Vertretern des Großkapitals bedient werden. Bei aller Anschaulichkeit ist solchen Verkürzungen gerade hier streng zu mißtrauen. Denn gerade das Thema ‚Stadtgestaltung' bietet sich an, in modernisierten Variationen des vertrauten Schemas ‚Bauherr und Architekt' betrachtet zu werden, indem mal *die* Gesellschaft oder *die* Demokratie und mal *das* Kapital zum Bauherrn erklärt wird und die Leerstelle des feudalen Mäzens ausfüllt.

Freilich, da hat es immer wieder Versuche gegeben, ganze Stadtbilder nach Plan zu entwerfen: Idealstadtentwürfe, städtebauliche Utopien und auch realisierte Konzepte, die aber stets der Darstellung einer sakralen oder weltlichen Herrschaft dienten – „oder aber ihrer Verschleierung", wie Julius Posener nach einem „Ausflug in die Geschichte" bemerkt.[130] Stets ist dabei jedoch unwillkürlich an bewußt planende Subjekte gedacht: an den Künstler, den Architekten, den Bauherrn, der visionär ein Bild vom Ganzen hat und zu verwirklichen sucht wie der fürstliche Städtegründer des Barock, der Sozialutopist des vorigen Jahrhunderts oder der ‚geniale' Planer der Gegenwart, die großen Gestalten und Gestalter unserer Zeit.

Was aber nun, wenn dieses Ganze der Stadt sich nicht schöpferischer Eingebung und herrschaftlichem Auftrag verdankt, sondern sich scheinbar zufällig zusammensetzt aus einer Unsumme von Einzelentscheidungen nach einem unbekannten Plan, der einzig durch ökonomische Gesetzmäßigkeiten vorgezeichnet ist, die sich im Raum der Stadt über Grundrente und Bodenpreis durchsetzen? Wie, wenn die Stadtgestalt gleichsam zum bloß zufälligen Nebenprodukt der räumlichen Organisation von Kapitalverwertungsprozessen wird, die in immer schnellerem Kreislauf die Produktion, Zirkulation und Konsumtion von Waren regeln?[131] Wenn weder die ‚Demokratie als Bauherr' noch der bürgerliche Staat als umfassend planende Instanz, sondern am zutreffendsten noch das Zusammenwirken von Prozessen der Kapitalverwertung als Subjekt der Stadtgestaltung zu bezeichnen wäre? Wenn sich nach deren Regeln die Gestalt der Städte formte: Müßten sich dann nicht Struktur und Entwicklung der Stadtgestalt als bloßer Ausdruck jener Prozesse beschreiben lassen, die seit der Entfaltung des kapitalistischen Wirtschaftssystems nach ihren Gesetzen die Gestalt der Städte prägen?

Zurück also in die Geschichte, ins Geburtsland des Kapitalismus, ins England der industriellen Revolution: Recht weit zurück also, um im Jahre 1845 auf eine Beschreibung von Manchester zu stoßen, die an Aktualität nichts verloren hat: „Die Stadt selbst ist eigentümlich gebaut, so daß man jahrelang in ihr wohnen und täglich hinein- und herausgehen kann, ohne je in ein Arbeiter-

---

130 J. Posener, Ist Stadtbaukunst noch zeitgemäß?, in: Stadtbauwelt, Heft 35/1972, S. 184 f.
131 Vgl. dazu A. Evers, Agglomerationsprozeß und Staatsfunktionen, in: R.-R. Grauhan, Lokale Politikforschung, Bd. 1, Frankfurt/Main 1975.

viertel oder nur mit Arbeitern in Berührung zu kommen — solange man nämlich nur seinen Geschäften nach- oder spazierengeht. Das kommt aber hauptsächlich daher, daß durch unbewußte, stillschweigende Übereinkunft wie durch bewußte ausgesprochene Absicht die Arbeiterbezirke von den der Mittelklasse überlassenen Stadtteilen aufs schärfste getrennt oder, wo dies nicht geht, mit dem Mantel der Liebe verhüllt werden. Manchester erhält in seinem Zentrum einen ziemlich ausgedehnten kommerziellen Bezirk, etwa eine halbe Meile lang und ebenso breit, der fast nur aus Kontoren und Warenlagern (warehouses) besteht. Fast der ganze Bezirk ist unbewohnt und während der Nacht einsam und öde -- nur wachthabende Polizeidiener streichen mit ihren Blendlaternen durch die engen, dunklen Gassen. Diese Gegend wird von einigen Hauptstraßen durchschnitten, auf denen sich der ungeheure Verkehr drängt und in denen die Erdgeschosse mit brillanten Läden besetzt sind; in diesen Straßen befinden sich hier und da bewohnte Oberräume, und hier ist auch bis spät abends ziemlich viel Leben auf der Straße."[132] In der weiteren Schilderung beschreibt ein deutscher Tourist dann den Aufbau der Stadt, Verteilung und Nutzung der Quartiere, die von den Hauptstraßen aus jedoch unsichtbar bleiben, da Auslagen und Geschäfte die Straßen säumen und den Einblick versperren.

„Ich weiß sehr wohl, daß diese heuchlerische Bauart mehr oder weniger allen großen Städten gemein ist; ich weiß ebenfalls, daß die Detailhändler schon wegen der Natur ihres Geschäfts die großen durchführenden Straßen für sich in Beschlag nehmen müssen; ich weiß, daß man überall an solchen Straßen mehr gute als schlechte Häuser hat und daß in ihrer Nähe der Grundwert höher ist als in abgelegenen Gegenden; aber ich habe zugleich eine so systematische Absperrung der Arbeiterklasse von den Hauptstraßen, eine so zartfühlende Verhüllung alles dessen, was das Auge und die Nerven der Bourgeoisie beleidigen könnte, nirgends gefunden als in Manchester. Und doch ist gerade Manchester sonst weniger planmäßig oder nach Polizeivorschriften und dagegen mehr durch den Zufall gebaut als irgendeine andere Stadt; und wenn ich die eifrigen Beteuerungen der Mittelklasse, daß es den Arbeitern ganz vortrefflich gehe, dabei erwäge, so will es mich doch dünken, als seien die liberalen Fabrikanten, die ‚big whigs‘ von Manchester, nicht ganz so unschuldig an dieser schamhaften Bauart".[133]

Trotz allen „Zufalls" hatte diese „schamhafte Bauart" offensichtlich auch damals schon Methode — auch ohne eigens bestellte Stadtgestalter. Als Zufall nämlich erscheint die Methode, da sich die Gesetze der Ökonomie hinter dem Rücken der Produzenten als innerer Regulator durchsetzen. Denn unter dem Diktat von Grundrente und Bodenmarkt folgt die räumliche Verteilung der Nutzungen und damit auch die gegenständliche Darstellung von Reich-

---

132 F. Engels, Die Lage der arbeitenden Klasse in England, in: MEW Bd. 2, Berlin 1972, S. 276 f.
133 A.a.O., S. 280.

tum und gestalterischer Phantasie der „Natur des Geschäfts", den Regeln des Marktes, damals wie heute. Man muß also nur *wissen*, aus welchen Gesetzen und Standortbedingungen sich gleichsam naturwüchsig auch diese „heuchlerische Bauart" ergibt, um deren anschaulichen Versprechungen nicht mehr zu glauben und hinter die Kulissen zu blicken. Doch selbst bei Entdeckung der Kontraste gibt sich der innere Zusammenhang zwischen den Erscheinungsformen nicht bloßem Hinsehen zu erkennen, sondern „nur mit Kenntnis der ökonomischen Gesetze"[134], die mit der Entwicklung der kapitalistischen Produktionsweise und der großen Industrie gerade in England schon früh die Gestalt der Städte prägten. Während in den Städten anderer Länder Arbeit, Handel und Wohnen sich im Gefüge der Stadt noch räumlich durchdrangen, begann hier bereits eine scharfe Trennung der Funktionen. Seit das Privateigentum an Grund und Boden die Monopolisierung von Standortvorteilen und Produktionsvoraussetzungen bewirkt, bestimmen die Bewegungsgesetze des Kapitals auch die Entwicklungsgesetze der Städte, und auch die räumliche Verteilung der Bodennutzung wird dem Rentabilitätsprinzip unterworfen. Der Zusammenhang von Produktion, Zirkulation und Konsumtion wird aufgelöst in spezialisierte Bereiche, in denen die Prozesse der Herstellung, des Tauschs und des Verbrauchs von Waren räumlich getrennt voneinander verlaufen und erst durch ein gewaltiges Verkehrsaufkommen miteinander verbunden werden können. Die *Grundrente wird zum anonymen Stadtplaner*, der den jeweils rentabelsten Nutzungen den Vorrang vor anderen einräumt: Während die großflächigen Produktionsbetriebe auf den billigen Boden an den Rand oder außerhalb der Städte verlagert werden, konzentrieren sich an den teuren zentralen Standorten Handels- und Dienstleistungsbetriebe. Dadurch sind die Stadtbewohner gezwungen, in ihrer Doppelexistenz als Arbeiter- und Konsumentenmassen von der Wohnung aus ständig zwischen zwei Polen zu pendeln und einen Großteil ihrer arbeitsfreien Zeit in Fahrzeit zu investieren. Doch nicht nur in der großräumigen Gliederung der Stadt, sondern auch in den jeweiligen Stadtbereichen wirkt die Grundrente als Selektionsprinzip der Grundstücks- und Gebäudenutzung bis hinein in die kleinräumige Ordnung der Wirtschafts-, Sozial- und Gebäudestruktur.

Also könnte man sagen, daß jede weitere Beschäftigung mit Stadtgestaltung sinnlos wäre. Denn: Stadtgestaltung ernstgenommen, als Gestaltung des baulichen Gesamtgefüges einer Stadt, würde den Bruch mit allen Marktgesetzen bedeuten und hätte gesellschaftliche Vernunft zu vergegenständlichen, wenn sinnliche Erfahrung tatsächlich unmittelbar auch „Sinn-Erfahrung"[135] sein soll. Wenn diese ungeschriebenen Gesetze aber im wesentlichen unverändert

---

134 K. Marx, Das Kapital, Bd. I, Berlin 1971, S. 687; vgl. dazu: Das Kapital, Bd. 3, Berlin 1971, S. 627 f.
135 T. Sieverts, in: M. Trieb, Stadtgestaltung, a.a.O. S. 10.

sind und immer noch die Investitionsentscheidungen der Privateigentümer nach Rentabilitätskalkül die Stadtentwicklung bestimmen, warum dann noch weiter an der Oberfläche städtebaulicher Erscheinungsformen bleiben? Wenn die Grundstrukturen immer noch dieselben sind trotz einiger Reformen, die das Privateigentum an Produktionsmitteln und -voraussetzungen grundsätzlich nicht infragestellen, — ist es dann nicht konsequent, auf der Ebene ökonomischer Kategorien anzusetzen und das logische Verhältnis von Kapital, Arbeit und Grundeigentum zu studieren, dann auf die Untersuchung des Zusammenhangs von Grundrente, Bodenpreis und Wohnungspolitik überzugehen? Wenn auch Stadtgestaltung letzlich nichts anderes ist als naturwüchsiger Ausdruck ökonomischer Interessen, die sich auch ohne anspruchliche Formulierung und Verwissenschaftlichung durchsetzen, warum noch weitere Aufmerksamkeit dafür verschwenden?

So richtig solche Überlegungen sind, so falsch ist doch eine verkürzte politisch-ökonomische Betrachtung, durch die manche Gegenstandsbereiche gleichsam unter das Niveau kritischer Aufmerksamkeit geraten. Aus solchen oder ähnlichen Überlegungen wurden in schroffer Wendung gegen die verflachte Großstadt-Kritik gerade ästhetische Fragestellungen schon zu lange als peripher betrachtet, und es wurde dabei auch von kritischen Wissenschaftlern übersehen, welche Bedeutung der Produktion und Funktionalisierung von Stadtbild-Qualitäten gerade in den letzten Jahren zugewachsen ist: eine Funktionalisierung ästhetischer Qualitäten im Dienste ökonomischer und politischer Interessen, die selten genug bis hin in jene konkret-sinnlichen Erscheinungsformen untersucht worden sind, die sich komplementär zur vielbeklagten Monotonie und Häßlichkeit der Städte herausgebildet haben und gerade aus dem Kontrast dazu ihre undurchschaute Wirksamkeit gewinnen. Inzwischen wird der verhüllende „Mantel der Liebe" knapp, aber passend zugeschnitten für die Wahrnehmungsmuster und Erlebnisweisen verschiedener Zielgruppen. Die stillschweigende Übereinkunft der Privateigentümer wird unter dem Zwang der ökonomischen Verhältnisse noch staatlich organisiert und abgesichert. Seit durch den rapiden Attraktivitätsverlust besonders der Innenstädte die Liquidität der Warenzirkulation gefährdet ist, muß der Staat zur Sicherung der Standortvorteile einspringen: Zurück also aus der Zeit des legendären Manchester-Liberalismus in die Situation der BRD heute, um die spezifischen historisch-gesellschaftlichen Bedingungen der Aktualität von Stadtgestaltung und -erhaltung untersuchen zu können.

Um aus der oben skizzierten Bestandsaufnahme Perspektiven für die nun folgende historische Betrachtung zu gewinnen, lassen sich mit Blick auf aktuelle gesellschaftliche Problemzusammenhänge drei Wirkungsbereiche der Stadtgestaltung umreißen. Deren Entwicklung und Verflechtung sollen nun im nächsten Kapitel genauer betrachtet werden. Auf verschiedenen Entwicklungsstufen der Geschichte der BRD werden einige Verbindungen zwischen ökonomischen Bedingungen, politischen Entwicklungen und gestalte-

rischen Neuorientierungen gezeigt. Einige Anhaltspunkte dazu wurden bereits in den voranstehenden Abschnitten gegeben: Stadtgestaltung heute ist nicht mehr bloß zufälliges Resultat naturwüchsiger Stadtentwicklung, sondern wird als Medium zur *Attraktion*, *Identifikation* und *Kompensation* partiell konzipiert und eingesetzt:
Komplementär zur Warenästhetik dient die Ausgestaltung und Möblierung öffentlicher Räume vor allem in den Fußgängerzonen der zentralen Einkaufsbereiche zur *Attraktion* zahlungskräftiger Kunden, zur Kanalisierung von Kaufkraftströmen. Die Raumgestaltung folgt den Regeln der Verkaufsförderung, der Funktionalismus wird werbepsychologisch modernisiert.
Daneben sollen durch die gestalterische Aufwertung städtischer Wohngebiete die Ortsbindungen der Bewohner gefestigt werden. Die beschleunigte Stadtflucht gerade aus den Kernstädten der Ballungsräume führt zu empfindlichen Belastungen der städtischen Finanzhaushalte, so daß die Stärkung der *Identifikation* mit dem Ort eine wesentliche Aufgabe der Kommunalpolitik wird. Stadtgestaltung wird Planungsersatz und Krisenästhetik. Bei zunehmender Verschlechterung der städtischen Lebensbedingungen und gleichzeitiger Verschlechterung der Finanzsituation der Gemeinden werden die vergleichsweise billigen, aber höchst effektvollen Maßnahmen zur Stadtverschönerung zum Alibi für tiefgreifendere und kostspieligere Veränderungen der Stadtstruktur. Darüber hinaus wird in wachsendem Maße versucht, wenigstens zur visuellen *Kompensation* von Auswirkungen des zerstörerischen Stadtumbaus beizutragen. Durch besonders augenfällige und in der Tagespresse breit dargestellte gestalterische Maßnahmen werden zumindest die härtesten Erscheinungsformen profitorientierter Stadtentwicklung gemildert.
Mit den Stichworten Attraktion, Identifikation und Kompensation können somit drei Wirkungsbereiche grob umrissen werden, die sich tatsächlich jedoch kaum scharf abgrenzen lassen.
Hier hilft eine historische Betrachtung weiter, wobei sich im Rückblick auf die letzten zwanzig Jahre Entwicklungsgeschichte der BRD die Phasen der *Aktualisierung*, *Konkretisierung*, *Expansion* und *Politisierung* der Stadtgestaltung unterscheiden lassen:
Als Instrument kommunaler Imagepflege wurde Stadtgestaltung *aktuell* im Rahmen interkommunaler Konkurrenz um Wanderungsgewinne und Kaufkraftströme und zielte zunächst auf Attraktion qualifizierter Arbeitskräfte zur Verbesserung der Qualität des örtlichen Arbeitsmarktangebots. *Konkret* jedoch wurde Stadtgestaltung erst in der Ausformung innerstädtischer Einkaufsbereiche zur Attraktion von Kaufkraftströmen. Neben der Ausgestaltung der Einkaufsbereiche gewinnt inzwischen jedoch auch die Pflege und Reparatur von Fassadenfolgen, Straßenräumen und Grünanlagen in innerstädtischen Wohngebieten wachsende Bedeutung. Dies gilt vor allem für jene Wohngebiete, in denen durch nachlassenden Expansionsdruck des tertiären Sektors die Spekulation auf gewerbliche Nutzung nicht mehr lohnt und die Haus- und

Grundeigentümer wieder auf die langfristige Vermietbarkeit ihrer Häuser setzen. Dies ist von großem Interesse für die *Berufspolitiker* einerseits und für *kommunalpolitisch aktive Bewohnergruppen* und Basisinitiativen andererseits. In dem Maße nämlich, in dem Stadtgestaltung über die visuelle Inszenierung der Einkaufsbereiche hinaus als Verbesserung der Wohnumgebung für die Bewohner für konkrete Gebrauchswertqualitäten sorgt, bietet sie konkrete Ansatzpunkte für weitergehende Forderungen nach Veränderung der städtischen Lebensbedingungen.

Stadtgestaltung kann nicht mehr nur als Legitimations- und Steuerungsinstrument der Politik ‚von oben' betrachtet und kritisiert werden, sondern wird durch konkrete Forderungen ‚von unten' politisierbar.

Um diese Perspektiven vor historischem Hintergrund genauer einschätzen zu können, sollen im folgenden die wichtigsten Etappen ökonomischer, politischer und sozialer Entwicklungen in der Bundesrepublik betrachtet werden, durch die sich Aktualisierung, Konkretisierung, Expansion und Politisierung der Stadtgestaltung vollzogen.

2. Rückblick: Bedeutungswandel der Stadtgestalt

1. Aktualisierung: Ausgangsbedingungen

Nachkriegszeit und Wiederaufbau

Bereits in der legendären „Stunde Null" waren die wesentlichen strukturellen und personellen Voraussetzungen der Entwicklung Westdeutschlands festgelegt. Die Ausgangsbedingungen für einen wirtschaftlichen Aufschwung waren günstiger, als angesichts der Stadtzerstörung und Wohnungsnot nach 1945 angenommen werden mußte: Trotz Kriegsschäden und zeitweiligen Demontagen entsprach die Industriekapazität in den Westzonen dem Vorkriegsstand[1]; Arbeitskräfte gab es mehr, als in den Arbeitsprozeß eingegliedert werden konnten[2], und die westlichen Siegermächte waren bald bereit, den Ausbau der vorhandenen Produktionsanlagen auch finanziell zu unterstützen. Da vor allem die USA ihre Interessen zunehmend auf eine Restauration des Kapitalismus richteten, wurden in den Westzonen alle möglichen schwerwiegenden Änderungen des vorgefundenen sozioökonomischen Systems unterbunden. Der überkommene Besitz des Privateigentums an den Produktionsmitteln blieb im Prinzip unangetastet – damit waren die bisher gültigen Produktionsverhältnisse erhalten, juristisch abgesichert und personell verfestigt. Durch das reiche Angebot an billigen Arbeitskräften und bebaubaren Flächen mit meist noch intakten Infrastruktureinrichtungen waren einem extensiven Wirtschaftswachstum kaum Grenzen gesetzt. Die Gleichzeitigkeit von extrem niedrigem Lohnniveau, technologischer Innovation und hoher Kapitalinvestition aus den USA sicherte der BRD schon bald eine den anderen westeuro-

---

1 Aus den großen Kriegsschäden an Wohngebäuden, Straßen, Brücken u. a. wurde geschlossen, daß industrielle Produktionsanlagen ähnlich stark betroffen seien. Dies führte zu einer starken Überschätzung des industriellen Kapazitätsverlustes, zumal weite Bereiche erst in den letzten Jahren auf Kriegsproduktion hin aufgebaut und ausgeweitet worden waren. Vgl. dazu: Deutsches Institut für Wirtschaftsforschung (Hg.), Die deutsche Industrie im Kriege 1939–1945, Berlin 1954; H. C. Wallich, Triebkräfte des deutschen Wiederaufstiegs, Frankfurt 1955; E. U. Huster u. a., Determinanten der westdeutschen Restauration 1945–1949, Frankfurt/Main 1972.
2 So betrug bereits 1946 die Bevölkerungszunahme im Gebiet der amerikanischen Besatzungszone im Vergleich zum Vorkriegsstand über 20 %. Vgl. dazu: Deutsches Institut für Wirtschaftsforschung (Hg.), Die deutsche Wirtschaft zwei Jahre nach dem Zusammenbruch, Berlin 1947.

päischen Staaten weit überlegene Stellung auf dem Weltmarkt, zumal es infolge der Kriegszerstörungen auch an Absatzmärkten nicht mangelte.
Andererseits aber wurden durch die schnelle und stark exportorientierte Wiedereingliederung Westdeutschlands in den kapitalistischen Weltmarkt nicht nur die Ungleichgewichte zwischen verschiedenen Wirtschaftsbereichen verstärkt, sondern auch räumliche Ungleichgewichte vergrößert, die sich aus der beschleunigten Agglomerationsbildung und durch die Abwanderung der Bevölkerung aus den Zonenrandgebieten ergaben. Da in den Westzonen eine durchgreifende staatliche Reglementierung der räumlichen Verteilung von Wohn- und Arbeitsplätzen in regionalem Maßstab unterblieb, waren spätere Anpassungs- und Entwicklungskrisen gleichsam vorprogrammiert, zumal am kleinteiligen Bodeneigentum – auch programmatisch – festgehalten wurde.[3] Damit bildeten die relativ wenig zerstörten Produktionsanlagen in ihrer überkommenen sektoralen und regionalen Gliederung das wesentliche Gerüst des Wiederaufbaus, dem die neuentstehenden Wohn- und Versorgungsstätten eingefügt wurden. Die private Verfügung über die Produktionsmittel wurde zudem durch ein Bodenrecht abgesichert, durch das die Wirtschafts- und Siedlungsentwicklung weiterhin von der jeweiligen unternehmerischen Investitions-,Neigung' abhängig blieb.
Wie die Zuordnung von Arbeits-, Wohn- und Versorgungsstätten vorbestimmt blieb durch historisch ‚gewachsene' Strukturen, so sollte in gleicher Weise ‚naturwüchsig' der Marktmechanismus durch die Summe unternehmerischer Einzelentscheidungen für deren weitere Ausformung sorgen; nur die Wohnungswirtschaft wurde unter dem Druck der Verhältnisse vorübergehend in staatliche Regie genommen.
Nach historischem Muster zeichneten die erhaltenen Bauteile und Wegenetze die Gestalt der Städte vor, deren beschleunigte Auflösung zu Stadtregionen und amorphen Siedlungsgebilden sich erst im Verlauf des späteren Wirtschaftswachstums vollzog.
Angesichts der drängenden Versorgungsprobleme wandten sich auch die Architekten ihren Projekten meist noch ohne Blick auf mögliche Folgewirkungen und Fehlentwicklungen zu.
Bereits einige Jahre nach dem Krieg mußte festgestellt werden: ,,(...) es wird munter drauflos gewurstelt, trotz vieler schöner Aufsätze, die man dazu liest, ist praktisch von einer zusammenhängenden Aufbauplanung unter architektonischen, klimatologischen und sozialpsychologischen Gesichtspunkten gar

---

3 Bei großzügiger staatlicher Subventionierung privater Betriebseinrichtungen sollte auf örtlicher Ebene kommunale Selbstverwaltung für Regelung und Ausgleich sorgen. Dementsprechend wurde zur Förderung und Organisation der Bautätigkeit durch die Aufbaugesetze ein Freiraum geschaffen, in dem pragmatisch Bedingungen zu Industrieansiedlung und Wohnungsbau ausgehandelt und Entscheidungen getroffen werden konnten, die weder durch übergreifende Planungsmaßnahmen beeinflußt noch durch eine wachsame Öffentlichkeit kontrolliert wurden.

keine Rede, halb die Not und halb die Willkür lassen an den Stellen, wo Trümmer abgeräumt sind, hier Hochhäuser und dort ‚Kaninchenställe' als Zwergwohnhütten emporschießen; wenn es so weitergeht, wird die den sechziger bis neunziger Jahren des vorigen Jahrhunderts entsprossene Großstadt ein bauliches Juwel gewesen sein, verglichen mit derjenigen, welche die fünfziger und folgenden Jahre des zwanzigsten Jahrhunderts hinstellen werden, hinzustellen im schlimmsten Zuge sind."[4]

Solange sich in dieser Aufbauphase Architekten und Städtebauer über eine entwicklungsfähige Organisation des Zusammenhangs ihrer projektierten Bauten noch wenig Sorgen machen mußten, konnte sich auch ein dem gängigen Gesellschaftsbild entsprechendes Verständnis städtebaulicher Gestaltung noch halten: Analog zu der konservativen Vorstellung, daß aus den Familien als natürlichen Keimzellen das organische Ganze der Gesellschaft gleichsam biologisch zusammenwächst, konnte auch die Stadt weiter als Organismus verstanden werden, der sich gewissermaßen von selbst aus den marktkonformen Entscheidungen einzelner Bauherren bildet. *Planung* wurde dabei immer noch weitgehend in der Terminologie einer *Naturheilkunde* begriffen, nach der die Tätigkeit des Architekten der eines Försters gleicht: Gesundes Städtewachstum wird durch Auflockerung, Sanierung, Durchgrünung gefördert. Noch konnte sich dementsprechend ein vages gemeinsames Verständnis vom zukünftigen Bild der Stadt beschränken auf das einer in Nachbarschaftseinheiten gegliederten und aufgelockerten Stadt. Im Sinne einer ‚organischen Ästhetik' konnten Diskussionen über Fluchtlinien, Höhen und Zuordnungen von Einzelbauten übergreifende Entwicklungsprogramme ersetzen.[5]

Obwohl die Spuren der offiziellen Baukunst des ‚Dritten Reiches' weitgehend verwischt und die exponierten Symbole der Nazi-Herrschaft demonstrativ zerstört worden waren, konnte auf der Grundlage der restaurativen Eigentums- und Familienpolitik der Nachkriegsjahre zunächst auch die anti-rationalistische Blut-und-Boden-Ideologie weiter gültig bleiben: „Mit der Fortführung der ökonomischen und gesellschaftlichen Strukturen ‚überlebten' also die alten ideologischen Leitbilder und Mentalitäten"[6] — in deren Mittelpunkt die ‚Verwurzelung' des Stadtbewohners steht, dessen Freiheit und Eigentum sich allererst im freistehenden Eigenheim darstellt. Selbst die Massen der nun entstehenden Mehrfamilienhäuser des ‚Sozialen Wohnungsbaus' wurden formal am Muster des isolierten Einfamilienhauses ausgerichtet und in breiter Streuung ‚entballt'. Daneben wurde zumindest in Materialwahl und Proportio-

---

4 W. Hellpach, Mensch und Volk der Großstadt, Stuttgart 1952, S. 114.
5 Vgl. H. G. Helms, Die Stadt — Medium der Ausbeutung, und J. Janssen, Der Mythos des 20. Jahrhunderts in der Architekturtheorie der BRD, in: Kapitalistischer Städtebau, Neuwied 1970; vgl. auch: H. Berndt, Das Gesellschaftsbild bei Stadtplanern, a.a.O.
6 J. Petsch, Baukunst und Stadtplanung im Dritten Reich, München/Wien 1976, S. 230.

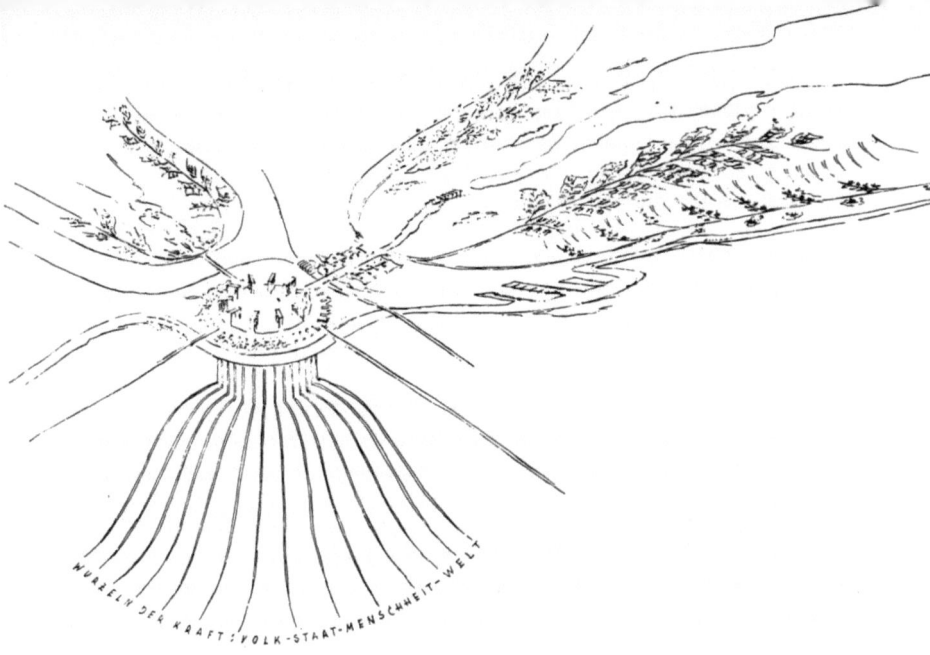

nierung auch in den repräsentativen Bauten der Industrie und des Staates die Tradition faschistischen Bauens aufgenommen und erst allmählich von Elementen des US-amerikanischen Kulturimperialismus durchsetzt, der anfangs von den Hütern der nationalen Kultur noch abgewehrt werden konnte. Mit der rapiden Beschleunigung der Wirtschaftsentwicklung jedoch ging eine rasche Modernisierung in fast allen gesellschaftlichen Lebensbereichen einher, die architektonisch im Rückimport einer amerikanisierten Version funktionalistischen Bauens ihren Ausdruck fand und mit zunehmender Verdichtung der Stadtstrukturen in ‚städtebaulichen Dominanten' Gestalt annahm. So begannen sich auch die Leitbilder in Architektur und Städtebau entscheidend zu wandeln, als die konservativen Gesellschaftskonzeptionen aufgegeben werden mußten, die ja selbst nur Produkte einer bestimmten Phase der historischen Entwicklung waren und nur für diese Phase – die Aufbauphase – einleuchtende Erklärungs- und Orientierungsmuster lieferten.

Attraktivität als Standortfaktor

Bereits Ende der 50er Jahre setzte ein tiefgreifender Wandel der westdeutschen Wirtschaftsentwicklung ein. Hatte sie sich bisher extensiv – durch Eingliederung und Ausbeutung eines fast schrankenlos nutzbaren Potentials an Arbeitskräften, Kapital und Boden vollzogen, so mußte angesichts der inzwischen erreichten Vollbeschäftigung und absinkender Wachstumsraten ein intensives Wachstum gesichert werden [7]: eine Steigerung der Arbeitsproduktivität durch Beschleunigung technologischer Innovation und flexiblere Kombination der Produktions-‚Faktoren' Arbeit, Kapital und Boden. Das rasche Wachstum der Nachkriegsjahre mußte geradezu als ‚Wirtschaftswunder' erscheinen: Zwischen 1950 und 1960 lag die Zunahme an Erwerbstätigen bei 24 %, die jährliche durchschnittliche Wachstumsrate bei 7,8 %.[8] Inzwischen jedoch begann seit etwa 1960 infolge nachlassender Zuwanderung von Arbeitskräften aus der DDR, zunehmender Überalterung und verlängerter Ausbildungszeiten die Zahl der einheimischen Erwerbstätigen zu stagnieren. Die jährliche Wachstumsrate sank auf durchschnittlich 4,9 % in den Jahren 1960 bis 1970.[9] Trotz der verstärkten Einwanderung von − zumal nicht qualifizierten − Ausländern wurde die Ware Arbeitskraft zum entwicklungsbestimmenden „Minimumfaktor".[10] Der beschleunigte wissenschaftlich-technische Fortschritt erforderte zunehmend Arbeitskräfte mit hoher Qualifikation, doch stieg mit deren Verknappung auch deren Preis: Lohnforderungen waren nun leichter durchsetzbar und führten zu Kostenbelastungen und Rentabilitätsverschlechterungen. Die Unternehmer reagierten darauf mit umfassenden Rationalisierungsmaßnahmen und − bei mittlerweile steigendem internationalem Konkurrenzdruck − mit Zentralisierung und Konzentration. Während im Bereich der Produktion zunehmend Arbeitskräfte durch Maschinen ersetzt wurden, stieg damit zugleich die Zahl der Arbeitskräfte in jenen Bereichen, die nur mittelbar zur materiellen Produktion beitragen: die Zahl der technischen und kaufmännischen Angestellten, die teils in fertigungsvorbereitenden Bereichen, in Forschung und Entwicklung zur Beschleunigung technologischer Innovation tätig sind; teils in Handel, Banken, Verwaltung, Werbung, Verkehr für die Beschleunigung der Warenzirkulation sorgen. Mit wachsender Staatstätigkeit zur Sicherung der allgemeinen Produktionsvoraussetzungen und Verwertungsbedingungen wurde diese Entwicklung noch verstärkt durch die starke Zunahme der Staatsbediensteten in Bildungs-, Gesundheits-, Verkehrs- und Verwaltungsbereichen. Ein tiefgreifender gesellschaftlicher Strukturwandel durch Arbeitsplatz-Verschiebungen vom ‚sekundären' (industriellen) in den ‚tertiären' (dienstleistenden) Sektor zeichnete sich ab. Seine räumlichen Schwerpunkte hatte dieser ‚Tertiärisierungsschub' in den

---

7 Vgl. Soziologisches Forschungsinstitut Göttingen (SOFI) (Hg.), Materialien zur Lebens- und Arbeitssituation der Industriearbeiter in der BRD, Frankfurt/Main 1973, S. 14 und 35 f.; Jahresgutachten des Sachverständigenrates, Bonn 1967, Bundestags-Drucksache V/2310.
8 SOFI, a.a.O., S. 15; vgl. hierzu auch die entsprechenden Jahrbücher des Statistischen Bundesamtes, Wiesbaden.
9 SOFI, a.a.O., S. 15 f.; vgl. zu dieser Entwicklung auch: W. Vogt, Die Wachstumszyklen der Westdeutschen Wirtschaft, Tübingen 1968.
10 P. Drewe, Sozialforschung in der Regional- und Stadtplanung, in: Kölner Zeitschrift für Soziologie und Sozialpsychologie, Heft 4/1966, S. 103.

Zentren der großen Ballungsräume, in denen das intensive Wirtschaftswachstum schon bald an einer intensiven Flächennutzung ablesbar wurde. Da die großen Einrichtungen des Dienstleistungsbereichs, die Handels-, Verwaltungs- bzw. Steuerungszentren nur an Orten mit bestem Angebot an Arbeitskräften und in den dichtesten Knotenpunkten der (inter-)nationalen Transport- und Kommunikationsnetze auf- und ausgebaut wurden, wurden die regionalen Ungleichgewichte weiter vergrößert. Unterstützt wurde dieser Agglomerationsprozeß ferner durch die industrielle Entwicklung, denn die Verfügbarkeit qualifizierter Arbeitskräfte wurde nicht nur im Dienstleistungsbereich, sondern auch bei der Standortwahl industrieller Unternehmen gerade der Wachstumsbranchen zu einer entscheidenden Größe.

Gemessen am zunehmenden Gewicht des regionalen Angebots an Arbeitskräften verloren die im Industrialisierungsprozeß ‚klassischen' Standortfaktoren — wie Rohstoffvorkommen und Energieversorgung — in einem vergleichsweise so kleinflächigen und hoch entwickelten Industriestaat wie der BRD an Bedeutung gegenüber den regionalen Arbeitsmarktangeboten.[11]

An günstige Arbeitsmarktlage bei hohem Qualifikationsniveau, lokale ‚Fühlungsvorteile' und prestigeträchtige Standorte besonders gebunden waren dabei die örtlich flexiblen, meist fernbedarfsversorgenden Unternehmen des Dienstleistungsbereiches und technologisch hochentwickelte Produktionsbetriebe, von deren Wachstum wiederum die Entwicklung gerade der Verdichtungsräume abhängig ist, da andere Unternehmen leichter auf billigen Boden und billige Arbeitskräfte, d. h. in Randbereiche oder ausländische Regionen ausweichen können.

Je stärker die räumliche Differenzierung der Wirtschaftsstruktur als arbeitsteilige Organisation der Siedlungsentwicklung auch in überregionalem Maßstab zutage trat, umso deutlicher wurde das Gefälle unterschiedlicher Lebensbedingungen, Bildungs- und Aufstiegschancen sichtbar, die nicht durch individuelle Kaufakte kompensierbar sind. Die Zuwanderung besonders der jungen und ‚aufwärts-mobilen' Bevölkerungsteile aus ländlichen Gebieten in die attraktiven Ballungsräume verstärkte sich. Doch auch zwischen den Ballungsräumen setzten Veränderungen ein: Gerade solche Arbeitskräfte, die als ‚funktionelle Elite' aufgrund ihres Ausbildungs- und Qualifikationsniveaus auf dem Arbeitsmarkt eine priviligierte Stellung einnahmen und ihre berufliche Situation subjektiv als gesichert betrachten konnten[12], brauchten sich ihre Umzugsüberlegungen nicht mehr vorwiegend durch Aussicht auf Einkom-

11 Vgl. H. Zimmermann u. a., Regionale Präferenzen, Schriftenreihe für regionale Strukturpolitik, Band 2, Bonn 1973.
12 Vgl. den Raumordnungsbericht 1972 der Bundesregierung, S. 65 f. Zur wachsenden Bedeutung „nichtwirtschaftlicher Gesichtspunkte" im Rahmen stärker „bevölkerungsorientierter" Ansätze in der Standorttheorie vgl. H. Bömer u. a., Zur Kritik der Regional- und Raumwissenschaft in der BRD, Gewerkschaftliche Monatshefte, Nr. 1/1975, S. 22 f.

mensverbesserung bestimmen zu lassen, sondern konnten sich auch an den örtlich gegebenen Möglichkeiten zur Einkommensverwendung orientieren, an den Chancen zur Realisierung eines erwünschten „Lebensstils"[13] im Rahmen der jeweiligen örtlichen Bedingungen. Bei ihnen begann das regionale Lohngefälle als Steuerungsmechanismus zu versagen, da der qualitative Lebensstil bedeutsamer wurde als der quantitative Lebensstandard. Damit nahm „die Möglichkeit, sich den Wohnort so zu wählen, wie man ihn sich wünscht und die beruflichen Tatbestände als Faktoren zu behandeln, die sich dann schon irgendwie regeln lassen, den Charakter eines Luxusgutes an"[14], das zwar selbst in konjunkturellen Blütezeiten nur von einem geringen Teil der arbeitenden Bevölkerung realisiert werden kann, bei steigendem Einkommens- und Anspruchsniveau aber auch anderen Teilen der Bevölkerung zur Sicherung ihres Aufsteigerprestiges wirksame Orientierungsmuster vorgibt.

Von besonderem Gewicht für die regionale Wirtschaftsentwicklung waren dabei freilich nicht die immer noch notgedrungen mobilen Bevölkerungsteile, sondern eben jene sozialen Schichten, die es sich leisten können, aus Gründen der „Prestige- und Freizeitwertoptimierung" Umzugsüberlegungen anzustellen: In Verallgemeinerung der regionalen Präferenzen höherer Statusgruppen registrierten amtliche Untersuchungen eine insgesamt „veränderte Bewertung von Standortfaktoren durch die − potentiell − mobilen Teile der Bevölkerung. In Form von Lohn-, Wohn-, Freizeit- und Prestigewertoptimierungen beeinflussen sie das Mobilitätsverhalten und damit die Wanderungstrends zu und zwischen den einzelnen Verdichtungsräumen."[15]

Damit wurden jedoch nicht nur unternehmerische Standortentscheidungen wesentlich von den „Arbeitnehmerpräferenzen"[16], d. h. von den Wohnvorstellungen und Lebensstil-Erwartungen der qualifizierten Arbeitskräfte, bestimmt. Auch Regional- und Kommunalpolitiker begannen zu erkennen, daß gerade die hochqualifizierten Arbeitskräfte nicht mehr nur als Objekt, son-

---

13 Soll auf bestimmte Gemeindepräferenzen ausgewählter Zielgruppen eingewirkt werden, so setzt dies sozialwissenschaftliche Kenntnisse über den Hintergrund von Lebensstil und Lebensstilerwartungen voraus. „Unter Lebensstil sei hier verstanden die affektiv (positiv oder negativ) bewerteten, als Routine fixierten Verhaltensweisen im privaten Alltag (*Scheuch*). Diese nach dem Lebensstil einzelner Bevölkerungsgruppen differenzierende Betrachtungsweise steht offensichtlich im Gegensatz zur Landesplanungskonzeption, denn für die Landesplaner ist die räumliche Bevölkerungsverteilung abhängig von als Durchschnitt ausgedrückten Aggregaten der Infrastruktur und vor allem der Wirtschaft. (...) Interessenunterschiede, die auf unterschiedliche Lebensstile zurückgehen, können mit dem konventionellen Planungsinstrumentarium ebenso wenig erfaßt werden wie das Phänomen selektiver Wanderung." P. Drewe, a.a.O. S. 104.
14 H. Zimmermann u. a., a.a.O. S. 55.
15 Raumordnungsbericht 1972 der Bundesregierung, S. 164.
16 H. Zimmermann u. a., a.a.O.; vgl. auch: H. Heuer, Sozioökonomische Bestimmungsfaktoren der Stadtentwicklung, Stuttgart 1975, bes. S. 128 f.

dern zunehmend als „Subjekt der Standortwahl"[17] betrachtet werden mußten, zumal längst nicht mehr „die Gebiete mit den höchsten Durchschnittslöhnen die höchsten Wanderungsgewinne erzielten".[18]
Auch die kommunalen Bemühungen um Ansiedlung von Industrie- und Dienstleistungsunternehmen konnten sich nicht mehr nur auf Bereitstellung ‚wirtschaftsnaher' Infrastruktureinrichtungen beschränken. Zugleich mußte nun auch die Qualität der örtlichen Wohn- und Lebensbedingungen, die Gesamtattraktivität der Stadt bzw. Region, an den gehobenen Ansprüchen jener aufstiegsorientierten, sozial und räumlich mobilen Bevölkerungsschichten gemessen werden. Neben der Sicherung der *materiellen* allgemeinen Produktionsvoraussetzungen (Infrastrukturausstattung) wurde nun verstärkt auch die Sicherung der *personellen* Voraussetzungen − ‚hochwertiger' Arbeitsmarktangebote − zu einer für das Wirtschaftswachstum entscheidenden Bedingung. Da bis zur Gemeindefinanzreform 1969 die kommunalen Steuereinnahmen und damit die kommunale Finanzlage insgesamt durch den Anteil der Gewerbesteuer bestimmt waren, begann sich mit wachsender wirtschaftlicher und räumlicher Konzentration die interkommunale Konkurrenz um Ansiedlung zahlungskräftiger Unternehmen dadurch zu verschärfen, daß sie durch einen Wettbewerb um Wanderungsgewinne und Kaufkraftströme überlagert wurde. Denn seit die Vergrößerung der lokal wirksamen Arbeits- und Kaufkraftpotentiale fast nur noch auf Kosten anderer Orte und Regionen möglich war, mußte der Wettbewerb der Kommunen auf mehreren Ebenen gleichzeitig ausgetragen werden: gleichzeitig in der Konkurrenz um Betriebsansiedlung, Zuwanderung von Arbeitskräften und Orientierung der Konsumenten des Umlands auf die innerstädtischen Versorgungseinrichtungen.
Unter diesen Bedingungen wurde spätestens seit Mitte der 60er Jahre ein kommunalpolitischer Zielkonflikt deutlich: Die Verschlechterung der Lebens- und Arbeitsbedingungen, mit denen die Ansiedlung der großen Handels- und Verwaltungseinrichtungen erkauft worden waren, führte zu einem rapiden Attraktivitätsverlust der Innenstädte. Die *zentripetalen* Konzentrationsprozesse wurden zunehmend durch *zentrifugale* Tendenzen überlagert: durch die Abwanderung gerade der oberen Bevölkerungsschichten, von deren Arbeits- und Kaufkraft die wirtschaftliche Bedeutung der Zentren bis heute noch wesentlich abhängt. Damit waren bereits die Weichen gestellt für eine Verlagerung der interkommunalen Konkurrenz vom bundesweiten Wettbewerb zwischen den Ballungsräumen − der jetzt genauer betrachtet werden soll − zum Konflikt zwischen Kernstadt und Randgemeinden, der sich Anfang der 70er Jahre zu verschärfen begann und Thema späterer Abschnitte sein wird.

17 D. Schröder, Der Mensch: Objekt oder Subjekt der Standortwahl?, in: E. Salin u. a. (Hg.), Polis und Regio − Von der Stadt- zur Regionalplanung, Basel und Tübingen 1967.
18 B. Dietrichs, Die Analyse der Wanderungsbewegungen in der BRD, in: R. Jochimsen u. a. (Hg.), Theorie und Praxis der Infrastrukturpolitik, Berlin 1970, S. 518.

Die ‚Krise der Städte'

In ihrer räumlichen Verdichtung begann die wirtschaftliche Konzentration und Zentralisation ihre eigenen Bestandsvoraussetzungen zu gefährden, indem die notwendige Beschleunigung der Warenzirkulation eher behindert als gefördert wurde. Durch Verdrängung der anderen Funktionen, deren Zusammenhang im städtischen Raum nur durch gewaltige Verkehrsaufkommen und Massenmobilität hergestellt werden konnte, wurde mit der fortschreitenden Expansion des tertiären Bereichs aus der „großen Hoffnung"[19] der Kommunalpolitiker ein Hauptproblem der Stadtentwicklung. So schien auf den ersten Blick unter ökonomischem Aspekt zwar die *Operation gelungen*, wenn Verwaltungstürme und Verkehrschaos das Bild der Stadtmitte prägten; angesichts der damit einsetzenden ‚Krise der Stadt' wurde jedoch ‚Entleerung', ‚Kreislaufkollaps' und ‚Herzinfarkt' festgestellt – *Patient tot*: „Der Verkehr ist auf

der einen Seite Lebenselement der City, Blutstrom des uneingeschränkten wirtschaftlichen Kreislaufs, andererseits bedroht er sie heute täglich mit dem Erstickungstod".[20] In den meisten der bundesrepublikanischen Großstädte wurde die Aufgabe dringlich, zur Sicherung der innerstädtischen Zentralfunktionen „unbeschadet der Bildung von Subzentren die Attraktivität der City als vorrangigen städtischen Daseins- und Bindungsmittelpunkt zu erhalten. Das Wissen um die Intensität und Richtung der vorhandenen Beziehungen ist nicht nur von theoretischem soziologischem Interesse, sondern hat hohen praktischen Wert für die Begründung kommunalpolitischer Maßnahmen".[21] In einem Gutachten gaben auch die Experten des Rationalisierungskuratoriums der deutschen Wirtschaft ihrer Hoffnung Ausdruck, daß „das ‚Gesetz der Zeit' im amerikanischen wie im deutschen Städtebau" erkannt und in staatliche Initiativen umgesetzt wird: „Es wird erwartet, daß das Städtebauförderungsgesetz, das 1964 im Bundestag eingebracht werden soll, von einer Konzeption bestimmt sein wird, die denen in den anderen westeuropäischen Ländern ähnlich ist und von dem Grundsatz bestimmt wird, die Funktionsfähigkeit der Städte zu sichern. Die Bemühungen, dieses Ziel zu erreichen, würden aber erschwert oder zunichte gemacht, wenn Shopping Centers regionalen Charakters vor Abschluß der Erneuerungsphasen errichtet würden und die wirtschaftliche Basis der Städte und des städtischen Gewerbes zerstörten"[22], indem sie der verdrängten Bevölkerung an die Peripherie der Städte folgen, dort die vorhandene Kaufkraft abschöpfen und den Funktionsverlust der Cities beschleunigen würden. Daher wurde nun die Funktionsfähigkeit der Zentren nicht nur unter technisch-ökonomischen Aspekten gesehen, sondern wesentlich auch unter sozial-psychologischen: Denn nicht nur der eingesessene Bewohner, sondern auch „der Besucher und Einkäufer sieht nicht in der Großstadt als Gesamtheit, sondern primär in der City einen zentralen Orientierungsort. Ebenso richtet der neue Zuwanderer, der in der Großstadt Arbeit und Wohnung sucht, häufig seine ersten Erwartungen bezüglich seiner Kontakte zur Öffentlichkeit auf die City. Auch er erfaßt und identifiziert die Stadt zunächst nur punktuell, d. h. am Arbeitsplatz, in der Wohnung, am stärksten aber im Zentrum. Die hier gewonnenen Eindrücke und Erfahrungen prägen nachhaltig das auf die Dauer zur Gemeinde entstehende Verhältnis".[23] Zur Rückorientierung und Bindung gerade der mobilen Bevölkerungsschichten an die Zentralfunktionen der Cities mußte etwas getan werden: Zum

19 Vgl. dazu die in den 60er Jahren breit diskutierte Schrift von J. Fourastier, Die große Hoffnung des 20. Jahrhunderts, Köln/Deutz 1954; kritisch dazu: B. Flierl, Industriegesellschaftstheorie im Städtebau, Berlin 1973.
20 G. Stöber, Struktur und Funktion der Frankfurter City, Frankfurt/Main 1964, S. 101.
21 A.a.O.
22 E. Thomas u. a., Einzelhandel im Städtebau, Frankfurt/Main 1964, S. 9.
23 G. Stöber, a.a.O.

einen mußte der weitgehend ungeplante und oft nur als chaotische Stadtzerstörung und Verkehrserschwernis erfahrbare Prozeß des Stadtumbaus beschleunigt, zum anderen der wachsenden öffentlichen Kritik an Funktionstrennung, Monotonie und Verödung der Zentren wirksam begegnet werden. Die Unzulänglichkeit der neoliberalen Wirtschafts- und Gesellschaftspolitik der Nachkriegsjahre wurde an der Verschlechterung der städtischen Lebensbedingungen unmittelbar erfahren, daher auch scharf und plausibel kritisiert. Eine auf dieser Erscheinungsebene ansetzende Kritik aber konnte leicht in zwei Richtungen kanalisiert werden: Einerseits wurde sie — auf vereinzelte Mißstände gelenkt — zum Vehikel längst überfälliger, allerdings eng begrenzter Reformen; andererseits wurde sie in personalisierenden Vorwürfen zuallererst gegen die willfährigen ‚Handlanger am Reißbrett' gerichtet, die jetzt aufgefordert wurden, mit mehr Planung und Phantasie der angeblich von ihnen verschuldeten Verödung und Unwirtlichkeit der Städte entgegenzuarbeiten. Zwar war die ‚Krise der Stadt' nur *eine* und relativ beiläufige Erscheinungsform des gesellschaftlichen Strukturwandels, der in der ökonomischen Krise 1966/67, im Ausbau staatlicher Interventionsstrategien seitens der Großen Koalition und in der studentischen Protestbewegung Ausdruck fand. Dennoch kam ihr eine besondere politische Bedeutung zu: Hier konnte die aufkommende Kritik am gesellschaftlichen System auf konkrete Mißstände gerichtet werden, die als technisch lösbar und durch ein Mehr an politischer Planung und gesellschaftlicher Innovation behebbar dargestellt wurden, wobei gerade mit den Forderungen nach urbaner und erlebnisreicher Stadtgestaltung anschauliche und plausible Argumente zur Legitimation staatlicher Eingriffe vorgegeben wurden.
Indem die gängige Kritik an der Verödung der Innenstädte aufgegriffen und das Gegenbild einer von flanierenden Einkäufern belebten Fußgänger-City entworfen wurde, konnten mehrere der dringend anstehenden Aufgaben zugleich angegangen werden: Erstens konnten die Chancen zur weiteren Ansiedlung von Unternehmen erhöht werden, wenn es gelang, über die Demonstration urbaner Lebensformen Bevölkerungsschichten von hohem Qualifikations- und Einkommensniveau zur Zuwanderung zu bewegen. Zweitens konnte durch die Gleichsetzung von Urbanität und Einkaufserlebnis den Forderungen des innerstädtischen Handels- und Dienstleistungsgewerbes Rechnung getragen werden. Drittens schließlich ließen sich die wirtschaftspolitisch notwendigen Maßnahmen zur Neuordnung des Verkehrs, zur sogenannten ‚Funktionsschwächesanierung', zur kaufstimulierenden Ausgestaltung von Fußgängerzonen usw. bereits als Beitrag zur ‚Humanisierung der Städte' ausgeben und kommunalpolitisch wirkungsvoll legitimieren.
In ihrer gesellschaftlichen Bedeutung vollständig überschaubar werden die hier angedeuteten Entwicklungen jedoch erst, wenn sie vor dem Hintergrund der nun breit ansetzenden und als Reformpolitik vorgestellten Modernisierungsstrategien betrachtet werden, mit denen in einer Vielzahl politisch-administra-

tiver Maßnahmen der krisenhaften Zuspitzung städtischer Entwicklungsprobleme im Rahmen einer übergreifenden Konjunktur- und Wachstumspolitik begegnet werden sollte.

2. Konkretisierung: Stadtumbau und Städtewerbung

Notwendigkeit und Grenzen staatlicher Planungsversuche

Der als Übergang vom extensiven zum intensiven Wirtschaftswachstum gekennzeichnete Wandel[24] in der Organisation der gesellschaftlichen Produktion mußte weitreichende Konsequenzen in den verschiedensten gesellschaftlichen Lebensbereichen nach sich ziehen, sollte die internationale Konkurrenzfähigkeit der BRD längerfristig gesichert werden. Die verschleppte Verbesserung der Qualifikationsstruktur und die Erhöhung der regionalen und sektoralen Mobilität der Arbeitskräfte, die Hebung des Anspruchs- und Konsumniveaus der Bevölkerung sowie die dazu notwendige Auflösung erstarrter Verhaltensmuster und traditioneller Bindungen — all dies erforderte umfassende Stimulationen und Investitionen, Reformen und Rationalisierungen in verschiedenen Lebensbereichen. Ein solcher gesellschaftlicher Modernisierungsprozeß aber setzte Planungsmaßnahmen voraus, die auf gesamtwirtschaftlicher Ebene weitreichende staatliche Verfügungen erforderten, welche über punktuelle Staatsinterventionen hinaus langfristig auf das Ziel der Systemstabilisierung hin ausgerichtet sein mußten.

Der notwendige Umschwung zur „Planungsmentalität" hatte praktisch wie theoretisch die bisher maßgebende Regierungspolitik überfordert, die „nach fast militanter Tabuisierung des Planungsthemas in der Nachkriegszeit"[25] einseitig auf Wiederaufbau, Antikommunismus und restaurativen Liberalismus gesetzt hatte. Nach dem Mißlingen der Versuche, über Konzeptionen der ‚Formierten Gesellschaft' die bundesdeutsche Nachkriegspolitik entsprechend zu (de)formieren, sollte mit der Bildung der Großen Koalition der längst überfällige[26] ‚Planungsschub' durchgesetzt werden. Der konservativen Keine-Experimente-Politik wurde die Modernitätsthese ‚Wir schaffen das moderne Deutschland' entgegengehalten, die später sogar zur Wahlkampfparole taugte. Von der neuen Politik — der Orientierung an vorgegebenen Wachstumsraten, der Einrichtung der ‚Konzertierten Aktion', dem Ausbau übergreifender ‚Globalsteuerung', konjunktur- und strukturpolitischer Instrumentarien —

---

24 Zur Kritik dieser Kennzeichnung vgl. Projekt Klassenanalyse, Materialien zur Klassenstruktur, 2. Teil, Berlin 1974, bes. S. 56 f.
25 V. Ronge, G. Schmieg, Politische Planung, München 1971, S. 7.
26 Überfällig angesichts der in anderen westeuropäischen Ländern bereits entwickelten Planungsinstrumentarien; vgl. A. Shonfield, Geplanter Kapitalismus, Wirtschaftspolitik in Westeuropa und USA, Köln–Berlin, 1968.

wurden insbesondere die Kommunen hart getroffen: Ihre Haushaltspolitik mußte auf Maßnahmen der zentralen Konjunktursteuerung abgestimmt, Wirtschaftsförderung und räumliche Entwicklung mußten an strukturpolitischen Zielsetzungen ausgerichtet werden. Mit der Politik aufeinander abgestimmter Wachstumsstrategien war auch eine Neueinschätzung von Städtebau, Regionalplanung und Raumordnung verbunden. Stabilitätsgesetze, Mittelfristige Finanzplanung, Gemeindefinanz- und Verwaltungsreformen, Gesetze über Gemeinschaftsaufgaben und Städtebauförderung — alle diese Initiativen sollten in ein raumordnerisches Rahmenprogramm integriert werden, um die örtlichen Förderungsprogramme mit übergreifenden Steuerungsmaßnahmen verzahnen zu können.[27]
Bei intensivem Wirtschaftswachstum konnte eine gesamtwirtschaftlich günstige Entwicklung von Verdichtungspolen und -achsen von den staatlich ungeregelten privaten Investitionen allein nicht mehr erwartet werden. Um der Auszehrung ländlicher Gebiete sowie der Abwanderung aus den Kernzonen der Ballungsräume entgegenzuwirken, sollte das traditionelle Stadt-Land-Gefälle gleichsam in einem stabilen Gerüst mit Knoten unterschiedlicher Funktion und Größe ‚festgefroren' werden. Als regionalpolitisches Leitbild konnte dabei das bereits Anfang der 30er Jahre von W. Christaller — am Beispiel süddeutscher Mittelstädte — entwickelte ‚Konzept der zentralen Orte'[28] aktuell bleiben, das von der konservativen Ordnungspolitik der Nachkriegsjahre aufgegriffen worden war und noch dem Raumordnungsgesetz von 1965 die Grundlage gegeben hatte. Besonders geeignet war dieses Konzept auch als legitimatorisches Gerüst, weil darin — ohne Rücksicht auf die tatsächlichen Produktionsbedingungen und wirtschaftspolitischen Erfordernisse — die Kommunen einseitig ‚verbraucherorientiert' in einer Hierarchie der Warenmärkte und Infrastrukturangebote dargestellt werden können: als Abfolge zwar unterschiedlicher, durch Angebote verschiedener Qualitäten, letztlich aber gleichwertiger Lebensbedingungen — wenn nur die dem jeweiligen Zentralitätsgrad entsprechende infrastrukturelle Minimalausstattung vorhanden ist. Modellhaft wird der gesamte Wirtschaftsraum der BRD als eine wirtschaftspolitisch ‚griffige' Systemstruktur vorgestellt, als hierarchisch geschichtete, immer weitmaschigere Netze von Orten zunehmender Zentralität, entsprechend typisierten Teilregionen und Entwicklungsachsen. Mit der räumlich-organisatorischen Aufbereitung der Regionen als Angriffsflächen staatlicher Interventionen sollte das Stadt-Land-Gefälle tendenziell in einer planvollen Verknüpfung verschieden gewichteter sozio-ökonomischer Strukturen verfestigt werden.

27 Zur kritischen Einschätzung der Tragfähigkeit dieser Instrumentarien: A. Evers, M. Lehmann, Politisch-ökonomische Determinanten für Planung und Politik in den Kommunen der Bundesrepublik, Offenbach 1972.
28 W. Christaller, Die zentralen Orte in Süddeutschland, Jena 1933.

Die planerische Einflußnahme auf einen Prozeß solcher ‚funktionalen Verdichtung' konnte tatsächlich aber nur dann spürbar werden, wenn Steuerung, Verlagerung und optimaler Einsatz des Arbeitskräftepotentials gelangen: „Die Regionalpolitik befaßt sich im Gegensatz zur Regionaltheorie nicht mit der Explikation des menschlichen Verhaltens im Raum, sondern mit der Beeinflussung dieses Verhaltens durch die Akteure der Wirtschaftspolitik."[29] Angesichts der begrenzten finanziellen und rechtlichen Möglichkeiten mußte die Hoffnung auf wirksame Beeinflussung der maßgebenden „Akteure der Wirtschaft" jedoch schon bald aufgegeben werden. Denn da die unternehmerische Dispositionsfreiheit trotz allem Planungsoptimismus grundsätzlich nicht in Frage gestellt, sondern lediglich mittels finanzieller und infrastruktureller ‚Anreize' in gewünschte Richtungen gelenkt werden sollte, blieb ‚Planung' als ‚Tochter der Krise' gleichwohl an den ‚Markt', d. h. an letztlich nicht steuerbare private Entscheidungsprozesse gebunden. Unter den Bedingungen zunehmender Verknappung öffentlicher Finanzen und scharf kalkulierter Konzentration der Finanzmittel reduzierte sich so auch die Bedeutung des auf räumlichen Ausgleich gerichteten und mit sozialstaatlichen Ansprüchen überfrachteten Zentrale-Orte-Konzepts. Aus dem mittelstandsordnungs-politischem Konzept mit dem Ziel, überregional gleichwertige Lebensbedingungen zu schaffen, wurde ein dünner legitimatorischer Mantel für eine pragmatische Wirtschaftspolitik, die durch wachstumsoptimale Verteilung von Produktionsfaktoren noch zur Verschärfung regionaler Ungleichgewichte beitrug.

Zwar mußten nun auch kommunale Entwicklungsprobleme immer mehr vor dem Hintergrund regionaler und überregionaler Funktionsverflechtungen betrachtet und angegangen werden; eine integrierte Entwicklungspolitik aber konnte schon deshalb nicht realisiert werden, weil Widersprüche und Grenzen verbindlicher Eingriffe in Länder- und Gemeindekompetenzen immer offensichtlicher zutage traten. Der Versuch, regionalpolitisch wichtige Entscheidungen durch die Zentralisierung der Förderungsmittel zu steuern und diese angesichts der Knappheit der öffentlichen Mittel auf Schwerpunkte zu konzentrieren, wurde durch kommunale und regionale Konkurrenz immer wieder unterlaufen. Diese Konkurrenz wurde zudem 1970 durch die Gemeindefinanzreform weiter festgeschrieben. Zwar wurde dadurch ein weiterer Schritt zur Zentralisierung der Finanzmassen beim Bund getan, doch wurde der Wettbewerb nicht milder: Da den Gemeinden als Ersatz für die 40 %ige Verringerung ihrer Gewerbesteuereinnahmen nun ein Anteil von 14 % an der Einkommensteuer zugestanden wurde, gerieten sie in verstärkte Abhängigkeit vom Steueraufkommen ihrer Einwohner. Dieses aber wurde ohnehin durch die Stadtflucht vieler Einwohner empfindlich geschmälert – eine Entwicklung, von der im Verlauf weniger Jahre insbesondere die Kernstädte der Ballungsräume

---

29 Handwörterbuch der Regionalwissenschaft, Stichwort Regionalpolitik, Hannover 1970, S. 2699.

hart getroffen wurden. So wurden die Gemeinden letztlich sogar noch zur Verschärfung des Wettbewerbs um Steuereinnahmen und Finanzzuweisungen gezwungen, wollten sie ihre Wachstumschancen sichern.

Obwohl somit verschiedene Versorgungsniveaus, unterschiedliche Lebensbedingungen und -‚stile' immer deutlicher feststellbar wurden, mußten die wirtschaftspolitisch notwendigen Maßnahmen als vereinbar mit verkündeten Wohlfahrtsprogrammen oder gar als deren Erfüllung dargestellt werden. Zumindest propagandistisch sollte der Widerspruch zwischen Sozial- und Wachstumspolitik überbrückt werden:

„Die Bedeutung des Infrastrukturausbaus als Mittel regionaler Wirtschaftsförderung nimmt ständig zu, wobei Maßnahmen, die den Wohn- und Freizeitwert steigern, gegenüber der wirtschaftsnahen Infrastruktur in den Vordergrund treten. Damit setzt die regionale Wirtschaftspolitik als innere Entwicklungspolitik eine regionalisierte Wachstumspolitik in eine qualitative Wohlfahrtspolitik um. Regionale Wirtschaftspolitik und Raumordnungspolitik verfolgen dabei gemeinsame Ziele."[30] Um trotz zunehmender Verknappung öffentlicher Mittel deren wachstumspolitisch effektiven Einsatz zu sichern, mußte die staatliche ‚Attrahierungspolitik' auf regionale Schwerpunkte konzentriert werden. Das ‚Gießkannenprinzip' staatlicher Förderungsmaßnahmen wurde über Schwerpunktbildung schließlich auf eine produktivitätsorientierte Regionalpolitik umgeschaltet, die eindeutig bereits vorhandene privat bestimmte Wachstumsschwerpunkte zu bevorzugen begann. Doch selbst diese ökonomisch notwendig erscheinende Bindung öffentlicher Ausgaben wurde noch im Kleid sozialpolitischer Voraussicht vorgestellt. „Erfreulicherweise ist dieselbe Schwerpunktbildung, die, aus anderen Gründen gefordert, bei einer extensiven Verwendung auf Potentialprobleme stößt, ihrerseits ein Ansatz, den Arbeitnehmerpräferenzen entgegen zu kommen. Je mehr ein Schwerpunkt es erlaubt, städtische Lebensstile zu verwirklichen und damit in der Präferenzskala der gewünschten Arbeitnehmer vermutlich nach oben rückt, um so eher kann eine auf Bedürfnisse der Arbeitnehmer Rücksicht nehmende Regionalpolitik auf Erfolg hoffen."[31]

Da eine solche ‚arbeitnehmerorientierte' Wachstumspolitik nur bei gezielter Konkretisierung ihrer Maßnahmen wirksam wird, wurde die Kenntnis der möglichen Auswirkungen von Planungsentscheidungen auf der konkreten Verhaltens- und Erfahrungsebene entsprechender Zielgruppen notwendig.[32] Von vorbereitender Öffentlichkeitsarbeit bis zur räumlichen Gestaltung der Planungsergebnisse auf der Ebene von Objektentwürfen mußte nun die Darstellung der „Benutzerfreundlichkeit für Bewohner, Beschäftigte und Unternehmer"[33] demonstriert werden, denn vom steigenden Präzisionsgrad staatlicher

30 Raumordnungsbericht 1972, a.a.O. S. 95.
31 H. Zimmermann u. a., Regionale Präferenzen, a.a.O., S. 58.
32 Vgl. C. Offe, Das politische Dilemma der Technokratie, in: Strukturprobleme des kapitalistischen Staates, Frankfurt/Main 1972, S. 107 f.
33 Raumordnungsbericht 1972, a.a.O., S. 79.

Maßnahmen, von Quantität und Qualität der örtlichen „Angebotsplanung"[34] hängen die Investitionsbereitschaft der Unternehmen und die Ansiedlungsbereitschaft der umworbenen Bevölkerungsgruppen ab, deren Attrahierung für die weitere wirtschaftliche Entwicklung einer Region Voraussetzung ist. Hierin lag nun eine neue Stufe von Restriktionen und Widersprüchen staatlicher Planungsversuche begründet. Da die Bedingungen regionalen Wachstums noch mehr als zuvor durch örtliche Wanderungsgewinne auf Kosten anderer Regionen gesichert werden mußte, wurde bei verschärfter Städtekonkurrenz auch ohne Blick auf gesamtwirtschaftliche Stabilität und übergreifende Planung um Wanderungsgewinne und Kaufkraftströme gekämpft. Was aber an örtlichen Attraktivitäten und an Urbanität versprochen und angeboten wird, ist durch zentralstaatliche Anordnungen kaum zu beeinflussen, sondern bleibt immer noch weitgehend an örtliche Eigenarten und Entscheidungen gebunden.[35]

„Der soziologische Begriff der Attraktivität faßt zusammen, was eine Stadt für ihre Bewohner und ihre Besucher anziehend macht. Attraktivität ist ein bedeutender Wachstumsfaktor."[36] Nun begannen Bürger- und Oberbürgermeister in eigener Regie, diesen ‚Wachstumsfaktor Attraktivität' für ihre Gemeinde nutzbar zu machen, vor allem dort, wo dies auch ohne große Kosten erreichbar schien: zumal auch demonstrative Nachweise des eigenen kommunalpolitischen Erfolges eher durch das Hervorkehren spektakulärer Einzelaktionen, durch gezielte Öffentlichkeitsarbeit und Meinungsbildung zu erbringen war als durch konsequente und kontinuierliche Verbesserung der Lebensbedingungen, zu der ohnehin das Geld fehlte.

Wie Betriebsklima und Lohnzufriedenheit im Betrieb, so sollte die Verstärkung von Loyalität und Wohnzufriedenheit auf kommunaler Ebene trotz des engen finanziellen Rahmens den gesellschaftlichen ‚Arbeitsfrieden' sichern helfen, da bei fortschreitender Bevorzugung der ohnehin privilegierten Bevölkerungsgruppen und wachsender Verschärfung der sozialen wie räumlichen

---

34 A. Evers, H. Lehmann, a.a.O., S. 196 f.
35 Vgl. Schriftenreihe Städtebauliche Forschung des Bundesministers für Städtebau und Wohnungswesen, Heft 03.002, Gemeindetypisierung, Bonn 1972. Darin heißt es auf S. 136 f.: „Da den Problemen kommunaler Attraktivität eine steigende Bedeutung zukommt, seien hierzu ergänzende Bemerkungen gestattet: Neben der umfassenden Attraktivität, dem positiven Image einer Stadt, das alle oder fast alle Bereiche urbanen Lebens einschließt und entsprechend alle Bevölkerungskreise anzieht, bzw. anspricht – München ist heute ein Beispiel hierfür – gibt es Teilattraktivitäten, die nur bestimmte Gruppen ansprechen. So kann z. B. eine Stadt vorwiegend für Künstler (und hier vielleicht nur für Künstler einer besonderen Fachrichtung) in hohem Maße attraktiv sein. Solche Teilattraktivitäten zu messen und in ihren Wirkungen abzugrenzen wird schwierig und letztlich nur über die Befragung zumindest einer Auswahl von einschlägigen Personen oder Unternehmen möglich sein. Auf diese Weise könnte man auch die Gründe der Attraktivität näher erforschen."
36 H. W. Sabais u. a., Die Zukunft unserer Stadt – Eine produktive Utopie, Darmstadt 1972, S. 60.

Disparitäten ein Aufbrechen der auf lokale Probleme ‚hinabgedrückten' Konflikte zu befürchten war.

Städtekonkurrenz und Imagepflege

Zur Verwirklichung konkreter Verbesserungen der Lebensbedingungen war vor allem in den großen Städten kaum Spielraum geblieben. Einerseits wuchs ihre Abhängigkeit von weitgehend zweckgebundenen Zuschüssen des Bundes und der Länder und deren zentralen Planungen. Andererseits wurde die Bewältigung von deren Folgen und der ‚sozialen Kosten' für Nutzungsentflechtung und steigende Verkehrslasten, für Bewohnerabwanderung und -umwälzung[37] zunehmend auf die kommunale Ebene verschoben. Um in dieser schwierigen Situation überhaupt noch agieren zu können, wurde zu Beginn der 70er Jahre den kommunalen Attrahierungs-Politikern die werbetechnische Aufbereitung spezifischer Qualitäten ihres Ortes zum beliebten Mittel, mit dem die Kosten tatsächlicher Verbesserungen der Wohn- und Lebensverhältnisse im Rahmen gezielter „Öffentlichkeitsarbeit nach innen und außen"[38] zumindest teilweise erspart werden konnten. So wurden insbesondere stadt- und naturräumliche Besonderheiten plakativ aufbereitet und vorgewiesen: Als „pars pro toto" — gewissermaßen als Markenzeichen einer Stadt [39] — wurden sie vom Ensemble der konkreten Lebensbedingungen abgelöst, um Vorstellungen und Hoffnungen zu wecken, die den unausgesprochenen Lebensstil-Erwartungen der ‚aufstiegsmobilen' Mittelschichten entsprachen. Wie industrielle Großunternehmen ihr positives konsumanregendes Image zu fördern

---

37 In Städten wie Frankfurt und Stuttgart tauscht sich inzwischen die gesamte Wohnbevölkerung rechnerisch etwa alle 10 Jahre aus, in manchen Innenstadtquartieren alle 3–4 Jahre.
38 F. Landwehrmann u. a., Zielgruppe unbekannt. Kommunale Öffentlichkeitsarbeit im Ruhrgebiet, hrsg. vom Siedlungsverband Ruhrkohlenbezirk, Essen 1971.
39 Vgl. G. Albers, Bestandsaufnahme des Stadtbildes — wie und wozu? , in: Mitteilungen der Deutschen Akademie für Städtebau und Landesplanung, München 1972, S. 99.

Bremens Puppenstube.

Kennen Sie es schon? Bremens vielbestauntes Viertel der Vergangenheit – das Schnoorviertel?
Spielzeugkleine Häuschen mit zauberhaften Fassaden. Kleine enge Gassen, in denen man Raritäten, Goldgeschmiedetes und Spezialitäten findet.

Die gute alte Zeit, hier sagt sie „guten Tag"! Wie wäre es mit einer Stip-Visite? Nach Bremen?

Mein Herz gehört dem Schnoor

Preisbeispiele DB (mit 2 Übernachtungen) ab

Basel Bad. Bf	ab DM 195.-	Lübeck Hbf	ab DM 109.-
Berlin Stadtb	ab DM 146.-	München Hbf	ab DM 189.-
Essen Hbf	ab DM 121.-	Nürnberg Hbf	ab DM 165.-
Frankfurt/M Hbf	ab DM 153.-	Stuttgart Hbf	ab DM 173.-
Köln Hbf	ab DM 129.-		

Und das alles bekommen Sie dafür
- stark verbilligte, unbeschwerte Bahnreise mit DB
- Hotel zum Wochenend-Vorzugspreis
- „Bremen KOMM-PASS" und das KOMM-PASS-Arrangement mit vielen netten Überraschungen

Kommen Sie bald – zum Beispiel am Wochenende

Wir haben es Ihnen ganz leicht gemacht. Einfach am Fahrkartenschalter der DB oder beim DER-Reisebüro eine Sonderrückfahrkarte kaufen

**Verkehrsverein der Freien Hansestadt Bremen
Bahnhofsplatz 29, 28 Bremen 1
Tel. (04 21) 32 18 55, Telex 02 44 854**

Auf Wiedersehen in Bremen

und zu steuern suchen, versuchten nun auch Regional- und Kommunalpolitiker, Wanderungsbewegungen und Wahlverhalten durch das geschickte ‚Verkaufen' lokaler ‚Markenzeichen' zu beeinflussen. Und wie beim Verkauf von Waren kam es auch hier darauf an, bestimmte Bevölkerungsschichten durch Vorspiegelung besonderer Qualitäten — hier: ‚Lebensqualitäten' — zu locken. Dabei faßt der Imagebegriff auch im kommunalpolitischen Gebrauch allgemeine Züge der subjektiven Vorstellungsbilder, die selbst ohne wesentliche materielle Veränderungen der Warenangebote — hier: der örtlichen Lebensbedingungen — durch gezielte Informationspolitik — hier: kommunalpolitische Aktionen und Stadtkosmetik — beeinflußbar sind. „Der Charakter des Image bietet Möglichkeiten zur bewußten Steuerung. Die Steuerungsmöglichkeiten reichen von der Veränderung der Realsituation über die besondere Pflege imagegestaltender Situationen bis zum bewußten Eingriff in den Symbolisierungsprozeß durch Urban Design und durch gezielte Informationspolitik."[40] Mit dem der „Werbepsychologie entliehenen Begriff Image" wurde dabei das „klischeeartige Vorstellungsbild" umschrieben, das sich aus einer „Vielfalt unterschiedlichster Informationen in einem nicht mehr nachvollziehbaren Prozeß" zusammenfügt.[41] Um auf diesen Prozeß zumindest ansatzweise Einfluß zu nehmen, wurden je nach den erhobenen bzw. unterstellten Präferenzen der anzusprechenden Zielgruppen Ausschnitte aus der Gesamtheit städtischen Lebens ausgewählt, werbetechnisch ausgeformt und so lange publizistisch durch Wort und Bild ins Bewußtsein gehoben, bis sie symbolhaft für das Ganze der erhofften Lebensform stehen und als Einlösung der versprochenen Qualitäten städtischen Lebens gelten können — als materielles Indiz für das Vorhandensein der erwünschten Möglichkeiten. Wenn somit das „Erleben als entscheidende verhaltenssteuernde Instanz angesehen werden kann"[42], kam es demnach auch bei städtebaulichen Maßnahmen darauf an, mögliche Reaktionen darauf im voraus zu berücksichtigen und mit der „Erfassung der erlebnismäßigen Resonanz auf die Gestaltungsart" von Stadtstrukturen deren Abbild in der subjektiven Wahrnehmung zu kontrollieren und durch Auslösung gerichteter Phantasieproduktion[43] bei den Beplanten Veränderungen im Bereich subjektiver Einstellungen zu erzielen.[44]

---

40 K. Ganser, Image als entwicklungsbestimmendes Steuerungsinstrument, in: Stadtbauwelt, Heft 26/1970, S. 104 f.
41 Ebda.
42 J. Franke, Ansätze einer psychologischen Grundlagenforschung zur Stadtgestaltung, in: Mitteilungen der Deutschen Akademie für Städtebau und Landesplanung, a.a.O. S. 80 f.
43 Vgl. O. Negt, A. Kluge, a.a.O., S. 225 f.
44 Dabei darf städtische ‚Imagepolitik' freilich von den realen Gestaltungsmöglichkeiten, die die örtliche Lebenssituation bietet, nicht allzu abgehoben sein, da die gewünschte Ortsbindung ausbleiben und Abwanderung erwogen werden kann, wenn der neue Wohnort den geweckten Erwartungen zu sehr widerspricht. „Je häufiger sie enttäuscht werden gerade in der ersten Phase, in der Eingewöhnungszeit, desto

Damit wurden zunehmend solche Qualitäten eines Wohngebietes, einer Stadt wichtig, die mit den bisher üblichen Maßstäben ökonomischer Rentabilität nicht erfaßt wurden: das spezifische Milieu eines Lebensbereiches und die ihm unterstellte Eignung für die Darstellung sozialer Positionen. Diese inzwischen höchst planungsrelevanten ‚ideellen Qualitäten' aber waren bis dato kaum zu erfassen: „Solche Funktionen eines Wohngebietes, die nicht zur praktischen Lebensführung gehören, wurden bis jetzt sowohl von der Planung als auch von der empirischen Soziologie vernachlässigt."[45] Doch das sollte anders werden. Mit Blick auf die festgestellte Tendenz zur „Prestige- und Freizeitwertoptimierung" wurde in neueren Untersuchungen weitgehend der „Gebrauchswert des Wohngebietes für die praktische Lebensführung zurückgestellt zugunsten der Gefühls- und Erlebniswerte der Befragten".[46] Entsprechend wurden nun jene Ansätze zur Theorie und Praxis der Stadtgestaltung aktuell, die davon ausgehen, daß „der eigentliche Gegenstand der Stadtgestaltung" jene ‚Umwelt' sei, die als Vorstellung im Bewußtsein der Menschen besteht, „die erlebte Umwelt, nicht unbedingt die tatsächlich vorhandene Umwelt. Anders ausgedrückt, nicht die Champs Elysées, wie wir sie alle von Fotografien kennen, ist die erlebte Umwelt, sondern die träumerische Erinnerung im Kopf von Lieschen Müller, die Vorstellung, die sie von der Champs Elysées hat, ist die erlebte Umwelt, der eigentliche Gegenstand der Stadtgestaltung".[47] Demnach mußten nun auch die jeweils denkbaren sozialen Bedeutungen und assoziativen Umfelder der eingesetzten Gestaltungsmittel bis hin zur Farbgebung genau auf ‚Erleben' kalkuliert werden, sollten sich die „Veränderungen der Realsituation" ohne Dissonanz in das zu verfestigende, allgemeine Vorstellungsbild von der örtlichen ‚Lebensqualität' einfügen. In diesem Sinne bot angeblich „der ausgedehnte Bereich des Urban Design eine noch kaum genutzte Möglichkeit, über das visuelle Erscheinungsbild die Wesenszüge eines Raumes zu überhöhen und kommunizierbar zu machen"[48] – ähnlich dem verkaufsfördernden ‚Styling' des ‚Industrial Design', das den auf dem Warenmarkt konkurrierenden Massenprodukten einen jeweils ‚eigenen

---

geringer der Grad der Zufriedenheit mit der Stadt, desto höher die Wegzugsneigung. Je geringer die Identifikation mit der Stadt, desto geringer auch der Grad bürgerschaftlich-politischer Aktivität für die Stadt. Folge: Die Bevölkerung betreibt keine positive ‚Werbung' für die eigene Wohngemeinde. Eher: Negative Gemeinde-Selbstdarstellung = negative Auswirkungen auf das ‚Image' der Stadt." K. Körber, Überlegungen zur Planung des Nordbereiches von Darmstadt unter Berücksichtigung regionaler Zusammenhänge, Dörnigheim 1970, S. 54 f.
45 R. Weeber, Eine neue Wohnumwelt, Stuttgart 1971, S. 124.
46 A.a.O., S. 124. Vgl. auch: K. Heil, Kommunikation und Entfremdung, Stuttgart 1971.
47 M. Trieb, Ansätze zur Stadtgestaltung, a.a.O., S. 92.
48 K. Ganser, a.a.O., S. 108.

Charakter'[49] verleihen soll. Aus empirischen Untersuchungen wurde abgeleitet, daß dazu offensichtlich solche Eigenschaften einer Stadt oder Region besonders geeignet sind, die „starke Assoziationen zu Freizeit und Urlaub aufkommen lassen", durch die „die Arbeitswelt (...) weitgehend unterdrückt" werden kann.[50] Durch solchen image-bezogenen Einsatz von räumlichen Gestaltungsmitteln sollte bestimmten Bevölkerungsgruppen ein spezifischer ‚Gebrauchswert' von Stadt suggeriert werden: Gemäß deren unterstellten Ansprüchen und „immateriellen Bedürfnissen" mußte dazu auch der imageprägende ‚Prestigewert' eines Ortes dahingehend manipulierbar werden, daß Mobilität in und zwischen Regionen als ‚soziale Profilierung' erfahren werden kann. Durch Zuwanderung zur werbenden Kommune soll horizontale Mobilität als vertikale Mobilität, als sozialer Aufstieg ‚erlebt' werden, auch wenn tatsächlich keine konkrete Statusveränderung damit realisiert wird.

Bei der Entwicklung solcher Manipulationskonzepte wurde so zwar immer wieder thematisiert und umschrieben, selten aber systematisch untersucht und ausgeführt, was − inzwischen schon umgangssprachlich − im Begriff des Image gefaßt wird: das handlungsbestimmende Bild, das sich Menschen von ihrer sozialen und physischen Umwelt machen. In ihm ist nicht nur das schon von sozialen und psychischen Einflüssen geprägte Wahrnehmungsbild, sondern die Struktur des je situativen Umwelt-Erlebens zusammengezogen, die sowohl den Charakter eines höchst persönlichen, differenzierten Erfahrungs- und Erlebnisfilters als auch den eines starren Klischees im Rahmen stereotyper Systeme[51] annehmen kann. Die symbolische Repräsentation der Wirklichkeit in diesen Bildern ist als subjektive Realität durch Auswahl und Akzentuierung bestimmter Züge der objektiv vorhandenen Realität geprägt. Einerseits beruht sie auf individuellen Projektionen, „in denen sich durch die jeweilige Persönlichkeitsstruktur geformte Lust- und Angstgefühle ausdrücken", andererseits enthält ein Image, „weil und insofern es vergesellschaftet und dadurch gruppenspezifisch ist, Elemente der normativen Struktur einer Gruppe, in denen sich die Orientierungsfunktion solcher Gruppennormen für das individuelle Verhalten ausdrückt".[52] Der Beitrag, den diese Bilder zur ‚Entlastung' der Individuen bei der Verarbeitung mannigfaltiger Umweltreize leisten, ist zwiespältig, da kognitive und normative Funktionen in enger Wechselbeziehung stehen. Die Funktion der Verhaltenssteuerung von Individuen kann daher sowohl auf der Ebene der Verhaltenssteuerung der Individuen *selbst*, als auch

---

49 Vgl. dazu den ‚Lebenslauf' einer Marke von ‚Geburt', ‚Entwicklung und Erziehung', ‚Verfestigung' und ‚Krisen' bis zur ‚Rückentwicklung', in: R. Bergler, Psychologie des Marken- und Firmenbildes, Göttingen 1963, S. 109 f.
50 K. Ganser, a.a.O., S. 106.
51 Vgl. R. Bergler, Psychologie stereotyper Systeme, Bern 1966.
52 H. P. Dreitzel, Selbstbild und Gesellschaftsbild. Wissenssoziologische Überlegungen zum Image-Begriff, in: Europäisches Archiv für Soziologie, 1962, S. 186 f.

auf der Ebene der Verhaltenssteuerung der Induviduen *durch andere* betrachtet werden."[53] Erst wenn man in diesem Sinne den Image-Begriff auf Orientierungsmuster bezieht, die aufgrund gemeinsamer Erfahrungen ganzen Gruppen gemeinsam sind, „wird er für die Marktpsychologie und auch für die Soziologie interessant"[54] und zu einer darin zentralen Kategorie. Zur Bezeichnung des ‚Anmutungscharakters' von Konsumgütern wurde er bereits in den 50er Jahren in die Theorie des Konsumverhaltens[55] eingeführt und gehört inzwischen auch zur Umgangssprache auch der Kommunalpolitiker und Planer.[56] Daß das Image eines Gegenstandes das Erleben und Verhalten von Konsumenten unter Umständen stärker bestimmen kann als dessen wirkliche Beschaffenheit[57], begann auch jene Städtebauer zu interessieren, denen es darum ging, räumliche Gestaltungsmittel eng auf das vermutete bzw. zu vermittelnde Bild zu beziehen, das sich Menschen von einer Umgebung machen, „um auf einer anderen Ebene, der des Stadtbildes, Erlebnismöglichkeiten zu veranlagen".[58] Hilflos angesichts der immer weiter sich öffnenden Schere zwischen Finanzknappheit und Konkurrenzdruck begannen sich manche Kommunalpolitiker in verzweifeltem Zweckoptimismus auf die Ratschläge ‚wissenschaftlicher Politikberater' zu verlassen, die unter Hinweis auf empirische Untersuchungen von Wanderungsströmen und Präferenzstrukturen das „Image als entwicklungsbestimmendes Steuerungsinstrument"[59] der Stadt- und Regionalplanung entdeckten. Amüsiert stellt ein Beobachter der Lage 1971 fest: „Erfahrene Ratsherren überspielen die angespannte Haushaltslage, zugeknöpfte Kämmerer überkommt finanzieller Leichtsinn, abgebrühten Pressereferenten leuchten die Äuglein, gestandene Bürger- und Oberbürgermeister sehen die Zeitenwende rosig am Horizont. Getrübt der Blick für die harsche Wirklichkeit, verdrängt des Tages Müh' und Last, Symptome der jüngst grassierenden Seuche: der Imageritis." Der Befund: „Der härter werdende Wettbewerb um Arbeitskräfte und somit um die Ansiedlung von Dienstleistungen hat kuriose, bei genauer Betrachtung höchst kurzsichtige Folgen: die Städte der Bundesrepublik werden image-, leider kaum problembewußt."[60] Doch nicht nur der

53 Dieser Zusammenhang wird besonders deutlich in: R. Bergler, Psychologie des Marken- und Firmenbildes, a.a.O.; vgl. auch G. Güttner, Identifikationsmodelle und Konsumverhalten, in: R. Bergler (Hg.), Marktpsychologie, Bern 1972, S. 198 f.
54 H. P. Dreitzel, a.a.O., S. 185.
55 Durch B. Gardner u. S. Levy, The Product and the Brand, Harvard Business Review, 33, 1955, S. 34; K. Boulding, Die neuen Leitbilder, Düsseldorf 1958.
56 Vgl. K. Zimmermann, Zum Image-Konzept in der Stadtentwicklungsplanung, Archiv für Kommunalwissenschaften, Heft 11/1972.
57 Vgl. H. P. Dreitzel, a.a.O., S. 185.
58 M. Trieb, Ansätze, a.a.O., S. 94.
59 K. Ganser, a.a.O.
60 D. Springorum, Image, Image über alles . . .?, in: Format, Zeitschrift für verbale und visuelle Kommunikation, Heft 33–34/1971, S. 6.

Mangel an „Problembewußtsein", sondern vor allem der Mangel an alternativen „Steuerungsinstrumenten" führte zu einer übersteigerten Hoffnung auf die Wirksamkeit kommunaler Werbestrategien, in deren Rahmen — jetzt sogar ‚wissenschaftlich fundiert' — auch publikumswirksame Stadtgestaltung neue Bedeutung gewann: Im Zusammenhang städtischer Profilierungsversuche wurde eine ganze Maschinerie von Werbungs-, Aktions- und Gestaltungskampagnen in Gang gesetzt. In der Überzeugung, daß die Vorzüge, Annehmlichkeiten und Leistungen einer Stadt sich ihren Bewohnern und Besuchern nicht von selbst mitteilen, sondern zielstrebig und langfristig ‚verkauft' werden müssen[61], wurden für diverse bundesdeutsche Städte Attraktivitätsstudien verfaßt, Werbekonzepte entworfen, Identifikationssymbole verbreitet und Kampagnen durchgeführt, durch die eine neue Dimension kommunalpolitischer Handlungsstrategien erschlossen wurde: die Aufbereitung der Stadt zum Werbeobjekt.

Die Stadt als Ware und Werbeobjekt

Warum sollten die Werbefachleute ihr know-how nur im Wahlkampf einsetzen, um Politik zu verkaufen? Warum nicht auch dazu, zwischen den Wahlen zu zeigen, „wie man seine Stadt verkauft"[62]? Mit Blick auf neue Märkte und Aufträge waren Empfehlungen schnell zur Hand: „Werbung für die Stadt neben Waschmittel- und Auto-Anzeigen? Ja, wieso eigentlich nicht? Auch eine Stadt will richtig angeboten und verkauft sein. Auch die Stadt ist Ware."[63] Um sich durch flotte Sprüche allein nicht für dumm verkaufen zu lassen, war den Kommunalpolitikern auch wissenschaftlicher Rat nicht zu teuer. In umfangreichen Gutachten wurde ratlosen Ratsherren seriös empfohlen, sehr wohl auf die Besonderheit ihrer ‚Ware Stadt' zu achten und gut zwischen verschiedenen Zielgruppen zu differenzieren. So könne etwa bei Touristen- und Umlandwerbung die Stadt ähnlich wie ein Markenartikel angeboten werden — „dies gilt sowohl hinsichtlich der Zielgruppen als auch hinsichtlich der Argumentationsweise".[64] Während die umworbenen Einkäufer aus dem Umland sich ohnehin schon auf die Slogans und Bilder der Konsumartikelwerbung einstellten, zwischen denen sich auch die Städtewerbung behaupten müsse, sei beim Umgang mit Unternehmern dagegen Vorsicht geboten, da sie die Tricks der Werbung aus eigener Erfahrung kennen: „Bei der Ansiedlungswerbung kommt es auf rationale Argumentation und auf Sach-

---

61 „Nachdem mit Hilfe der Werbung einzelne Produkte Spitzenumsätze erreichten, wollen mit ihrer Hilfe jetzt die Städte wenn nicht reich, so doch wenigstens gesund werden bzw. bleiben." F. Landwehrmann, Neues Produkt: Die Stadt, in: Format, a.a.O., S. 12.
62 R. Antonoff, Wie man seine Stadt verkauft, Düsseldorf 1971
63 A.a.O., S. V.
64 F. Landwehrmann u. a., Zielgruppe unbekannt, a.a.O., S. 77.

argumentation in stärkerem Maße an, als bei der allgemeinen Werbung oder der Touristenwerbung."[65] Obwohl auch bei der Standortwahl industrieller Unternehmen nachweislich Prestigewerte mitspielten, seien hier harte Fakten und keine platten Sprüche gefragt. Dennoch sei gerade im Hinblick auf diese Fakten angeblich städtische Imagepflege wichtig, um die Produktionsvoraussetzungen zu sichern: „Das Image ist u. a. auch im Hinblick auf die Arbeitskräftebeschaffung, die Verkaufschancen und damit im Hinblick auf die allgemeinen Entwicklungsmöglichkeiten eines Unternehmens von Bedeutung."[66] Dies gelte besonders dann, wenn der um Ansiedlung bemühte Ort gegen einen traditionell schlechten Ruf anzukämpfen hat: „Besonders dann, wenn ein Unternehmen darauf angewiesen ist, Arbeitskräfte aus anderen Werken mitzubringen oder aus anderen Gebieten anzuwerben, kann durch das schlechte Ruhrgebietsimage die Ansiedlungswilligkeit des Unternehmens erheblich geschmälert werden. Der Unternehmer muß fürchten, keine qualifizierten Mitarbeiter zu finden, die bereit sind, im Ruhrgebiet zu arbeiten." Die Kommunen werden aufgefordert, in eigenem Interesse zumindest einen Teil der Werbekosten zu übernehmen, die sonst das Unternehmen zu erbringen habe – Werbung von Arbeitskräften zur Förderung der Industrieansiedlung: Dies erfordere eine Strategie mittlerer Glaubwürdigkeit, die qualitativ zwischen der Werbung von Käufern und Firmenansiedlungen zu liegen habe: „Die Neubürgerwerbung allerdings nimmt eine Zwischenstellung ein – sie darf nicht in den etwas simplifizierenden Stil der Konsumgüterwerbung verfallen und muß stark auf den Rezipienten abgestimmt werden."[67] Zwar solle hier wie bei der Ansiedlungswerbung die Argumentation rational geführt werden, doch sei dabei „stets auf einen hohen Grad der Anschaulichkeit zu achten. Dieser kann u. a. durch Verwendung von Schaubildern und Fotografien erreicht werden".[68] Die Suggestionskraft bildhafter Vermittlung der örtlichen Lebensqualität werden mehr Erfolgschancen zugesprochen als umständlichen Erklärungen: Schon durch geschickte Motivauswahl können Wünsche angeregt und Hoffnungen geweckt werden, die sich über die Phantasieproduktion der Rezipienten zu geschlossenen Lebensvorstellungen verdichten und die Aufmerksamkeit der Betrachter auf die Schokoladenseiten des städtischen Lebens richten.

Angefangen von graphischen Kürzeln für Ortsnamen über reißerische Slogans und gezielte Stadtbildpflege bis hin zu kulturellen Aktionen von überregionaler Bedeutung wurde nicht nur im Ruhrgebiet versucht, die Erscheinungsbilder der Städte möglichst prägnant im öffentlichen Bewußtsein zu verankern. An vielen Beispielen städtischer Werbekampagnen ließe sich zeigen, wie nach fast gleichem Muster um kommunale Profilierung gekämpft wurde.

65 Ebda.
66 A.a.O., S. 75.
67 A.a.O., S. 77.
68 Ebda.

Zunächst mußte das mögliche Negativ-Image angegangen werden: In Bremen wurde der steife Norddeutsche begraben, in Nürnberg der Führer gegen Dürer ausgetauscht. Aus grauen Ruhrsiedlungen wurden mondäne ‚Städte im Grünen', das biedere Stuttgart wurde zum ‚Partner der Welt', ausgerechnet aus Frankfurt wurde die ‚Menschliche Stadt', und Berlin ist als ‚Deutschlands größter Shop' trotz Insellage ‚durchgehend geöffnet'. Weiter wurde gezeigt, daß in der jeweiligen Stadt alles zu haben ist, was andere Orte lebens- und liebenswert macht – nur jeweils in einmaliger Mischung, selbstverständlich. So fragte die Werbung für Bremen: „Haben Sie schon vom Freimarkt gehört? Den die Bayern das Bremer Oktoberfest nennen. Und die Rheinländer Bremer Karneval. Aber der Freimarkt ist viel besser, sagen die Bremer. Und die verstehen was vom Feiern."[69] Und auch Berlin versprach, was sonst nur mit anderen Orten assoziiert wird: „Etwas Picadilly, etwas Parkidylle, (...) etwas Piste, etwas Küste: Das ist Berlin". Wenn sich das Insel-Image schon nicht ganz unterdrücken ließ, so sollte doch im ‚Weltstadt-Cocktail' das Beste vom Besten zusammengemixt und zumindest die BRD in komprimierter Qualität enthalten sein: „Man müßte mal eine Stadt bauen in neuen Dimensionen: mit Boutiquen, Bazaars, Kleingärten, Klubs. Der Charme von der Isar gehört dazu, das Feine von der Düssel und die Finanzkraft vom Main. Nicht, wie sonst, innen Enge und draußen gefächerte Randgebiete – mit Vierteln, hier für Geschäfte, dort zum Schlafengehen, hier zum Arbeiten, dort zum Erziehungsspielen. Zentren zum Leben müßten es sein." Das alles gibt es natürlich bereits: in Berlin!

Doch nicht nur zur Außendarstellung war es wichtig, gerade konsumorientiertes Freizeitverhalten als Mittelpunkt des städtischen Lebens herauszustreichen. Damit konnten nämlich verschiedene Ziele zugleich verfolgt werden: Neben der überregionalen Werbewirksamkeit, die mit Blick auf mögliche Industrieansiedlung besonders auf den Erlebnishunger der jungen mobilen Arbeitskräfte abzielte, konnte zugleich Touristen-, Käufer- und Umlandwerbung betrieben werden. Indem das urbane Kauferlebnis als anspruchsvolle Freizeitgestaltung vorgestellt und deutlich vom bloßen Versorgungskauf abgehoben wurde, konnte zugleich den Interessen des innerstädtischen Einzelhandels, der Kaufhauskonzerne und Fachhändler Rechnung getragen werden, für die die Attraktivität der City in Konkurrenz zu regionalen Versorgungszentren von existentieller Bedeutung ist. „Fußgängerbereiche haben vielen Innenstädten

---

69 Nüchtern kommentiert das Handelsblatt am 3.10.1973: „Den Aufwand für die Anzeigen begründet Bremen als Investition in die Zukunft. Die Werbung soll dem Nord-Süd-Gefälle entgegenwirken und den Wanderungshaushalt von Bremen und Bremerhaven positiver gestalten, indem sie Wanderungsverluste ausgleichen hilft. Deshalb wenden sich die Anzeigen vor allem an ‚junge aufgeschlossene, aufstiegsmotivierte und mobile' Familien – potentielle Neu-Bremer. ‚Bremen muß ihnen schmecken. Auf der Zunge vergehen', heißt es erläuternd. Gestreifter Speck mit Kohl und Pinkel sind die Appetithappen, der Appetit kommt dann beim Essen ganz von allein."

 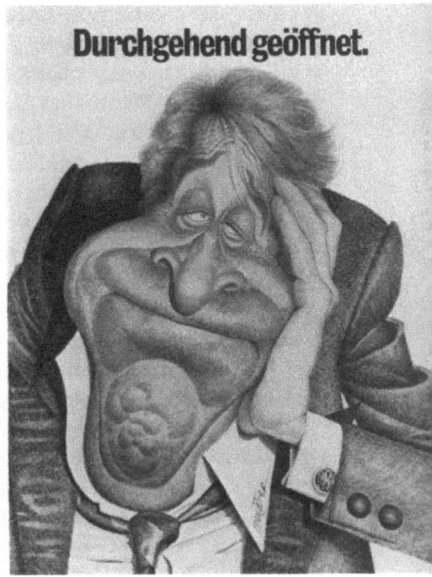

ein neues Gesicht gegeben und den Innenstadtbesuchern ein neues Stadtgefühl ermöglicht."[70]

Bildhaft wurde ‚Urbanität' mit Einkaufsbummel identifiziert, was wiederum Rückwirkungen auch auf das Selbstverständnis der Stadtbewohner hatte, denen der Flair der großen weiten Welt ersatzweise im internationalen Chic der heimischen Einkaufsbereiche geboten wurde: in den zu Fußgängerzonen umgestalteten Einkaufsstraßen, die als Non-Plus-Ultra moderner Stadtentwicklung galten und inzwischen zum unverzichtlichen Kernbestand der Stadtzentren geworden sind. Doch man erinnere sich: Ähnlich wie bei der Markenartikelwerbung kommt es – wie die Imageforscher versichern – auch bei der eigenen Stadt nicht allein auf deren objektive Qualitäten an, auch nicht nur auf ihre Attraktivität als schicke Shopping-City. Gerade bei den umworbenen einkommensstarken und statusbewußten Bevölkerungsschichten entscheiden über Lebens- und Wohnqualitäten neben den individuell erreichbaren Verbesserungen der Lebenssituation vor allem jene Einrichtungen, die gleichsam als Symbole der kulturellen Attraktivität eines Ortes gelten. Aber auch diese sollen durch ‚Imagefaktoren' weitgehend ersetzbar sein: In empirischen Untersuchungen wurde zwar festgestellt, daß es kein schichtspezifisches Gefälle in der Gewichtung von Infrastruktureinrichtungen gebe, und doch wurde

---

70 R. Monheim, Fußgängerbereiche: Von der ‚kraftverkehrsfreien Kaufstraße' zur sozialen Mitte, in: C. Böhret u. a. (Hg.), Transfer – Stadtforschung und Stadtplanung, Opladen 1977, S. 134.

deutlich, daß bestimmte Angebote, wie Theater, Konzerte, Museen für Bevölkerungsteile mit hohem Anspruchsniveau eine wesentliche, wenn auch mehr symbolische als lebenspraktische Bedeutung bei der Einschätzung der Realisierbarkeit ‚städtischer Lebensformen' hatten: „Es wäre sicherlich nicht sinnvoll, diese Wünsche mit der tatsächlichen Benutzung zu gewichten und daraus erst endgültige Schlüsse zu ziehen, denn es darf wohl angenommen werden, daß auch bei geringer Benutzung die Tatsache des Vorhandenseins solcher Infrastrukturposten das Gefühl bestärkt, in einer Stadt zu leben, die einen bestimmten Lebensstil erlaubt."[71] Entsprechend wurde auf die Lücke hingewiesen, die zwischen konkret nutzbaren Angeboten und der subjektiven Einschätzung von deren Qualität besteht und die manipulativ erweitert werden kann: „Einzelne der zuvor erwähnten Posten, die für höhere Statusgruppen spezifisch sind und wahrscheinlich eher in größeren Ortsgrößen zu erstellen sind, können ersetzt werden durch ‚Image'-Faktoren, für die München lange Zeit das bekannteste Beispiel bildete (wiewohl gerade hier Image und großstädtische Ortsgröße zusammentrafen)."[72] Wichtig ist, daß „das Gefühl" bestärkt wird, „in einer Stadt zu leben, die einen bestimmten Lebensstil erlaubt", der an anderem Ort nicht besser zu realisieren wäre. ‚Stadt' soll sein, was sich erleben läßt. Denn wo ‚verkauft' werden soll, muß ‚Erleben' mitgeliefert werden. Als urbane Gegenwelt zur Enge und Routine des Alltagslebens wurde das spielerische Flanieren, Sich-Darstellen und kultivierte Genießen gesetzt, an dem angeblich jeder teilhaben kann, wenn er nur die richtigen Angebote wahrnimmt und auch die Konfrontation mit Ungewohntem nicht scheut. „Der gefährliche Trend moderner Industriegesellschaften, den einzelnen in ein ‚bewußtseinsarmes Rollenverhalten' innerhalb ‚geschlossener Produktionsabläufe' hineinzuzwingen, ist bei uns nicht zwangsläufig. Spielräume, Grenzüberschreitungen werden angeboten und genutzt."[73] Daß dann die tatsächlich vorhandenen „Spielräume, Grenzüberschreitungen" allererst von jenen genutzt werden können, die am wenigsten in „geschlossene Produktionsabläufe" eingespannt sind, braucht nicht eigens betont zu werden: Schließlich geht es um werbewirksame Betonung gerade der ‚freundlichen' Seiten des Stadtlebens, der konsumorientierten städtischen Öffentlichkeit mit Blick auf jene jung-dynamischen Bevölkerungsteile, deren ökonomische Leistungsfähigkeit außer Frage steht.

Als Ort solchen ‚guten Lebens', an dem die Tristesse der Arbeits- und Alltagswelt insgesamt weitgehend verdrängt, ‚unterdrückt' werden kann, galt besondern die Stadt München, die — als *heimliche Hauptstadt* lange Zeit Spitzenreiter in der Hit-Liste der Städte — über Jahre als idealer Zielpunkt der bundesweit beobachtbaren Nord-Süd-Wanderung und als Höhepunkt städtischer Attraktivität betrachtet wurde. Entsprechende Stereotypen der

---

71 H. Zimmermann u. a., a.a.O., S. 14; vgl. auch die Untersuchungsergebnisse S. 130 f.
72 A.a.O., S. 14.
73 H. W. Sabais, a.a.O., S. 61.

Welt-Herz-Stadt München wurden durch schwärmerische Zeitungsberichte noch verfestigt und gaben damit auch den Bewohnern verbindliche Muster der Interpretation ihrer eigenen Erfahrungen vor, da zumindest der räumliche Rahmen der plastisch geschilderten Erlebniswelt tatsächlich sinnlich erfahrbare Realität ist und die Gültigkeit der Gesamtaussage verbürgt:
„Schmuck und Moden überall, als hätte das Volk sich dort hinter Tür und Laden von Kopf bis Fuß eingekleidet und reichlich versehen. Wieder erweckt es die fast unmoralische Frage, woher denn das Geld kommt, das die zierlichen Füße bewegt, wo, wie alles hervorgebracht, verdient, gearbeitet wird. Aber da diese heimlichen Basare wiederum selbst Arbeit und Umsatz sind, schweigt unsere Sorge. Diese geknickten kleinen Gassen verführen den Besucher dazu, im Innersten der Welt zu sein und zwischen ihren galvanischen, sanft aufgeladenen Geheimnissen zu wandeln. Danach nimmt ihn das breite Strombett auf, das vom Rathaus bis voran zum Stachus führt mit seinen vielen Nebenadern. München hat − über Nacht − eine Spaziergängerstadt eingerichtet, mit der verglichen alle Versuche anderer Städte nur kleinliche Fragmente sind."[74] Das Gefühl, an besonders exklusiven Lebensformen teilhaben zu dürfen, verdrängte die Frage nach der Herkunft des Reichtums, der sich in den Zentren der Metropolen als „ungeheure Warensammlung"[75] darstellt − verdrängte den Gedanken an Armut und Ausbeutung besonders bei denen, die in weitester räumlicher und sozialer Distanz zu den Armen und Ausgebeuteten leben, die sich dem gedankenlosen Genuß ohne Skrupel hingeben können und auf die solche gestalterische Werbung auch zu allererst zielt.
In der falschen Umgebung allerdings wirkten ähnliche Bemühungen um gestalterische Aktivitätssteigerung eher rührend oder geschmacklos, wenn die sozialökonomischen, historischen und naturräumlichen Besonderheiten, die etwa München so konkurrenzlos erscheinen lassen, durch eine bis ins Groteske gesteigerte Darstellung von Exklusivität kompensiert werden sollten. Besonders rührig waren hierbei die Städte des Ruhrgebietes, die in Abgrenzung vom gemeinsamen Kohlenpott-Image auf individuelle Profilierung setzten. Im Schatten der Gebiets- und Verwaltungsreform traten sie in scharfe Konkurrenz um Einzugsbereiche und Entwicklungschancen, indem sie sich mit griffigen Signets, flotten Slogans und extravaganter Ausgestaltung städtischer Vorzeige-Zonen vom Bild des ‚grauen Armenhauses' abzusetzen versuchten. Dabei konnte man sich allerdings auch auf eine beachtliche Veränderung der ‚Realsituation' beziehen, in der bereits der privatwirtschaftlich verschärfte Kampf um Absatzmärkte seinen städtebaulichen Ausdruck gefunden hatte:
„In Bochum ebenso wie in einigen anderen ehemaligen Kohlezentren eifern die Innenstädte dem international aufgemachten Verkaufs- und Vergnügungsviertel um die Düsseldorfer Königsallee nach, und man findet mancherorts

---

74 Frankfurter Allgemeine Zeitung vom 16. 6. 1973.
75 K. Marx, Das Kapital, Bd. 1, a.a.O., S. 49.

kein braves Eßlokal und keine Kneipe mehr, sondern nur noch Spezialitätenrestaurants mit gepfefferten Preisen neben ‚Pubs' und ‚Steakhouses', die englischer aussehen als in England. Den Schaufensterangeboten nach zu urteilen, wählen die ehemaligen Bergarbeiter aus dem Modeplunder der Couturiers des 16. Arrondissements ihre Oberbekleidung aus, und ihre Söhne fahren eine Kawasaki mit 900 ccm, die in lila Nerz gehüllte Nachbarstochter auf dem Sozius. Kurz, es ist alles eine Schuhnummer zu groß, zu grell, zu unerreichbar."[76]

Nicht allein nur die Sprüche der Städtewerbung, die die Mondänität der städtischen Lebensbedingungen unterstreichen — Bochum als ‚Schaufenster des Reviers' wie Berlin als ‚Schaufenster des Westens' —; auch die sinnlich erfahrbare Wirklichkeit der Zentren geriet nicht nur hier in Kontrast zur örtlichen Alltagsrealität, die sich auch angesichts des zur Schau gestellten und angeblich jedem zugänglichen Reichtums nicht restlos verdrängen ließ. „Wenn in den Tagen des Streiks die Arbeiter an den Fabriken berichten, was sie tatsächlich verdienen und kaufen können und in welche bescheidenen Behausungen sie nach der Schicht zurückkehren, dann war dies die Bestätigung für die unpassenden Straßenbilder. Die mondänen Attrappen passen weder tagsüber noch abends zur Masse der Bevölkerung. Die Jüngeren versuchen, sich unbeholfen anzupassen, während die Älteren in schlichter Kluft bei ihrem gewohnten Trott bleiben."[77] Die Kluft zwischen der realen Ausgangssituation und vorgegaukelten Möglichkeiten besseren Lebens sollte einen Anpassungs- und Aufstiegsdruck auslösen, unter dem gerade die Jüngeren auf der Suche nach Identität traditionelle Bindungen vergessen lernen sollten — die Angst vor dem Stigma der Rückständigkeit im Nacken. Das eigentlich erst lebenswerte Leben wurde als Möglichkeit einer mobilisierenden Verbindung von beruflicher Aufstiegsorientierung und konsumorientierter Freizeitgestaltung dargestellt und in verschiedene Etappen gegliedert ausgemalt: Individuell und kollektiv entworfene Lebenspläne wurden überlagert durch vielfältige Konsumanreize und vorgegebene Karrieremuster, soziale Identitäten und entsprechende Systeme von Statussymbolen, die — stets eine Nasenlänge voraus, „eine Schuhnummer zu groß" — in Trab halten sollen. Dabei bleibt jedoch das individuell erfahrene Unbehagen an der Diskrepanz zwischen der Pracht der innerstädtischen Warenlager und dem armseligen Alltag nur solange verschwiegene Privatsache und weiterer Mobilitäts- und Leistungsimpuls, solange es als eigenes Versagen gedeutet wird. Wenn aber durch ökonomische Krisen, massenhafte Arbeits- und Orientierungslosigkeit diese Dissonanz als gesellschaftlich festgelegtes Ärgernis erfahren und interpretierbar wird, können enttäuschte Erwartungen in Protesthaltungen umschlagen, die sich auch in Abwanderung und Wahlverhalten auswirken. Die Enttäuschung wird zudem noch verdoppelt, wenn aufgrund allgemeiner wirtschaftlicher Abwärtsent-

---

76 Frankfurter Allgemeine Zeitung vom 8. 9. 1973.
77 Ebda.

wicklung nicht nur die erhofften Möglichkeiten der individuellen Teilhabe an den urbanen Lebensformen drastisch reduziert werden, sondern gleichzeitig der Kontrast zwischen mondänen Einkaufsstraßen und heruntergewirtschafteten Arbeitersiedlungen täglich deutlicher vor Augen tritt.

3. Expansion: Die Politik der Bestandssicherung

Die Stadtbewohner bei Laune halten!

Solange die Versuche zur Sicherung kommunaler Entwicklungschancen noch von Wachstumserwartungen und Aussicht auf wirtschaftliche Aufwärtsentwicklung getragen waren, konnten in Hoffnung auf den zukünftigen Besitzstand großzügig noch ungedeckte Werbeschecks auf die örtliche Lebensqualität ausgeschrieben werden. Inzwischen jedoch wuchs die Gefahr, daß die beschränkte Einlösung der jahrelang gesteigerten Wachstums- und Wohlstandserwartungen, Reform- und Demokratisierungsversprechen zu einem Treibsatz gesellschaftlicher Unruhe wurden. Mit dem Ausbleiben des erhofften konjunkturellen Aufschwungs, dem Steigen der Arbeitslosenzahlen und der wachsenden existentiellen Unsicherheit, von der inzwischen auch weite Teile der Mittelschichten betroffen waren, wurden wachsende Diskrepanzen zwischen den hochgeschraubten Erwartungen und den tatsächlichen Lebensbedingungen offenkundig.
Angesichts der realen Wirtschaftsentwicklung und Verteilungsprozesse mußte nun auch die Maschinerie der Städtewerbung langsamer gestellt und umgebaut werden. Nachdem besonders im Krisenwinter 1973/74 die ‚Grenzen des

Wachstums' deutlich geworden waren, setzte mit dem gesamtgesellschaftlichen „Trendumbruch"[78] auch ein Wechsel in der Ausrichtung kommunaler Öffentlichkeitsarbeit ein. Vor allem in den großen Ballungsräumen, in denen durch Gebiets- und Verwaltungsreformen großenteils neue Realitäten geschaffen und die örtlichen Entwicklungschancen noch mehr als zuvor von staatlichen Zentralinstanzen festgeschrieben und kontrolliert wurden, gingen die Städte und Kreise von Bestandserweiterung auf Bestandspflege über und polten ihre Öffentlichkeitsarbeit von Außen- auf Innenwirkung um. Die ‚Stadt im Gleichgewicht' wurde zur neuen Zauberformel, die Sicherung des Status quo zur Aufgabe. Um nicht die selektive Abwanderung der jungen und erwartungsvollen Bewohner noch zu provozieren, mußte festgestellt werden: „Verdrängungswettbewerb mit Slogans wie ‚X ist ganz anders' ist absurd und unergiebig."[79] So schien es unter dem Druck der ökonomischen Bedingungen etwa in den Städten des Ruhrgebietes mittlerweile völlig unsinnig, jede Kommune und die jeweiligen Einzelbewohner weiterhin als ‚ihres Glückes Schmied' gelten und wirken zu lassen. Wenn selbst in Programmen der Bundesregierung an die Stelle der Versprechen gleichwertiger Lebensbedingungen die „Leistungsgemeinschaft" der Ungleichen[80] trat, so mußte diese Politik mit Blick auf die Stabilität des wirtschaftlichen Gesamtsystems bis hinein in individuelle Lebens- und kommunale Entwicklungspläne verankert werden. Den Kommunalpolitikern des Ruhrgebietes wurde deshalb wiederholt empfohlen, sich realitätsgerecht als „Zwangsrudergemeinschaft"[81] zu betrachten, da angesichts der schlechten Lage des sprichwörtlichen Bootes, in dem alle sitzen, individuelle Ausreißversuche durch Profilierungsbemühungen nicht mehr zu billigen seien. Denn „der interkommunale Konkurrenzkampf um ansiedlungswillige Industrie- und Gewerbebetriebe ist ein verheerender Luxus, der notfalls mit drastischen Eingriffen sofort gestoppt werden müßte. (Er hat ohnehin immer närrische Züge gehabt.)"[82] Um das verbreitete Krisenbewußtsein positiv zu wenden und (nicht nur im Ruhrgebiet) die Alle-in-einem-Boot-Mentalität zu verstärken, sollten die Bewohner nicht mehr durch kommunale Werbekampagnen aufgeschreckt, sondern in die Schicksalsgemeinschaft der Zwangsruderer eingebunden werden. Dazu mußte an die Stelle der ohnehin unerfüllbaren Versprechen, die nachträglich als „ängstliche politische Augenwischerei"[83] durchschaut waren, die Vorbereitung auf eine künftig unumgängliche Bescheidung mit den örtlichen Lebensverhältnissen gerückt werden: „Ohne Geschichtsbewußtsein, ohne das Wissen um die Voraussetzung dessen,

---

78 Vgl. Beirat für Raumordnung, Empfehlungen vom 16. 6. 1976, hg. vom Bundesminister für Raumordnung, Bauwesen und Städtebau.
79 D. Springorum, Öffentlichkeitsarbeit als Gemeinschaftsaufgabe, in: Format, Heft 2/1974, S. 12.
80 Vgl. Raumordnungsbericht 1974, a.a.O., S. 30 f.
81 D. Springorum, a.a.O., S. 12.
82 D. Springorum, Eine Epoche geht zu Ende, in: Format, a.a.O., S. 7.
83 Ebda.

was heute ist, warum es sich so und nicht anders darstellt, ist keine Identifikation möglich."[84] Nicht mehr nach vorwärts, auf zukünftige Erfüllung der leichtsinnig gegebenen Reform- und Gleichheitsversprechen war der Blick zu richten, sondern zurück: im Stolz auf bereits Erreichtes, um mit dem Vorhandenen bescheiden sich versöhnen zu können. In der Not hat jedermann an seinem Platz und mit dem ihm Zugewiesenen zufrieden zu sein, damit das Ganze weiter funktioniert.

Versprechen mußten zurückgenommen und übersteigerte Erwartungen durch Trostpreise zumindest teilweise abgedeckt werden. „Die Moderne ist trostlos und trist – Rettet den liebenswerten Kitsch."[85] Die großspurige Außendarstellung der Kommunen wurde zunehmend abgelöst von differenzierter „Vertrauenswerbung"[86] nach innen. Dabei kamen den Kommunalpolitikern die bisher im Umgang mit Werbefachleuten gemachten Erfahrungen weiter zugute, auch wenn die Inhalte ausgetauscht wurden. In düsteren Zeiten steigt die Notwendigkeit, aber auch die Schwierigkeit der Überzeugungsarbeit, und das ließen sich die bundesdeutschen Kommunen weiterhin eher mehr als weniger kosten. „Immer ungenierter bedienen sich Kommunalpolitiker vielerorts der Hilfe von Motiv- und Meinungsforschern, von Werbeagenturen und PR-Profis."[87] Die Probleme sind komplexer, die Instrumente differenzierter geworden, denn nicht mehr auf Mobilisierung und Ausweitung unerfüllbarer Konsum- und Versorgungswünsche werden kommunalpolitische Perspektiven eingestellt, sondern auf das wachsende Bedürfnis nach Sicherheit, Tradition und Einbindung in kulturelle Zusammenhänge, dessen Erfüllung nicht unmittelbar an die kommunale oder individuelle ökonomische Potenz gebunden ist. Nicht mehr die Exklusivität internationalen Flairs und letztlich dann doch austauschbare Weltstadt-Qualitäten, sondern bescheidene lokale Eigenarten und Traditionen, an denen sich Heimatgefühl und Quartierszufriedenheit der Bewohner festmachen können, traten in den Vordergrund. Entsprechend vermehrten sich in Presse und Prospekten die Bilder restaurierter ‚Wahrzeichen' und Fassadenfolgen, die auf den Spuren einer neuen Heimatbewegung die Broadway-Bilder der hektischen ‚Gesellschaft durch Dichte' verdrängten. In aller Bescheidenheit wurde nun auch das Imagekonzept auf die gewandelten Bedingungen eingestellt. Das bisher propagierte Konzept der Imageplanung, das vorwiegend auf Darstellung der Konsumangebote und Steigerung der Wirtschaftskraft ausgerichtet war, wurde für untauglich befunden. Dem „traditionellen (autoritären) Typ der Imageplanung", der hauptsächlich auf Verbesserung des Außenbildes der Kommunen gerichtet war und über den „sehr oft Informationsgehalte vermittelt werden, die deutlich von den Zügen des

---

84 D. Springorum, Öffentlichkeitsarbeit als Gemeinschaftsaufgabe, a.a.O.
85 Motto eines Fassadenwettbewerbs im Ruhrgebiet.
86 D. Springorum, a.a.O., S. 12.
87 Der Spiegel vom 14. 2. 1977, S. 62.

Innenimage abweichen"[88], mußte ein neues Konzept folgen. Das alte mußte überholt und an die übergreifende Politik der Bestandspflege angepaßt werden, um die Ortsbindung der Stadtbewohner zu sichern. Mit veränderten ökonomischen Bedingungen begannen sich auch die kommunalpolitischen Ziele entscheidend zu ändern.

Seit Kaufkraftschwund und Liquiditätsschwierigkeiten die Nachfrage nach Laden- und Büroflächen beträchtlich zusammenschrumpfen ließen und sich die Krisenanfälligkeit der Gewerbesteuereinnahmen spürbar auf die kommunalen Haushalte auswirkte, gewann das weniger konjunkturanfällige Einkommensteueraufkommen der Bewohner an Bedeutung, das seit der Gemeindefinanzreform von 1970 zu einer der wichtigsten Einnahmequellen der Städte und Gemeinden geworden war. Doch gerade bei dieser Steuer zeichneten sich deutliche Verluste ab: infolge beschleunigter Abwanderung von Stadtbewohnern über die oft noch eng gezogenen Stadtgrenzen hinweg. Unabhängig davon wuchsen in noch größerem Maße die Folgekosten der beschleunigten sozialräumlichen Umwälzung und Entflechtung der Bevölkerung.

Folgen der Stadtflucht

Während über Jahre hinweg der Austausch innerstädtischer Wohnungen durch Arbeitsplätze noch als Zeichen wirtschaftlicher Stärkung galt, wiesen Modellrechnungen diese Einschätzung als Fehlspekulation aus, da die Steuerverluste und Folgekosten infolge Abwanderung die Gewinne durch Arbeitsplatzkonzentration weit überschritten.[89] Dies galt freilich erst recht, seit der beschleunigten Stadtflucht kaum Arbeitsplatzvermehrung entgegenstand: Inzwischen werden selbst auflagenstarke Illustrierte zum Sprachrohr besorgter Landes- und Kommunalpolitiker, die in werbewirksamen Plädoyers fürs Wohnen in der Innenstadt den Lesern vorrechnen, daß z. B. in München jeder abwandernde Bürger der Stadt „80.000 Mark an entgangenen Steuern und unnützen Investitionen" koste – und dies bei einer seit 1973 um jährlich etwa 10.000 Einwohner schrumpfenden Stadt.[90] War früher angesichts der Ausweitung des tertiären Sektors und der Umnutzung zentrumsnaher Wohngebiete vom ‚Gesundschrumpfen' der Wohnbevölkerung die Rede, so wurde nun ein folgenschweres ‚Ausbluten' konstatiert, dem durch Aufwertung innerstädtischer

---

88 K. Zimmermann, Kommunale Imagegestaltung, in: Deutsches Institut für Urbanistik (Hg.), Kommunale Entwicklungsplanung: Öffentlichkeitsarbeit, Arbeitshilfe 2, Berlin 1974, S. 16.
89 Vgl. die Modellrechnungen in: Institut für Bauökonomie, Die ‚Sanierung' des Stuttgarter Westens und ihre Auswirkungen auf den städtischen Haushalt, zusammengefaßt von W. Ehrlinger, in: Arch +, Heft 20/1973, und in: Institut für Bauökonomie (Hg.), Kommunale Finanzplanung und Wirtschaftlichkeitsberechnung in der Stadtplanung, Stuttgart 1973.
90 Der Stern vom 12. 5. 1977, S. 48.

Wohngebiete, durch Modernisierung von Altbauten und Festigung der Ortsbindung einheimischer Bewohner entgegengesteuert werden sollte. Nachdem 1974 zunächst auf der Grundlage gemeinsamer Richtlinien des Bundes und der Länder Modernisierungsprogramme verabschiedet worden waren, wurde das ‚Wohnungsmodernisierungsgesetz' ab 1.1.1977 zur ‚Dritten Säule' der Wohnungsversorgung neben Zweitem Wohnungsbaugesetz und Städtebauförderungsgesetz. Letzteres hatte zwar auch schon Modernisierungsmaßnahmen zur Behebung städtebaulicher Mißstände vorgesehen, doch lag das Schwergewicht „ganz eindeutig bei Abbruch der Altbausubstanz und großflächiger Neubebauung"[91].

Demgegenüber war unter dem Druck der veränderten wirtschaftlichen und demographischen Verhältnisse fast über Nacht die Modernisierung von Altbauwohnungen aktuell geworden — eine Entwicklung, die inzwischen wesentlichen Einfluß auch auf die Stadtgestaltung nimmt.

Der Trend zur Abwanderung gerade der einkommensstarken Bevölkerungsschichten aus den Innenstädten wurde für die Gemeinden doppelt prekär. Während einerseits das dichte Netz innerstädtischer Infrastruktur- und Versorgungseinrichtungen zunehmend entlastet, aber auch untergenutzt und entwertet wurde, zogen andererseits die Abwanderung und die beschleunigte Umwälzung der Bewohner hohe Folgekosten nach sich — wenn sie nicht sogar zu drastischer Verringerung der Steuereinnahmen führte, weil es an einem wirksamen Finanzausgleich zwischen Kernstädten und Randgemeinden mangelt.[92]

Gerade die jüngeren und kinderreichen Haushalte mit mittlerem Einkommen, die Doppelverdiener und Aufstiegsmobilen aber reagieren empfindlich auf die Verschlechterung städtischer Lebensbedingungen, wenn etwa durch stagnierenden Stadtumbau Verslumung und Verkehrschaos den Reiz des (Innenstadt-)Lebens mindern. „Wer heute flaniert, wird morgen flüchten"[93], soweit er durch individuelle Kaufkraft, etwa durch das eigene Häuschen im Grünen, Belastungen ausweichen und kompensieren kann, denen die zurückgebliebenen Bevölkerungsgruppen weiter ausgesetzt bleiben — zumeist Ausländer und Alte, deren Konzentration in den innerstädtischen Wohngebieten den ‚Attraktivitätsverlust' weiter beschleunigt. Solange noch in Erwartung weiterer Expansion von Cityfunktionen die Wohngebiete in Cityrandlage als bloße Reservefläche betrachtet und schrittweise den Wachstumserfordernissen ent-

---

91 W. Ehrlinger, F. Gschwind, Modernisierung und Stadtentwicklung — Analysen am Beispiel Stuttgarts und seiner Innenstadt, in: Arch +, Heft 26/1975, S. 1 f.
92 Seit die Verringerung des wirtschaftlichen Wachstums stark auf die Gewinne der Unternehmen durchschlug, wurde neben den Gewerbe- besonders die Sicherung der kommunalen Einkommensteuereinnahmen wichtig, deren Umfang vor allem von der Anzahl der Bewohner mit niedrigem und mittlerem Einkommen bestimmt wird, von der auch Zuweisungen im Rahmen des kommunalen Finanzausgleichs abhängig sind.
93 Titel eines Berichts in der Frankfurter Rundschau vom 15.2.1977.

DAS LIED VON DER TÜNCHE

Ist wo etwas faul und rieselt's im Gemäuer
Dann ist's nötig, daß man etwas tut
Und die Fäulnis wächst ganz ungeheuer.
Wenn das einer sieht, das ist nicht gut.
Da ist Tünche nötig, frische Tünche nötig!
Wenn der Saustall einfällt, ist's zu spät!
Gebt uns Tünche, dann sind wir erbötig
Alles so zu machen, daß es noch mal geht.
Da ist schon wieder ein neuer
Häßlicher Fleck am Gemäuer!
Das ist nicht gut. (Gar nicht gut.)
Da sind neue Risse!
Lauter Hindernisse!
Da ist's nötig, daß man noch mehr tut!
Wenn's doch endlich aufwärtsginge!
Diese fürchterlichen Sprünge
Sind nicht gut! (Gar nicht gut.)
Drum ist Tünche nötig! Viele Tünche nötig!
Wenn der Saustall einfällt, ist's zu spät!
Gebt uns Tünche, und wir sind erbötig
Alles so zu machen, daß es noch mal geht.
Hier ist Tünche! Macht doch kein Geschrei!
Hier steht Tünche Tag und Nacht bereit.
Hier ist Tünche, da wird alles neu
Und dann habt ihr eure neue Zeit!

„Zur Behebung der Arbeitslosigkeit wollen
wir die Häuser wieder in Ordnung bringen."
Hitler am 1. Mai 1933

*B. Brecht, Die Rundköpfe und
die Spitzköpfe (1933)*

sprechend umgewidmet wurden, war diese Konzentration leicht auszubeutender Ausländer und vergleichsweise wehrloser alter Menschen eine durchaus erwünschte Vorstufe der folgenden Abriß-Sanierung: Ohne weitere Investitionen konnten selbst heruntergekommene Gebäude einerseits dicht belegt und rentabel vermietet, andererseits kurzfristig ‚freigeräumt' werden.

Mit dem Nachlassen des Expansionsdrucks der Cityfunktionen jedoch wird die Modernisierung der Gebäude aktuell. Für die Kommunen in zweierlei Hinsicht: als Bremse der beschleunigten Bevölkerungsabwanderung und -umwälzung zur Sicherung der Einnahmen aus Einkommensteuer und Finanzausgleich, sowie zur Einsparung von Folgekosten für Ausbau und Anpassung von sozialer Infrastruktur und Verkehrsbauten. Auch für die staatlichen Instanzen auf Bundes- und Länderebene ist die Subventionierung von Modernisierungsmaßnahmen von doppeltem Interesse: als wirksamer Beitrag zur Konjunktur- und Arbeitsmarktpolitik und als Teil einer Mittelstandspolitik, die – anders als beim Städtebauförderungsgesetz – die Interessen der kleineren Hauseigentümer besonders anspricht. Für diese Hauseigentümer, die – in ihrer Spekulation auf Cityerweiterung enttäuscht – wieder auf die langfristige Vermietbarkeit ihrer Wohnhäuser zu setzen begannen, werden die staatlichen Subventionen Garant der Rentabilität ihrer Modernisierungs- und Instandsetzungsinvestitionen. Denn trotz nachlassender Nachfrageüberhänge für einfache, un-

Die Familie Wüstenrot läßt fragen, ob Sie mit ihr zusammen solch ein Haus kaufen wollen.

Familie Wüstenrot jubiliert: Wer modernisiert, kassiert.

Abgerissen ist schnell.

Von heute auf morgen verlieren Städte ihr Gesicht. Werden ähnlich gleich. Stockwerk an Stockwerk, Büro an Büro, Schluß. Nur einer ist in der Eile vergessen: der Mensch.
Was macht da Berlin?
Es reißt zwar auch ab – weil Risse Schäden sind – und es baut auf, genauso richtig, genauso falsch – manche Macke zeigt sich zu spät.

Aber wir haben eins gelernt:
Nicht alles Alte ist von gestern. Wir sanieren. Wir restaurieren.

Die breiten Straßenfluchten, die Häuser mit dem Grün, das atmen läßt, die kleinen bunten Läden, wo man so herrlich tratscht, die Kneipen, wo Schulterklopfen ehrlich ist.

So kommt dann Neu-Jugendstil neben Betonwand, Neu-Barock neben Glas und Stahl. So schafft man Neues neben Altem. Erneuertes neben Neuem.

Damit nicht nur die Stadt gut aussieht. Sondern auch die Leute, die dort wohnen. Weil das Leben stimmt.

Fortschritt kann menschlich sein, Beispiel Berlin.

Kettenreaktion

ln. Die Mietshäuser in der kleinen Straße, deren Kriegswunden vor dreißig Jahren mit Mörtel und Trümmergestein notdürftig verdeckt worden waren, hatten jahrzehntelang einen tristen Anblick geboten. Vor den grauen Fassaden versuchte in schmalen Vorgärten spärlicher Blumenwuchs die Welt zu verschönern, doch die kleine Straße verwandelte sich mehr und mehr in ein Wohnbereich, der freiwillig Ausländern überlassen wurde und um den die Bürger, wenn es irgend möglich war, am liebsten einen Bogen machten.

Vor Jahresfrist oder mehr veränderte sich aber das Bild der kleinen Straße innerhalb weniger Tage. Einem der Hausbesitzer hatte die graue Öde der Fensterfronten nicht mehr gefallen, er hatte den Weißbinder gerufen, und der hatte dem Haus einen freundlichen, bräunlichrosa Anstrich verpaßt, mit dem Ergebnis, daß dieses Haus von nun an aus der Nachbarschaft herausstach wie eine Oase aus dem Wüstensand und die Nachbarhäuser noch schäbiger als vorher wirkten.

Das wiederum ärgerte deren Bewohner, und jene von ihnen, die seit vielen Jahren in den Häusern wohnen und die neue südländische Nachbarschaft als Selbstverständlichkeit hingenommen hatten, bedrängten nun die Besitzer der Häuser, ihrerseits zu Pinsel und Farbtopf zu greifen und den Häusern einen neuen Anstrich zu verpassen. Einer von ihnen ließ sich überreden, und sein Haus prangt seit einiger Zeit in zartem Gelb, ein dritter entschloß sich zu einem graublauen Anstrich, und derzeit rätseln Anwohner und Passanten, was wohl der Besitzer, dessen Haus zur Zeit eingerüstet ist, für eine Farbe wählen wird.

Die kleine Straße ist nicht mehr wiederzuerkennen. Die Leute, die noch vor ein oder zwei Jahren an ihr vorüberhasteten, bleiben verrückt stehen und erfreuen sich am Anblick der stattlichen Häuser, die aus den Jahren stammen, als die Väter der heutigen Großväter-Generation kleine Buben waren. In manchen wird der Wunsch wach, in dieser kleinen Straße zu wohnen, die sich doch im Grunde gar nicht verändert hat. Bis auf die paar Farbtupfer.

modernisierte Wohnungen wären Desinvestitionen und Verfallenlassen der Häuser möglicherweise noch immer die rentablere Alternative zur Modernisierung, zumal infolge verringerter Neubauraten und der Mietpreisexplosion im Sozialwohnungsbau für einkommensschwächere Bevölkerungsgruppen kaum noch Ausweichmöglichkeiten zur Verfügung stehen.[94] Die staatlichen Modernisierungssubventionen können daher letztlich nur wirksam werden, wenn den Hauseigentümern nach Modernisierung eine für sie attraktive Mieterhöhung (jährlich bis zu 14 % des eingesetzten Kapitals) nicht nur gesetzlich erlaubt wird, sondern auf dem Wohnungsmarkt auch durchsetzbar ist: wenn also mit der Modernisierung der Wohnungen die ökonomische Sanierung der Hauseigentümer durch soziale Umschichtung bzw. durch Attraktion zahlungsfähiger Bevölkerungsgruppen gelingt. Damit wird die Ausdehnung stadtgestalterischer Maßnahmen auch auf die innerstädtischen Wohnquartiere dringlich. Ähnlich wie Stadtgestaltung auf der Ebene der Gesamtstadt oder Region, als Instrument der Arbeits- oder Kaufkraftwerbung eingesetzt, eng an die Erfordernisse privater Unternehmen gebunden ist, wird Stadtgestaltung nun auch zum Garant langfristiger Rentabilität privater Modernisierungs- und Instandsetzungsinvestitionen. Als ‚flankierende' kommunale Maßnahme wird die gezielte Aufwertung von Wohnquartieren wichtig, da zwar vorrangig der Wohnungsstandard, darüber hinaus aber auch die Qualität und der Prestigewert des Wohnquartiers für den Verbleib bzw. die Zuwanderung zahlungskräftiger Bewohner von wachsender Bedeutung ist. Damit können die Maßnahmen zur Steigerung städtischer Attraktivität nicht länger auf die Erlebnisräume der Einkaufsbereiche beschränkt bleiben, sondern werden auf jene citynahen Wohnquartiere ausgeweitet, in denen aufgrund günstiger Lage, modernisierungswürdiger Bausubstanz und vergleichsweise stabiler Bevölkerungsstruktur am ehesten die Chance besteht, durch Subventionen und publikumswirksame Aufbereitung des Quartiers private Initiativen zur Modernisierung anzuregen und das Interesse selbst anspruchsvoller Mieter zu wecken oder gar den Bewohnern den Ankauf ihrer Häuser schmackhaft zu machen und Ortsbindung durch Eigentumsbildung zu bewirken.[95] Dabei kann

94 Vgl. hierzu H. Brede u. a., Ökonomische und politische Determinanten der Wohnungsversorgung, Frankfurt/Main 1975, sowie die aktuellen Berichte in: Stadtbauwelt, Heft 54/1977.
95 Unter der Schlagzeile: „*Wenn nicht bald noch mehr geschieht, werden unsere Städte veröden*" ‚informierte' die Bundesregierung im Mai 1977 in großformatigen Zeitungsanzeigen: „Viele Jahre lang ging das so in manchen Städten: gewachsene Wohnviertel mit alten Bäumen, Plätzen und Lokalen wurden abgerissen. Menschen, die oft seit Generationen dort lebten und ihre Stadtviertel liebten, wurden nicht selten in die Anonymität der Vororte und Trabantenstädte verdrängt. An die Stelle schöner alter Häuser traten monotone Geschäfts- und Bürobauten. Abends nach Ladenschluß sind die Straßen dort meist menschenleer. In diesen Vierteln gibt es keine Nachbarschaft mehr, keiner kennt den anderen. Die Bundesregierung hat diese verhängnisvolle Entwicklung für unsere Städte frühzeitig erkannt. Sie hat mit dem Städtebauförderungsgesetz, dem neuen Bundesbaugesetz und den Programmen zur

die Aufwertung eines Gebietes schon durch relativ sparsame Mittel erreicht werden: Schon eine sorgsame Vorgarten- und Fassadengestaltung kann einem Straßenzug ‚herrschaftliches' Gepräge geben, durch das die alte, zwischenzeitig heruntergekommene Qualität bürgerlichen Wohnens vordergründig wieder ins Blickfeld der heutigen Mittelschichten gerückt wird. Als modische Alternative zum Wohnen im Umland wird das Wohnen in citynahen Altbaugebieten besonders dann attraktiv, wenn über Verkehrsberuhigung, Anlage von Spielstraßen und die Pflege innerstädtischen Grüns zumindest ein Teil jener Qualitätsansprüche an die Wohnumgebung abgedeckt werden kann, deren Nichterfüllung bisher die Abwanderung aus den Städten begünstigte.

Entsprechend dieser Entwicklung, die programmatisch als Trend „von ‚kraftverkehrsfreien Kaufstraßen' zur sozialen Mitte"[96] beschrieben wird, war auch ein Wandel der Expertenmeinung zur Fußgängerbereichsplanung festzustellen, die immer häufiger in die Wohnviertel ausgedehnt wird: So rückten die ursprünglich dominanten Ziele „Verkehr ordnen" und „Förderung der Einkaufsbedeutung" weit zurück hinter „Innenstadtwohnen", „Umweltschutz" und „Erhaltung des historischen Stadtbildes", die als Ziele der Fußgängerbereichsplanung mit knappem Abstand vor „Stärkung der sozialen Identifikation" angegeben wurden.[97]

Weniger die gestalterische Überformung, sondern erst recht weitergehende Eingriffe zur Gebietsaufwertung und die Subventionierung der Modernisierungsmaßnahmen erfordern jedoch eine Konzentration der knappen Mittel auf jene Bereiche, in denen sich die Investitionen auch auszahlen: eine Konzentration auf Wohngebiete mit bereits relativ hoher Attraktivität, zumal die dort ansässigen Bewohner aufgrund ihres Einkommens- und Bildungsniveaus eher als andere — etwa ausländische Bewohner — in der Lage sind, entsprechende Maßnahmen für ihr Quartier zu fordern, durchzusetzen und in Form erhöhter

Althausmodernisierung, die Anfang dieses Jahres Gesetz geworden sind, entscheidende Schritte zur Besserung der Situation eingeleitet. Weil im übrigen durch die geltenden Steuergesetze nur der Neubau von Wohnungen begünstigt wird, hat die Bundesregierung am 2. März beschlossen, auch Altbauten in die bestehenden Abschreibungsmöglichkeiten einzubeziehen: rückwirkend ab 1. Januar 1977 soll es möglich sein, nach Paragraph 7 b des Einkommensteuergesetzes nun auch die Erwerbs- und Instandsetzungskosten von Altbauten und Altbauwohnungen in der gleichen Höhe steuerlich abzusetzen, wie dies bisher nur beim Neubau eines Eigenheimes oder einer Eigentumswohnung möglich war. Außerdem soll die Grunderwerbsteuer beim Kauf eigengenutzter Ein- und Zweifamilienhäuser und Eigentumswohnungen bei Altbauten entfallen. Die Bundesregierung möchte, daß diese neuen Regelungen noch im Sommer Gesetz werden. Es soll sich wieder lohnen, ein altes Haus oder eine Altbauwohnung in der Innenstadt zu kaufen und zu modernisieren. Damit wieder Menschen in die Stadtzentren ziehen, statt sie zu verlassen. In der Stadt bleiben heißt, es morgens näher zur Arbeit und abends näher nach Hause zu haben, näher zum Markt, zum Cafe oder zum Kino an der Ecke."

96 R. Monheim, Fußgängerbereiche: Von ‚kraftverkehrsfreien Kaufstraßen' zur sozialen Mitte, a.a.O.
97 A.a.O., S. 140 f.

Mieten auch zu bezahlen. Aus ökonomischen wie aus politischen Gründen kommt Stadtgestaltung daher gerade dann, wenn sie mit weiteren Maßnahmen zur Verbesserung von Wohnung und Wohnumgebung verbunden ist, hauptsächlich den ohnehin bevorzugten Gebieten und Bevölkerungsgruppen zugute. Wie in der Regionalpolitik der Einsatz öffentlicher Mittel den privaten Investitionen folgt und über wirtschaftspolitisch effektive Schwerpunktsetzung Ungleichgewichte noch fördert, so bleibt auch im innerstädtischen Raum bis hin zur Stadtgestaltung die Vergabe öffentlicher Mittel zunächst eng an den Maßstab ökonomischer Rationalität gebunden.

Dies zieht eine Reihe politischer Probleme nach sich. Mit wachsendem Gefälle zwischen der Wohnqualität in eng benachbarten Vierteln werden auch in den vernachlässigten Gebieten, in denen sich größere Investitionen nicht lohnen, billige, aber effektvolle Maßnahmen der Stadtgestaltung wichtig – kann doch schon durch freundlichen Fassadenanstrich und etwas Begrünung bereits vermieden werden, daß der scharfe Kontrast zwischen unterschiedlichen Lebensbedingungen allzu deutlich vor Augen tritt. Wenn schon zur durchgreifenden Verbesserung die Mittel fehlen, so können immerhin die härtesten Diskrepanzen durch städtebauliche Schönheitsreparaturen verschleiert werden. So wird unter den Bedingungen zunehmender Verknappung öffentlicher Mittel und sinkender Leistungsfähigkeit der Kommunen Stadtgestaltung zweifach politisch bedeutsam: nicht nur als Mittel der Anregung von Privatinvestitionen und zur Attraktion zahlungskräftiger Bevölkerungsgruppen, sondern auch als Ersatzleistung für den Mangel an tiefergreifenden Verbesserungen der Lebensbedingungen und Wohnverhältnisse. Nach der plakativen Herrichtung des Stadtimages im Zuge der interkommunalen Konkurrenz, der kaufstimulierenden Einrichtung der Fußgängerzonen und der gestalterischen Aufwertung zentrumsnaher Wohngebiete wird damit ein weiteres Aufgabenfeld erschlossen – die Einbindung stadtgestalterischer Maßnahmen in kommunalpolitische Mobilisierungs- und Partizipationsstrategien, die dem wachsenden Unmut der Bevölkerung Ventile schaffen und Integration durch Mitmachen bewirken sollen.

Stadtgestaltung als politisches Showbusineß

Neben den Problemen der sozialen und ökonomischen Bestandssicherung stellt sich in zunehmender Schärfe ein drittes: das der politischen Bestandssicherung, der Sicherung von Folgebereitschaft und Wählerpotentialen, um die sich die ‚Stadtväter' der bundesdeutschen Großstädte zunehmend Sorgen machen müssen. Vor dem Hintergrund der breiten Diskussion um die ‚Unregierbarkeit der Städte' gewinnen politische Alternativen nicht nur innerhalb der etablierten Rathausparteien, sondern besonders auch außerparlamentarische Bewegungen wachsende Bedeutung, wie die wachsende Zahl und

Radikalisierung von Arbeiter-, Mieter- und Bürgerinitiativen zeigt. So liegt es für die Regierenden besonders im Vorfeld von Kommunalwahlen nahe, die kommunale Öffentlichkeitsarbeit politisch zu instrumentalisieren und die von den jeweils regierenden Bundestagsparteien längst geübte Praxis der Verquickung von Bürgerinformation und Parteienwerbung auf örtlicher Ebene zu kopieren. Dies verspricht auf kommunaler Ebene sogar umso größeren Erfolg, als durch anschauliche Beispiele vordergründiger ‚Humanisierung' durch Stadt-Gestaltung über den Mangel an realen sozialpolitischen Fortschritten hinweggetäuscht werden kann, die sich ja ohnehin nur in Statistiken und dürren Erläuterungen dokumentieren ließen, nicht aber in einprägsamen Bildern, die das örtlich-konkrete Alltagsleben der Bürger unmittelbar betreffen. Die detailreiche und täglich erfahrbare Umwelt dagegen bietet ein schier unerschöpfliches Demonstrationspotential als Reformersatz.

Mit der Auffrischung des Lokalkolorits wird das Bemühen um Stadtgestaltung zu einem publikumswirksamen Kriterium gelungener Kommunalpolitik; persönliches Eingreifen und populäre Ideen der Stadtväter werden zum Beweis wirklicher ‚Bürgernähe', mit der sich etwa die Frankfurter Stadtregierung zu profilieren versuchte. Hier traf der vom ‚Dynamit-Rudi'[98] zum Denkmalpfleger bekehrte Oberbürgermeister mit seinem „Vorschlag: Historische Häuser gegenüber dem Römer"[99] aus den Trümmern alter Gebäude zusammensetzen zu lassen, das Schwarze im Publikumsgeschmack, wie der Rücklauf der einer Broschüre beigelegten Fragebögen zeigte.

Um dem Vorwurf der billigen Effekthascherei zu entgehen, bot er die gebaute Collage sogar als ein Stück Kulturpolitik an, denn „all diese wertvollen Schmuck- und Bauteile verwenden heißt, diesen Teil des Römerberges zu einem lebendigen Museum machen. Dort, am geeigneten Ort, zeigt sich ein Stück Stadtgeschichte bis hin zu der Zerstörung, deren Reste so mahnend jedem Bürger deutlich werden." So ganz ernst ist es freilich mit dieser Mahnung nun auch nicht gemeint, da die Gedanken an Krieg und Zerstörung nicht die gepriesene Heiterkeit des Lokalkolorits trüben sollen: „In diese ‚alten' Häuser passen sich natürlich Lokale vom Typ des alten Frankfurt genau ein. Kleine Gaststätten, in denen der Besitzer noch selbst hinter dem Tresen steht und seine Frau in der Küche wirkt."[100] Ähnlich versuchen sich auch andere Bürgermeister Bürgernähe und breite Zustimmung zu sichern, indem sie im Pathos des Volkstribuns dem Publikumsgeschmack eine Bresche schlagen, wie in Frankfurt oder wie in Stuttgart, wo der neue CDU-OB und Städtetagspräsident Rommel verkündet, daß für die „Häßlichkeit" der Städte „nicht das

---

98 Ein Spitzname, den R. Arndt vor Jahren weniger seiner Dynamik wegen als durch den Vorschlag erworben haben soll, zwecks Beschleunigung der Abbruch-Arbeiten die alte Oper in die Luft zu sprengen.
99 Frankfurts Ex-Oberbürgermeister R. Arndt, Am Römerberg soll historisch gebaut werden, a.a.O.
100 Ebda.

Profitdenken verantwortlich" zu machen sei, „sondern der schlechte Geschmack (...) auch derjenigen, die sie geplant und konstruiert haben. Die Bauten, die heute zum Teil als besonders störend empfunden werden, das sind nämlich keine billigen, sondern unglaublich teure Bauten gewesen – bloß die, die sie gebaut haben, haben kein Verhältnis gehabt, kein Maß und kein Gefühl. Die Wirtschaft ebenso wie der Staat, die haben sich ja lange Zeit nicht mehr getraut, in Fragen der Gestaltung mitzureden".[101]
Indem die öffentliche Diskussion über städtische Entwicklungsprobleme auf Fragen der Gestaltung von Einzelbereichen und -gebäuden begrenzt wird, lassen sich unbequeme Fragen nach Volumen und Verteilung der städtischen Finanzmasse, nach langfristigen Planungs- und Entwicklungsperspektiven leicht verdrängen. Zusammenhänge und Hintergründe bleiben verdeckt; gestritten wird nicht mehr über Politik, sondern über Geschmacksfragen. Und dabei kann jeder Bürger mitreden und bekommt sogar über quasi-plebiszitäre Beteiligungsformen, wie Befragungen und Abstimmungen, noch das Gefühl vermittelt, mit sichtbarem Erfolg Entscheidungsprozesse beeinflußt zu haben. Durch Verstrickung von Presse und von Bürgern in Auseinandersetzungen um Details der baulichen Erscheinungsformen städtischen Lebens wird ein (Spiel-)Feld abgesteckt, innerhalb dessen großzügig Mitspracherechte eingeräumt und Identifikationsprozesse stimuliert werden können. Indem besonders die historischen Bauten und zentralen Plätze einer Stadt, die als Festpunkte der Orientierung und Identifikation bedeutsam sind, zum Gegenstand breiter Diskussion gemacht werden, kann das bürgerschaftliche Interesse auf die Wahl zwischen anschaulichen Alternativen gelenkt und die Attraktivität der Stadt weitgehend mit der gelungenen Ausformung einprägsamer Situationen gleichgestellt werden. „Solche Festpunkte geben unserer Stadt gegenüber anderen Städten den unverwechselbaren Charakter. Wenn die Attraktivität gefördert werden soll, sind diese Festpunkte stärker herauszuarbeiten und optisch hervorzuheben. Mit einem solchen Konzept haben Sozialdemokraten schon an vielen Stellen der Stadt begonnen. Die Renovierung der Römer-Fassade, der Neuanstrich des Eschenheimer Turms, der Galluswarte, der Friedberger und der Bockenheimer Warte, das Herrichten der Häuser in der Braubachstraße und in der Altstadt Höchst sind Zeichen für die Verwirklichung dieser Vorstellungen.
Im Zentrum Frankfurts, der City, aber auch in den Nebenzentren der einzelnen Stadtteile müssen zusammen mit der Bevölkerung weitere Konzepte erarbeitet werden, die das Einmalige, Merkbare auf oder an Plätzen und Straßen aufspüren und hervorheben. Deshalb werden in diesen zentralen Bereichen Fußgängerzonen oder zumindest fußgängerfreundliche Straßenräume geschaffen oder, wo bereits vorhanden, weiter ausgebaut. So ist es möglich, Verweilbereiche einzurichten, in denen die Urbanität erlebt werden kann, in

101 Stuttgarts Oberbürgermeister M. Rommel in der Stuttgarter Zeitung vom 20. 1. 1977.

denen Bewohner und Besucher Gestaltungselemente einer Stadt vorfinden, die dem menschlichen Maßstab entsprechen, mit denen man sich also identifizieren kann."[102] Gestützt werden solche Identifikationsprozesse durch ganze Bündel von PR-Strategien. Von der Verteilung von Autoaufklebern, Maskottchen und bedruckten T-Shirts über Malwettbewerbe, Flohmärkte, kulturelle Aktionen, Bürgerforen und Stadtteilfeste bis hin zum altdeutsch nachrichtenkündenden Stadtbüttel wird in den bundesdeutschen Städten versucht, einen entpolitisierten Lokalpatriotismus zu mobilisieren, der sich jedoch auf das Aufgreifen vorgegebener Partizipationsangebote und Identifikationsmuster beschränken soll. Mit der Wiederbelebung lokaler Traditionen, Rituale und Festlichkeiten wird ein *community spirit* beschworen, der die Stadtgeschichte zur Familienchronik und die Bürgermeister zu besorgten Stadtvätern werden läßt, die über Stadtzeitungen, Straßenfeste, Meckerstunden, Bürgertelefone und andere Medien im Alltag der Bürger allgegenwärtig und gerade auch in kleinen Dingen um deren Wohlergehen bemüht erscheinen. Je stärker unter dem Druck der ökonomischen Entwicklung das berufliche und familiäre Alltagsleben weiter Teile der Bevölkerung durch Existenzunsicherheit und Orientierungsverlust geprägt ist, umso wichtiger wird gerade in der Kommunalpolitik die Aufgabe, Enttäuschungen zu dämpfen und auch jene bei Laune zu halten, die sonst nichts zu lachen haben. Je stärker nicht mehr die ‚invisible hand' des Marktgeschehens, sondern ‚die Regierung' auch für individuelle Notsituationen verantwortlich gemacht werden, umso glaubwürdiger muß der ‚Vater Staat' durch Stadtväter vertreten werden, die ‚vor Ort' die Loyalität der Bürger sichern helfen.

---

102 R. Sölch u.a., Ökonomischer Orientierungsrahmen 1985 (Entwurf), Frankfurt/Main 1976. Nicht zuletzt an den hohen Stimmenverlusten der Sozialdemokraten bei der Kommunalwahl wird deutlich,daß sie sich hier in später Kehrtwendung und gefährlichen Rechts-Überholmanövern auf ein politisches Terrain vorgewagt haben, das überzeugender von ihren konservativen Gegnern vertreten werden kann, die im Umgang mit unterschwelligen Ängsten und Sehnsüchten erfahrener sind. So stellt A. Dregger „der containerhaften Stapelung von Wohnungen, in denen sich die Menschen nur zu leicht wie rationell versorgte Nutztiere vorkommen", eine Geborgenheit gegenüber, in der restaurative Politik als anschauliche Alternative zur entseelten Modernität der Fortschrittsgläubigen vorgestellt wird: „Der immer häufigere Wunsch moderner Menschen, in ihrer Wohnung ein altes Möbelstück, eine alte Skulptur, einen alten Kupferstich zu besitzen, ist mehr als die Sucht nach einem Statussymbol. In den meisten Fällen ist es Ausdruck der Sehnsucht nach Erweiterung der Erlebnisspanne über die Periode hinaus, in der wir leben. Was für das Innere unserer Wohnungen gilt, gilt mehr noch für das Ortsbild, das uns umgibt. Die romanische Kirche, das barocke Schloß, aber auch das bäuerliche Fachwerkhaus oder die Jugendstilfassade erschließen Gefühlswerte und Identifikationsmöglichkeiten, die reine Modernität nicht zu bieten vermag." (Rede vor dem Fachkongreß Denkmalpflege am 5. 3. 1977.)

Dies wird umso wichtiger, je weiter sich die faktischen Entscheidungsprozesse von der kommunalen Ebene auf zentralstaatliche Instanzen verlagern und sich dem Erfahrungshorizont der Bevölkerung entziehen.[103] Was ‚oben' angerichtet wird, ist ‚unten' auszulöffeln. Die wachsende Distanz zwischen Bürger und Staat durch politisches Show-Business zu überspielen, wird zu einer Hauptaufgabe der kommunalen Instanzen: eine Aufgabe, die politisches Fingerspitzengefühl erfordert.[104] Die herrschende Politik der Bestandssicherung soll auf lokaler Ebene bis in die Motivationsstruktur der Subjekte hinein wirksam werden und Anpassungshilfe an die vorgegebenen Lebensbedingungen leisten, indem diese als im Detail veränderbar, nicht aber in ihren strukturellen Mängeln thematisiert werden. Dazu wird mit differenzierten Strategien versucht, bei unterschiedlichen Bevölkerungsgruppen vor allem die Bindung an die soziale und räumliche Unmittelbarkeit der alltäglichen Wohnumwelt zu festigen: Von der finanziellen Hilfestellung für den Ankauf von Altbaubestand über die Verbesserung der Qualität von Wohnung und Wohnumgebung bis hin zur vergleichsweise billigen Stadtbildpflege und Inszenierung volkstümlicher Veranstaltungen auf den hergerichteten Bühnen der Stadt reicht das Bündel von Maßnahmen zur Sicherung der Zufriedenheit mit den städtischen Lebensbedingungen.

Innerhalb weniger Jahre hat — zumindest im Hinblick auf die Stabilisierung und Erneuerung citynaher Wohngebiete — die „Quartierzufriedenheit" der Stadtbewohner entscheidend an politischem Gewicht gewonnen. Noch 1966 konnte sie — wie K. Zapf an Neubausiedlungen beschrieb — als eine „eher akademische Größe" betrachtet und vernachlässigt werden: „Sie hat keine so realen Auswirkungen wie etwa die Arbeitsplatzzufriedenheit in Industrie und Verwaltung. In der Industrie wurden Betriebsklima und Arbeitsplatzzufriedenheit darum so intensiv untersucht, weil der Zusammenhang zwischen Leistung und Zufriedenheit nachgewiesen werden konnte: Unzufriedenheit führt zu Verhinderung und Verschlechterung von Produktionsleistung, zu Unfällen und Berufskrankheiten, zu Arbeitsflucht und Streiks, zu Neurosen, Erschöpfungs- und Ermüdungszuständen, zu häufigen Belegschaftswechsel. Die Unzufriedenheit mit dem Wohnquartier hat zwar vergleichbare Folgen, doch schlagen sie sich nicht dort nieder, wo Buchhaltungen geführt und Bilanzen gezogen werden. Bevor sich die Unzufriedenheit manifest äußert: als Abwanderung, als Organisation von Interessen oder als Wählerstimmen gegen die herrschende Rathauspartei, hat sie sich längst in psychischen oder physischen Reaktionen innerhalb der Familien und Nachbarschaften entladen. Das aktive

---

[103] Vgl. dazu die Aufsätze und Diskussionen, in: R. R. Grauhan, Lokale Politikforschung, Band 1 und 2, Frankfurt/New York 1975.
[104] So empfiehlt A. Dregger a.a.O. zum Problem der Gebietsreform, das durch breite Bürgerproteste gegen die Umbenennung ihrer Ortsnamen zu einem Top-Thema des Wahlkampfs geworden war, „daß man wenigstens noch den Namen erhält, mit dem man sich identifizieren kann".

Interesse, die Ursachen der Unzufriedenheit aufzudecken, wie es im Industriebetrieb mit dem Ziel der Leistungssteigerung besteht, fällt damit praktisch aus."[105]

Seit die wachsende Unzufriedenheit mit den städtischen Lebensbedingungen in allen drei der vermuteten Formen, als Abwanderung, als Organisation von Interessen oder als Wählerstimmen gegen die herrschende Rathauspartei sich tatsächlich manifest äußert, ist zwar nicht das aktive Interesse der Politiker an der Aufdeckung der Ursachen gestiegen — die sind weitgehend bekannt und ohne Veränderung der gesellschaftlichen Bedingungen kaum zu beheben. Notwendiger denn je aber wird die Sicherung der Ortsbindung und Loyalität der Bevölkerung — Betriebsklimapflege auch auf lokaler Ebene zur Sicherung der Funktionsfähigkeit des gesellschaftlichen Gesamtbetriebs.

4. Raumgestaltung in Einzelbereichen

In einem kurzen historischen Rückblick wurde bisher zu zeigen versucht, daß die Aktualisierung und Ausdifferenzierung stadtgestalterischer Maßnahmen auf verschiedenen historischen Entwicklungsstufen eng an die ökonomischen Erfordernisse des gesellschaftlichen „Gesamtbetriebes"[106] gebunden ist. Durch Rückbezug auf die Basis der gesellschaftlichen Entwicklung — auf den Wandel der Organisation gesellschaftlicher Arbeit — wurde deutlich, daß auch der Entstehungs- und Wirkungszusammenhang von Stadtgestaltung erst bei Betrachtung der politischen und ökonomischen Bedingungen gesellschaftlicher Entwicklung durchschaubar wird. Dabei wurde die Aufmerksamkeit vor allem auf jene Erscheinungsformen im öffentlichen Raum der Städte gerichtet, die gleichsam als ästhetische Infrastruktur dienen. So wurde die wachsende Bedeutung gestalterischer Innovationen in engem Zusammenhang mit der Ausweitung von Staatsfunktionen gesehen: Wie staatliche Planung insgesamt wurden auch die Maßnahmen zu Stadtgestaltung und Imagepflege in ihren jeweiligen Aufgabenbereichen und Erscheinungsformen als ‚Tochter der Krise', als Reaktion auf Störungen im Wandel räumlicher Funktionsgefüge interpretiert — gleichsam als Öl im Getriebe der beschleunigten Attraktions- und Zirkulationsprozesse. An den historischen Bedingungen ihrer Aktualisierung, Konkretion und Ausweitung wurde gezeigt, daß Stadtgestaltung im Rahmen staatlicher Planungen meist erst dann und dort zur öffentlichen Auf-

---

105 K. Zapf, Einrichtungen zum öffentlichen Gebrauch, in: Stadtbauwelt, Heft 12/1966, S. 948.
106 Bereits 1965 deutete Ludwig Ehrhard die „Formierte Gesellschaft" als einen „Gesamtbetrieb ohne Unternehmer"; vgl. dazu K. Horn, Die Bundesrepublik als politisch und psychologisch rationalisierter Großbetrieb, in: G. Schäfer u. a. (Hg.), Der CDU-Staat, Band 2, Frankfurt/Main 1972, S. 355 f., und O. Negt in demselben Band: Gesellschaftsbild und Geschichtsbewußtsein der wirtschaftlichen und militärischen Führungsschichten, bes. S. 364.

gabe wird, wo entweder die Voraussetzungen der Rentabilität privater Investitionen geschaffen oder deren unerwünschte Folgewirkungen kompensiert werden müssen. Auch wenn durch Ausblendung wichtiger Seitenaspekte — etwa der relativen Autonomie künstlerischer Produktion auch im Städtebau, der Bedeutung lokaler und historischer Besonderheiten — stets noch die Gefahr deterministischer Überzeichnung bestand, wurden bisher in einer kurzen historischen Rückschau einige der gesellschaftlichen Bedingungen aufgezeigt, unter denen staatliche Maßnahmen zur Stadtgestaltung als Komplementärfunktion privatwirtschaftlicher Erfordernisse in Arbeits-, Einkaufs- und Wohnbereichen bedeutsam wurden.

Dieser Betrachtung soll nun ein weiterer Untersuchungsschritt folgen, der die Vermittlung zur Ebene alltäglicher Handlungssituationen in diesen drei Lebensbereichen leistet. Denn wenn Stadtgestaltung nicht — wie behauptet — als „bewußte Verbesserung unserer täglichen Umwelt aus der Sicht der Bewohner"[107], sondern eher als Verlängerung und Ergänzung privatwirtschaftlicher Rationalität im Sinne übergreifender Interessenvertretung durch den Staat einzuschätzen ist, müßten sich die Versuche funktionaler Erlebnis- und Verhaltenssteuerung bis in die Veränderungen der kleinteiligen Raumgestaltung innerhalb von Arbeits-, Einkaufs- und Wohnbereichen nachweisen lassen und nach gleichen Erklärungsmustern deutbar sein wie die übergreifenden Maßnahmen im städtischen Raum. Dazu muß aber nicht nur die gestalterische Garnierung der städtischen Nutzungsstruktur — deren räumliche Ordnung sich über die Grundrente herstellt —, sondern auch die Entwicklung in den Einzelbereichen detaillierter betrachtet werden, die gleichsam als Hauptstationen im Alltagsverlauf der Stadtbewohner deren individuelle Erlebnis- und Verhaltensweisen bestimmen.

Um auch weiterhin den Wandel baulicher Erscheinungsformen als Ausdruck der Veränderung sozialer Organisationsformen betrachten zu können, gibt die Kritik der politischen Ökonomie den — hier nicht zu entfaltenden — theoretischen Bezugsrahmen ab, innerhalb dessen auch aktuelle Entwicklungstendenzen der Raumgestaltung erklärt und auf gesellschaftliche Handlungsmuster und Verhaltensanforderungen bezogen werden können. Denn erst mit Blick auf die Funktionserfordernisse kapitalistischer Ökonomie, welche die Veränderung der räumlichen und sozialen Umwelt gleichermaßen prägen, werden Gleichzeitigkeit und Verschränkung der Zurichtung von innerer und äußerer Natur der Menschen auch in den Einzelbereichen gesellschaftlichen Lebens durchschaubar: Da unter den gegebenen Verhältnissen die funktionalen Verhaltensanforderungen an die Individuen in und zwischen den verschiedenen Lebensbereichen höchst widersprüchlich aufeinander bezogen sind[108], fallen

---

107 M. Trieb, Stadtbild in der Planungspraxis, a.a.O., S. 14.
108 Vgl. K. Ottomeyer, Ökonomische Zwänge und zwischenmenschliche Beziehungen, Reinbek 1977.

auch Intensität und Qualität raumgestalterischer Maßnahmen höchst unterschiedlich aus – und auf. Sowohl die „innerlich gegeneinander"[109] organisierten Eigenschaften der Individuen als auch die gegenständlich-anschaulichen Diskrepanzen im Erscheinungsbild der städtischen Umwelt sind daher als Ausdruck tieferliegender Widersprüche im gesellschaftlichen Lebenszusammenhang zu sehen, die den Individuen bei der Arbeit ganz andere Einstellungs- und Handlungsmuster vorgeben als beim Einkaufs- und Freizeitverhalten, die formale Überfrachtung hier und gestalterische Verarmung dort bewirken, wie im Kontrast zwischen dem Glanz innerstädtischer Einkaufsbereiche, der Tristesse ausgelagerter Schlafstädte, der maschinenhaften Zweckmäßigkeit von Produktionsanlagen und der Pracht von Verwaltungspalästen anschaulich wird. Auch wenn an dieser Stelle die entsprechenden Thesen im einzelnen nicht abgeleitet und begründet werden sollen, ist auch für die weitere Argumentation die Annahme bestimmend, daß erst der Einblick in die alle Lebensbereiche durchdringenden ökonomischen Gesetzmäßigkeiten der gesellschaftlichen Reproduktion ein erweitertes Verständnis auch des sozialen Verhaltens der Individuen erlaubt und daß erst dann auch ein Einblick in den komplexen Zusammenhang zwischen Sozialverhalten und baulich-räumlicher Umwelt in den verschiedenen Lebensbereichen möglich ist. Daher wird im folgenden weiter ausgegangen von der – in der Kritik der politischen Ökonomie angelegten – Unterscheidung der Sphären der Produktion, Zirkulation und Konsumtion, die sich als analytische Differenzierung auch für die konkreten Untersuchungen differenzierter Raumgestaltungen als nützlich erweist. Denn erst bei analytischer Trennung und Zusammenschau in der Darstellung lassen sich an den Prozessen der Produktion, Zirkulation und Konsumtion von Waren jene ökonomischen Strukturen nachzeichnen, durch welche auch subjektive Erlebnisweisen objektiv vorgezeichnet und individuelle Rollensysteme und Handlungsmuster in ihrer zeitlich-räumlichen Segmentierung und Ausformung bestimmt sind: „Nicht nur das Kapital reproduziert sich immer wieder von neuem durch die Produktionssphäre, die Zirkulationssphäre und die Konsumtionssphäre, sondern auch der reale Lebensprozeß der Individuen vollzieht sich für sie als ständig wiederholter Durchgang durch diese drei ökonomischen Sphären. Die einzelnen Verhaltenselemente im Alltagsleben der Individuen lassen sich mit größter Eindeutigkeit einer dieser drei Sphären zuordnen."[110] Vor allzu platten Übertragungen auf die Erscheinungen des Alltagslebens und schnellen räumlichen Zuordnungen freilich sei gewarnt, da Begriffe wie Produktion, Zirkulation und Konsumtion nicht an bestimmte Orte gewissermaßen topographisch gebunden sind, sondern als analytische Kategorien Prozesse fassen, die – allerdings! – in spezifisch historischer und räumlich-konkreter

109 O. Negt, A. Kluge, a.a.O., S. 284.
110 K. Ottomeyer, Soziales Verhalten und Ökonomie im Kapitalismus, Gaiganz 1974, S. 81.

Formbestimmtheit ineinandergreifen. Wenn es schon auf konkrete Erscheinungsformen bezogen wird, darf das Verhältnis der drei Sphären der Produktion, Zirkulation und Konsumtion daher nicht nur als ein zeitliches Nacheinander und räumliches Nebeneinander, sondern muß auch in der Überlagerung im konkreten Lebensprozeß der Individuen verstanden werden. Und dies macht Untersuchungen räumlichen Strukturwandels – zu denen hier nur Anregungen gegeben werden können – besonders schwierig: Trotz aller räumlichen und zeitlichen Trennung von Arbeit und Freizeit können etwa auch während der Verausgabung von Nerv, Hirn und Muskel im Produktionsprozeß Erholungsmöglichkeiten gegeben sein, die der Regeneration der Arbeitskraft schon im Produktionsbereich Rechnung tragen. Solche Erfordernisse zur Sicherung der kontinuierlichen Arbeitsfähigkeit und -willigkeit erfüllen neben Frühstückspausen und Klimaanlagen z. B. auch „grüngestrichene Wände, die Herstellung eines wohltemperierten Betriebsklimas durch human-relations-Fachleute und ‚functional music', die genau komplementär zur Ermüdungskurve der Arbeiter eingesetzt wird".[111] Entsprechend ist mitunter der ‚Einkaufsbummel' mehr als nur Teilhabe an der Zirkulation, wenn er Bestandteil der Feierabend- und Wochenend-Erholung, beliebte Freizeitbeschäftigung auch ohne tatsächlichen Kaufakt wird: Gerade auf die funktionale Verschränkung dieser Momente, die durch entsprechende Raumgestaltung weiter vorangetrieben wird, ist im folgenden hinzuweisen.

Um in einer differenzierteren Einschätzung der Funktionen architektonischer und städtebaulicher Gestaltung nun den Zusammenhang von sozialer und räumlicher Formbestimmtheit gesellschaftlicher Lebensbereiche genauer betrachten zu können, werden die zuvor im historischen Rückblick längsschnittartig dargestellten Problemzusammenhänge als Fragestellungen wieder aufgegriffen und gleichsam im Querschnitt durch verschiedene Lebensbereiche bei Unterscheidung der oben genannten Sphären untersucht.

Da die Beziehung der Menschen zu ihrer Arbeit auch ihre Beziehung zueinander bestimmt, wird zunächst untersucht, welche Entwicklungen unter dem Schlagwort von der ‚Humanisierung der Arbeitswelt' gefaßt werden und welche Bedeutung dabei dem Einsatz räumlicher Gestaltungsmittel zukommt. Gerade an Beispielen aus der Arbeitswelt wird jedoch angesichts der gegenwärtigen Zuspitzung ökonomischer Krisen offensichtlich, daß dabei keine progressive Kupplungs-Automatik zwischen Produktivkraftentwicklung, Bedürfnisentfaltung und -befriedigung unterstellt werden kann, da sich mit den Kapitalverwertungsbedingungen quer durch die ‚Sphären' auch die Bedingungen der Verausgabung und Reproduktion der Arbeitskraft ändern. Von ihrer jeweiligen Wertbestimmung vor allem hängt ab[112], wie (un-)heimlich sich das

---

111 Ebda.
112 Nach Jahrzehnten gelungener Pazifierung der Arbeiterklasse scheint das „historische und moralische Element" der Wertbestimmung besonders dehnbar. Vgl. K. Marx, Das Kapital, Bd. 1, a.a.O., S. 185.

Gehäuse ökonomischer Abhängigkeiten darstellt: ob etwa, bei knappem Angebot auf dem Arbeitsmarkt, durch Arbeitsplatzgestaltung und Betriebsklimapflege Mitarbeiter gelockt und gebunden werden müssen oder, unter dem Druck wachsender Arbeitslosigkeit, durch den Zwang ökonomischer Verhältnisse wieder in Arbeitsbedingungen gepreßt werden können, die vor wenigen Jahren noch unerträglich erschienen wären.

Ohne in den verschiedenen Bereichen das Auf und Ab konjunktureller Schwankungen in seinen Auswirkungen auf Veränderungen der Raumgestaltung im Einzelnen verfolgen zu wollen, soll an Beispielen aus Arbeits-, Einkaufs- und Wohnbereichen nun zumindest angedeutet werden, wieweit sich der anfangs angedeutete Form- und Funktionswandel der Architektur von der gleichsam physikalischen Zwangs-Verhaltenskanalisierung zur therapeutischen Erlebniszwecks Handlungssteuerung nicht nur am Formwandel öffentlicher Räume beobachten läßt. Um dabei Parallelen zur Aktualisierung der Stadtgestaltung aufzeigen zu können, ist auch hier jeweils danach zu fragen, wann, für wen und zu welchem Zweck es zu ästhetischen Innovationen kam.

So war etwa in bestimmten Gebieten der Arbeitswelt die Bedeutung des ‚Emotional Engineering' und der Beeinflussung ‚subjektiver Raumbildung' längst bekannt, bevor zur Attraktion und Ortsbindung von Bewohnern auch in außerbetrieblichen Lebensbereichen ähnliche Gestaltungsmaßnahmen aktuell wurden. Dabei tritt jedoch hier wie dort deren Ambivalenz zutage: Sie können sowohl zur konkreten Verbesserung der Arbeitsbedingungen, zu engerer Kooperation, zu Aufhebung hierarchischer Strukturen als auch zur besseren Durchschaubarkeit des betrieblichen Zusammenhangs beitragen und so Voraussetzungen möglicher Selbstorganisation schaffen; andererseits wird kosmetische Arbeitsplatzgestaltung zur Steigerung der Leistungsmotivation und zur Senkung der Fluktuationsrate betrieben, zumeist jedoch zur Verschleierung verschärfter sozialer Kontrollen. Ähnlich läßt sich eine Ambivalenz der Funktionen räumlicher Gestaltung in Bereichen der Zirkulationssphäre, besonders in den von Kaufhäusern, Banken und Verwaltungszentren baulich geprägten Innenstädten aufzeigen: Die aufgrund von Untersuchungen des Lauf- und Kaufverhaltens der Bevölkerung angelegten Fußgängerbereiche bieten der Inszenierung der Warenwelt, der Darstellung des gesellschaftlich produzierten Reichtums eine Reiz-volle Bühne, auf der zugleich durch beschleunigte ästhetische Innovation raffiniert Kaufneigungen stimuliert und Absatzchancen gesteigert werden. Mit wachsender Enttäuschung über die enge Zweckbindung der meisten Fußgängerzonen werden jedoch zunehmend die Versprechen eingeklagt, mit denen seinerzeit deren Einrichtung legitimiert worden war: Inzwischen werden in vielen Städten Forderungen nach Kommunikations- und Erlebnisräumen laut, die tatsächlich der ‚sozialen Begegnung' dienen und konsequent zu Initiativen zur Einrichtung verkehrsberuhigter Zonen, Spielstraßen und Grünanlagen auch in vernachlässigten Wohnquartieren führen.

Ebenso widersprüchlich verläuft die Entwicklung in Bereichen der individuellen Konsumtion: Einerseits wird die gestalterische Demonstration von ‚Lebensqualität' in Wohnbereichen Teil privatwirtschaftlicher Absatz- bzw. ‚sozialstaatlicher' Steuerungsstrategien; zur Steigerung der Wohn-, Freizeit- und Prestigewerte muß in Richtung auf spürbare Verbesserung des gesamtgesellschaftlichen ‚Betriebsklimas' auch außerbetriebliche ‚Humanisierung' wenigstens durch Farben und Formen sinnfällig werden. Andererseits kann solche ‚Humanisierung' nicht auf Dauer nur auf gestalterische Gebrauchswertversprechen beschränkt bleiben; an zahlreichen Mieterinitiativen läßt sich zeigen, wie gerade in Altbaugebieten mit dem wachsenden Interesse an der Gebrauchsfähigkeit der Wohnumgebung auch die Konfliktbereitschaft zur Durchsetzung konkreter Verbesserungen steigt.

Im Hinblick auf verschiedene Entwicklungsstufen wird nun in den folgenden Abschnitten versucht, skizzenhaft für den jeweiligen Bereich

1. grundlegende ökonomische Strukturen zu umreißen,
2. typische Formen des Sozialverhaltens der Individuen vorzustellen, durch die jene Strukturen sich alltäglich reproduzieren,
3. entsprechende räumliche Organisationsformen zu untersuchen,

um später dann unter stadtgestalterischen Aspekten eine kritische Einschätzung aktueller Tendenzen der Stadtentwicklung unternehmen zu können. An einigen Beispielen illustriert, wird so ein Argumentationsmodell entwickelt, das hier zunächst nur einen groben Rahmen für Untersuchungen abgibt, die am konkreten Material weiter voranzutreiben wären.

3. Parallelen: Entwicklungstendenzen der Raumgestaltung

1. Arbeitsbereiche

Vom Taylorismus zur Aktionswissenschaft

Historische Voraussetzung der die kapitalistischen Industriegesellschaften charakterisierenden Produktionsverhältnisse ist das Vorhandensein *freier Lohnarbeit* einerseits und die *Monopolisierung von Produktionsmitteln* in den Händen autonomer Privateigentümer andererseits.[1] Besteht für die einen der ökonomische Zwang, ihre Arbeitskraft täglich zu verkaufen, so ist den anderen die Möglichkeit gegeben, diese Arbeitskraft auf dem Markt zu kaufen und zur Vermehrung ihres Eigentums nutzbar zu machen. Da sie durch den rechtmäßigen Ankauf der Ware Arbeitskraft berechtigt sind, diese im Prinzip zeitlich unbeschränkt zu ihren Zwecken einzusetzen, liegt der Gebrauchswert dieser besonderen Ware für den Besitzer sachlicher Produktionsmittel darin, daß sie während eines Produktionsprozesses von gegebener zeitlicher Ausdehnung mehr Wert schafft, als ihr Ankauf ebendenselben Produktionsmittelbesitzer gekostet hat − sonst wäre kein Geschäft damit zu machen.[2]
Sind, durch den Mangel an Arbeitskräften, durch Arbeitszeitregelung und -verkürzung, den Möglichkeiten einer quantitativen Ausweitung unbezahlter Mehrarbeit − und dem damit entstehenden *absoluten Mehrwert* − Grenzen gesetzt[3], so richtet sich das Interesse der Unternehmer auf Strategien zur Intensivierung der Arbeit innerhalb jener Zeit, für die das Nutzungsrecht durch Lohnzahlung käuflich erworben wurde: Maßnahmen zur Rationalisierung und technologischen Innovation sind auf die Produktion *relativen Mehrwerts* gerichtet.[4] Entsprechend folgt historisch der Phase der Ausbeutung der Arbeiter

---

1 Vgl. K. Marx, Das Kapital, Bd. 1, a.a.O., bes. S. 741 f.
2 Obgleich dabei gesellschaftlich nützliche Gebrauchsgüter geschaffen werden müssen, da sonst die Waren auf dem Markt nicht absetzbar wären, ist die Verwertung des jeweiligen Einzelkapitals − die Profitmaximierung durch Vergrößerung des Anteils unbezahlter Mehrarbeit − Grundprinzip der Produktion unter kapitalistischen Bedingungen. Der Prozeß der gesellschaftlichen Produktion ist also Arbeits- und Verwertungsprozeß zugleich, doch wird der Arbeitsprozeß zum Vehikel des Verwertungsprozesses, die produzierten Gebrauchswerte sind bloß Träger von Tauschwert. Vgl. dazu auch A. Sohn-Rethel, Geistige und körperliche Arbeit, Frankfurt/Main 1971, bes. S. 134 f.
3 Vgl. K. Marx, a.a.O., S. 192 f.
4 Vgl. K. Marx, a.a.O., S. 331 f.

durch Verlängerung der Arbeitszeit bis an die Grenzen physischer Erschöpfung eine Phase der Optimierung von Betriebsabläufen, die in den Zeit- und Bewegungsanalysen (time and motion studies) F. W. Taylors Ende des 19. Jahrhunderts ihren wissenschaftlichen Ausdruck fanden. Die maximale Ausnutzung der Arbeitszeit und des Kraftaufwandes jedes Arbeiters wurde zum Prinzip der industriellen Produktion.

Welche raumgestalterischen Konsequenzen diese Entwicklung zu Beginn dieses Jahrhunderts nach sich zog, geht aus Äußerungen von Henry Ford hervor, die bezeichnenderweise von einem der führenden Theoretiker des Funktionalismus der Architektur − von A. Behne im 1923 erschienenen Buch „Der moderne Zweckbau" − als für die neue Bauauffassung typisch gekennzeichnet werden: „Die absolute Voraussetzung für höchste Leistungsfähigkeit und ein humanes Produktionsverfahren sind saubere, helle und gut gelüftete Fabrikräume. Unsere Maschinen stehen sehr dicht beieinander − jeder Quadratmeter Raum bedeutet natürlich eine gewisse Erhöhung der Produktionskosten, die in Verbindung mit den Extratransportkosten, welche selbst dann entstehen, wenn Maschinen 6 Zoll weiter als nötig voneinander stehen, dem Konsumenten aufgebürdet werden. So kommt es, daß unsere Maschinen enger aufgestellt sind als in irgendeiner anderen Fabrik der Welt. Für den Laien mag es den Anschein haben, als seien sie direkt übereinander aufgebaut, sie sind jedoch nach wissenschaftlichen Methoden aufgestellt, nicht nur in der Reihenfolge der verschiedenen Verrichtungen, sondern nach einem System, das jedem Arbeiter jeden erforderlichen Quadratzoll Raum gewährt, aber wenn möglich keinen Quadratzoll und ganz gewiß keinen Quadratfuß mehr."[5] An wissen-

---

5   H. Ford, Mein Leben und Werk, zitiert in: A. Behne, Der moderne Zweckbau, Neudruck, Berlin 1964, S. 26.

schaftlichen Methoden orientiert, sollte auch die Baukunst Moment rationaler Betriebsorganisation werden: „Wir brauchen Künstler, die die Kunst industrieller Beziehungen beherrschen. Wir brauchen Meister der industriellen Methode."[6] Und ganz im Sinne Fords — freilich nicht ganz so ungeschminkt — schrieb W. Gropius bereits 1913 nach einer Amerikareise, die ihm tiefe Eindrücke hinterließ: „Eine klare innere Disposition, die sich auch nach außen hin übersichtlich veranschaulicht, kann den Fabrikationsgang sehr vereinfachen. Aber auch vom sozialen Standpunkt aus ist es nicht gleichgültig, ob der moderne Fabrikarbeiter in öden, häßlichen Industriekasernen oder in wohlproportionierten Räumen seine Arbeit verrichtet. Er wird dort freudiger am Mitschaffen großer gemeinsamer Werte arbeiten, wo seine vom Künstler durchgebildete Arbeitsstätte dem einem jedem eingeborenen Schönheitsgefühl entgegenkommt und auf die Eintönigkeit der mechanischen Arbeit belebend einwirkt. So wird mit der zunehmenden Zufriedenheit Arbeitsgeist und Leistungsfähigkeit des Betriebes wachsen."[7]
Bei Gropius tritt damit neben den Aspekt der Rationalisierung der Produktion bereits eine Ahnung von der Bedeutung psychologischer Konditionierung der Produzenten — eine Entdeckung, die auf wissenschaftlicher Ebene über die Kritik am Taylorschen Ansatz zur Entwicklung der neueren Betriebssoziologie führte. „An der Widerlegung der falschen Voraussetzungen Taylors hat diese Disziplin sich entwickelt."[8] Wurde von Taylor der Mensch im Arbeitsprozeß als ‚homo oeconomicus' vorgestellt, der individualistisch und kühl kalkulierend einzig durch höhere Bezahlung zu erhöhter Anstrengung zu reizen sei, so wurden bereits in den ersten Jahrzehnten dieses Jahrhunderts die sozialen Dimensionen der Arbeitsorganisation erschlossen. Insbesondere durch langjährige Untersuchungen in den Hawthorne-Werken der Western Electric Company in Chicago[9] wurde deutlich, wie stark die Steigerung der Arbeitsproduktivität mit der Sicherung der Loyalität der Arbeitenden, mit ihrer ‚freiwilligen' Verpflichtung auf die Betriebsziele verknüpft ist. Hatte Taylor noch angenommen, daß mit der (lohngesteuerten) Steigerung der Effizienz eines Betriebes auch die Sicherung innerbetrieblicher Harmonie einhergehe, so wurden nun die ‚sozialen Faktoren' entdeckt, die auch unabhängig von Lohnanreizen höheren Arbeitseinsatz stimulieren. Entsprechend begann sich das Interesse von Unternehmern, Managern und Wissenschaftlern zunehmend auf das Wirken innerbetrieblicher ‚informeller Gruppen' zu rich-

---

6 H. Ford, a.a.O., S. 27.
7 W. Gropius, Die Entwicklung moderner Industriebaukunst, in: Die Kunst in Industrie und Handel, Jahrbuch des Deutschen Werkbundes, Jena 1913, S. 20.
8 R. Dahrendorf, Industrie- und Betriebssoziologie, Berlin 1965, S. 28.
9 F. J. Roethlisberger und W. J. Dickson gaben den ausführlichsten Bericht über die von E. Mayo und Mitarbeitern durchgeführten Forschungen, in: Management and the Worker, Cambridge 1939.

ten[10]; die Arbeitssituation wird als immer auch soziale Situation begriffen.[11]
„Rohstoffe, Waren, Arbeitsleistung, Löhne, Arbeitszeit usw. dürfen nicht als Dinge an sich behandelt werden, sondern müssen als Träger sozialer Wertungen in den großen Zusammenhang gestellt werden"[12], damit auch das Bedürfnis der arbeitenden Menschen nach Kontakt und Kommunikation noch wissenschaftlich erfaßt und zu neuen Antriebsenergien umgeformt werden kann. Wenn es den Managern nun bei ökonomisch gebotenen Eingriffen in die Arbeitssituation darauf ankommt, auch „deren emotionale Bedeutung herauszufinden, um ein Mittel in der Hand zu haben, das ‚personal equilibrium' der Arbeitenden dann wieder herzustellen"[13], stellt sich ihnen die Frage, welchen Beitrag gezielte Raumgestaltung dabei leisten kann. Ein neuer Funktionalismus, der auf die Steuerung der subjektiven Situations-Definitionen und nicht nur auf die Rationalisierung und Hygienisierung der Arbeitsbedingungen abzielt, zeichnete sich ab: *Raumgestaltung zur Verbesserung des Betriebsklimas*.[14]

Schwieriger aber, als durch Maßnahmen zu besserer Belichtung, Belüftung und Bewegung die physiologischen Bedingungen zu verändern sind, läßt sich durch psycho-hygienisch gerichtete Maßnahmen der Raumgestaltung Einfluß nehmen auf die Erlebnis- und Verhaltensweisen der Individuen, die unter dem ‚stummen Zwang der ökonomischen Verhältnisse' schon in den Subjekten selbst gegeneinander organisiert sind. Da der Produktionsprozeß unter den gegebenen gesellschaftlichen Bedingungen allererst Verwertungsprozeß ist, kommt der kooperative Charakter des Arbeitsprozesses nur in verzerrter Form zur Geltung[15]: Einerseits wird den Individuen Gleichgültigkeit gegenüber den Arbeitsbedingungen, -produkten und -kollegen abverlangt, da die Ersetzbarkeit der eigenen Person und der ökonomische Zwang zur Selbstinstrumentalisierung sich im subjektiven Empfinden der Arbeiter in der verbreiteten ‚Jobberhaltung' niederschlägt und eine Identifikation mit der Arbeit und deren Bedingungen erschwert — so groß das Bedürfnis danach auch sein mag. Andererseits bilden sich von der stofflichen Seite des Arbeitsprozesses her immer dichtere Netze der Kooperation und Kommunikation, die wechselseitige Zuverlässigkeit und rasches Verstehen der von anderen gegebenen Zeichen erfordern und so mit dem Anwachsen funktionaler Abhängigkeit eine Zunahme von Solidarität und

10 Zur kritischen Einschätzung dieser Entwicklung vgl. L. v. Friedeburg, Soziologie des Betriebsklimas, Frankfurt/Main 1966, S. 8 f.
11 Einen Überblick über entsprechende Theorieansätze versucht K. Thomas, Analyse der Arbeit, Stuttgart 1969, zu geben.
12 F. J. Roethlisberger, Die Hawthorne-Experimente, in: F. Fürstenberg, Industriesoziologie I, Neuwied und Berlin 1959, S. 103.
13 W. Littek, Industriearbeit und Gesellschaftsstruktur, Frankfurt/Main 1973, S. 20 f.
14 Vgl. K.-H. Bräutigam, Arbeitspsychologie und Arbeitssoziologie, Hamburg 1974; ferner: G. Rühl, Untersuchungen zur Arbeitsstrukturierung, in: Industrial Engineering, Heft 3/1973, S. 147 f., bes. S. 181 f.
15 Vgl. SOFI, Materialien, a.a.O., S. 54 f.

partieller Identifikation mit der Arbeit erfordern, die zur „objektiv gesetzten Gleichgültigkeit"[16] der Arbeiter in Widerspruch gerät. Diesen also auch ökonomisch gebotenen Verständigungsprozessen zwischen den Arbeitern als Voraussetzung eines leistungsfördernden guten Betriebsklimas mußte Rechnung getragen werden — etwa durch wohlwollende Duldung der Bildung informeller Gruppen und Bereiche im Betrieb, durch welche die der Produktion funktionalen Verständigungsprozesse aber immer noch den Charakter einer vom Arbeitsprozeß selbst scheinbar losgelösten Privatsache und Bereicherung erhalten. Ähnlich scheint sich die notwendige Identifikation mit den räumlich-gegenständlichen Arbeitsbedingungen fördern zu lassen. Da das Nicht-Eigentum an Produktionsmitteln unter den gegebenen Verhältnissen unabdingbare Voraussetzung der Warenproduktion ist, müssen Rationalisierungsmaßnahmen, die einerseits Stärkung des kooperativen Charakters der Arbeit, andererseits potentielle Verschlechterung der Arbeitsbedingungen bedeuten, kompensiert werden — etwa durch Duldung des Imports häuslicher Einrichtungen in die Arbeitswelt zwecks Suggestion eines Stückes Freizeit, Privatheit und Selbständigkeit.[17]

Die Ambivalenz dieser Entwicklung, die einerseits zwar von den Gesetzmäßigkeiten des Verwertungsprozesses bestimmt ist, andererseits von der stofflichen Seite des Arbeitsprozesses her zur Beschleunigung der Vergesellschaftung der Produktion, zur Verdichtung gesellschaftlicher Kommunikation und Kooperation führt und damit den Werktätigen neue Solidarisierungs- und Aktionsmöglichkeiten eröffnet, soll nun an konkreten Beispielen aus der Arbeitswelt illustriert und anschließend weiter ausgeführt werden. Vor schneller Begeisterung über aktuelle Entwicklungstendenzen in Richtung auf eine sichtbare ‚Humanisierung der Arbeitswelt' aber sei in einem ähnlichen Sinne gewarnt, wie zuvor an städtischen Entwicklungen gezeigt — und wie entsprechend von einem theoretischen Standpunkt her Ritsert u. a. im Hinblick auf die Human-Relations-Bewegung feststellen: „Wenn man den Titel der ‚Menschlichkeit' in Anspruch nimmt, um die klassischen Theorien zu kritisieren, kann er ein Ausdruck für gewandelte Zielvorstellungen (‚Humanität') sein wie auch einfach bedeuten, daß man gelernt hat, das organisationstechnisch relevante Material oder Substrat über die von Taylor überbetonten physiologischen Daten hinaus auf psychische Eigenschaften des ‚menschlichen' Organisationselementes auszudehnen; jedenfalls könnte ein Lernprozeß der zweiten Art nicht schon für sich erhöhte Humanität reklamieren."[18]

16 L. Hack u. a., Klassenlage und Interessenorientierung, in: Zeitschrift für Soziologie, Heft 1/1972, S. 21 f.
17 So empfiehlt etwa G. Rühl, a.a.O., S. 182, daß Arbeitern als ‚Hygienefaktor' „eine individuelle Variationsmöglichkeit zur Arbeit gegeben werden soll".
18 R. Prewo, J. Ritsert, E. Stracke, Systemtheoretische Ansätze in der Soziologie, Reinbek 1973, S. 200; vgl. auch: P. Großkurth, W. Volpert, Lohnarbeitspsychologie, Frankfurt/Main 1975.

Wie eng jeder Ansatz zur ‚Humanisierung' zudem an konjunkturelle Schwankungen und die entsprechende Arbeitsmarktlage gekoppelt ist, wird gerade in jüngster Zeit wieder deutlich, da unter dem Druck wachsender Arbeitslosigkeit das Anspruchsniveau der Werktätigen gegenüber ihren Arbeitsbedingungen erheblich gesenkt werden kann und die zu Zeiten konjunkturellen Aufschwungs notwendigen Maßnahmen zur betrieblichen Bindung der Arbeitskräfte weit zurückgenommen werden. So stellt das Handelsblatt, in dem Anfang der 70er Jahre fast schwärmerisch über die ‚Humanisierung' berichtet wurde, nach längerer Sendepause 1975 fest: „Der Ruf nach ‚Humanisierung' war in der Bundesrepublik vor zwei Jahren lauter als heute. In wirtschaftlichen Krisenzeiten haben solche Forderungen — besonders wenn sie überspitzt sind — wenig Chancen."[19]

Betriebsklima und Raumgestaltung

Seit etwa 10 Jahren mehren sich die Versuche, in Produktions- und Verwaltungsbereichen durch neuartige Maßnahmen zur Arbeitsstrukturierung Verbesserungen auch der sozialen und psychologischen Bedingungen am Arbeitsplatz einzuleiten. Motivations- und kooperationshemmende Monotonie und Vereinzelung sollen durch Steigerung der Eigenverantwortlichkeit und Tätigkeitsbereicherung[20] im Arbeitsablauf reduziert werden; die Bildung von „Kleingruppen in Form kleiner Leistungseinheiten"[21] wird forciert: Betriebsorganisation als „Aktionswissenschaft".[22]
Als ‚Humanisierung der Arbeitswelt' und ‚Aufhebung von Entfremdung' wurde ausgegeben[23], was durch alarmierende Entwicklungen erzwungen zu werden schien. So weist der renommierte Arbeitswissenschaftler G. Rühl nüchtern darauf hin, daß bisher stets betriebswirtschaftliche „Sachzwänge die Auslöser für die neuen Formen der Arbeit" waren, „und Ingenieure haben diese durchgesetzt und eingerichtet. Die Theorien wurden dann später von den Experten der Sozialwissenschaften nachgeliefert. Dies ist keine alarmierende und sicherlich auch keine die Wissenschaft umstürzende Information, sondern

19 Handelsblatt vom 21. 4. 1975, S. 15.
20 Um dem „Verlangen der Gewerkschaften nach ‚interessanter Arbeit' zuvorzukommen", empfahl auch das Handelsblatt (29. 1. 1974, S. 6) noch Arbeitsumstrukturierungen durch Aufgabenwechsel (Job Rotation), Arbeitserweiterung (Job Enlargement), Arbeitsbereicherung (Job Enrichment), Demokratie in der Industrie. Vgl. dazu: G. Rühl, a.a.O.
21 G. Rühl, a.a.O.
22 Vgl. W. Volpert, Die ‚Humanisierung der Arbeit' und die Arbeitswissenschaft, Köln 1974.
23 Vgl. Humanisierung des Arbeitslebens, Symposium des RKW zu Möglichkeiten neuer Formen der Arbeitsorganisation, mit Beiträgen von W. Arendt u. a., Frankfurt/Main 1973; zur kritischen Einschätzung vgl. W. Volpert, a.a.O., und P. Großkurth, W. Volpert, a.a.O., bes. S. 57 f.

eher ein Gag, der einem so am Nachmittag des zweiten Besuchstags nach langen Expertengesprächen mit Augurenlächeln eingestanden wird".[24]
Die spektakulärsten Experimente auf dem Weg zu ‚neuen Formen der Arbeit' betreffen die einst revolutionäre Erfindung H. Fords, die Fließbandarbeit, die in den letzten Jahren geradezu zum Symbol entfremdeter Arbeit wurde.[25] Der betriebswirtschaftliche Hintergrund der in einer Vielzahl von Presseberichten[26] breit dargelegten Experimente allerdings spricht für sich: In Schweden (bei Volvo) kündigt jährlich ein Drittel der Arbeiter, obwohl dort die höchsten Löhne innerhalb der europäischen Autobranche gezahlt werden[27]; in Italien (bei Fiat) wirkt sich die wachsende Unlust an Fließband- und Schichtarbeit im ‚Krankfeiern' von täglich etwa 15 % der Arbeiter aus[28]; ähnlich wie diese Form des ‚Assenteismo' werden der ‚Dienst nach Vorschrift' und gezieltes ‚Bremsen' des Produktionsablaufs zu einer immer weiter verbreiteten Form des individuellen Streiks in fast allen westlichen Industrieländern; in den USA wird der „Aufstand gegen das Fließband"[29] gar im rapiden Ansteigen von Sabotageakten und Ausschußproduktion durch „Pfusch"[30] manifest. Da, unter den gegebenen Eigentumsverhältnissen, die Entfremdung des Arbeiters vom Produkt seiner Arbeit – das er, als Ware, erst auf dem Markt erwerben kann – notwendiges Resultat des so organisierten Produktionsprozesses ist[31], sollen wenigstens subjektive Verdrängungsleistungen erleichtert werden. Denn sinkende Arbeitsmotivation und mangelnde Identifikation mit den Betriebszielen ziehen weitreichende und kostspielige Konsequenzen

24 G. Rühl, a.a.O., S. 187.
25 Daß das Fließband „tot" sei, bezeichnet G. Rühl als „modische Falschbehauptung": „Trotz jahrzehntelanger, berechtigter und unberechtigter Kritik am Fließband wird es weiterbestehen, wenn auch in modifizierter Form," a.a.O., S. 148. Nachdem die Welle der Abschaffungseuphorie verebbt ist, kommentiert die VDI-Nachrichten, Nr. 35/1976, S. 28: „Arbeit ohne Fließband bleibt ein Wunsch."
26 Vgl. die Vielzahl ganz- und mehrseitiger Berichte in überregional verbreiteten Zeitungen und Zeitschriften wie: Der Stern: „Flucht vom Fließband", 6. 6. 1974, S. 52 f.; Der Spiegel: „Spaß zurückgeben", 10. 7. 1972, S. 74 f.; FAZ: „Die modernen Maschinenstürmer", 3. 4. 1974, S. 13; VDI-Nachrichten: „Fließband abgeschafft", 14. 11. 1973, S. 30; ADAC-Motorwelt: „Abschied von der Monotonie", 2. 3. 1974, S. 119 f. u. v. a. m.
27 Vgl. Der Spiegel vom 10. 7. 1972, S. 74.
28 Vgl. Der Spiegel vom 25. 12. 1972, S. 70.
29 Schlagzeile in der Frankfurter Rundschau vom 21. 2. 1972.
30 „Gegen Pfusch": Titel eines Spiegel-Berichtes zur Fließband-Modifikation. 4. 10. 1971, S. 134 f.
31 Das Handelsblatt bemerkt ernüchternd: „Zudem läßt sich das Problem ‚Humanisierung' grundsätzlich nur teilweise lösen, wahrscheinlich nur in der Bewältigung des Technischen. Was eigentlich als ‚unmenschlich' empfunden wird, der Zwang zum Arbeitenmüssen in einem bestimmten (oft nicht als sinnvoll empfundenen) Arbeitsrhythmus und in Einordnung in nicht akzeptierte hierarchische Stufen, ist ungleich schwerer zu verbessern." 21. 4. 1975, S. 15.

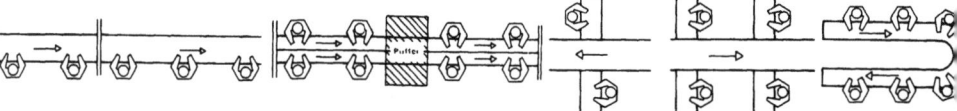

gerade in jenen konjunkturellen Phasen und in jenen Regionen westlicher Industrieländer nach sich, in denen durch Verknappung der Ware Arbeitskraft und gute gewerkschaftliche Organisation Disziplinierung durch Entlassung auf wachsenden Widerstand stößt. Ein Hauptproblem modernen Managements wurde daher die Frage, „wie wir den Leuten den Spaß an der Arbeit wieder zurückgeben"[32], um die aus der Sicht der Unternehmensleitungen destruktive Phantasie der Werktätigen präventiv in konstruktive Arbeitsmotivation umzuformen. Die instrumentelle Beziehung der Produzenten zur Produktion sollte nicht länger in der monotonen Wiederholung routinierter Handgriffe verfestigt werden, sondern durch Bereicherung der Tätigkeit am Objekt und Vergrößerung des Dispositionsspielraums als Selbsttätigkeit der Werktätigen neue Qualität gewinnen.[33] Damit aber trotzdem wirksame Kontrolle über den Arbeitsablauf gesichert bleibt, müssen die regulierenden Kontrollfunktionen zunehmend auf die Werktätigen selbst verlagert werden. Probates Mittel dazu sind Gruppenbildungen, durch die die wechselseitige Selbstkontrolle der Mitglieder an die Stelle hierarchischer Reglementierung tritt.[34] Entsprechend wird die sterile Strenge des Fließbandes abgelöst von Versuchen, eine gruppenbezogene „Werkstatt-Atmosphäre auch in einer großen Fabrik"[35] zu schaffen. Die Skala an Experimenten reicht hier von der Ermöglichung von Blickkontakten durch Gegenübersetzung von Arbeitern über Systeme von Montageinseln bis zum entwickelten Werkstättenprinzip, gleichsam als Wiederaufnahme des Manufakturbetriebs.

32 P. Gyllenhammar, VOLVO-Präsident, zitiert in: Der Spiegel vom 10. 7. 1972, S. 74.
33 Vgl. die einflußreiche Theorie zur Arbeitsmotivation von F. Herzberg, entwickelt in: The Motivation to Work, New York 1959, und: Work and the Nature of Man, Cleveland 1966.
34 Unter Hinweis auf F. Herzberg empfiehlt G. Rühl a.a.O., S. 182: „1. Klare Abgrenzung der zusammengehörigen, zusammenarbeitenden Gruppe gegenüber anderen Gruppen (Hygienefaktor) 2. Planung und Einteilung der Arbeit, so, daß sie möglichst in Kleingruppen bewältigt werden kann (...) (Hygienefaktor) 3. An einer solchen Gruppenstation soll mindestens ein geschlossenes Teilprodukt (Baugruppe) bis zum Ende gefertigt und kontrolliert werden, damit die Gruppe unmittelbar eine Rückmeldung über den Erfolg ihrer Tätigkeit erhält (Motivator) 4. Zwischen den Arbeitsplätzen muß genügend Pufferplatz bestehen, so daß individuelle Variationen (...) im Laufe des Arbeitstages möglich sind (Motivator) 5. Den Mitarbeitern soll eine individuelle Variationsmöglichkeit bei der Platzgestaltung gegeben werden (Hygienefaktor) 6. Die Gruppe soll eine gewisse Autonomie durch Selbstkontrolle und Selbststeuerung, sowie selbständige Verteilung der Arbeit auf die Mitarbeiter erhalten (Motivatoren) (...) 12. Das von einer Gruppe erzeugte Produkt sollte ein Gruppenkennzeichen erhalten." Vgl. auch P. Großkurth, W. Volpert, a.a.O., S. 197 f.
35 B. Akerlind, VOLVO-Vizepräsident, zitiert in: Der Spiegel, a.a.O.

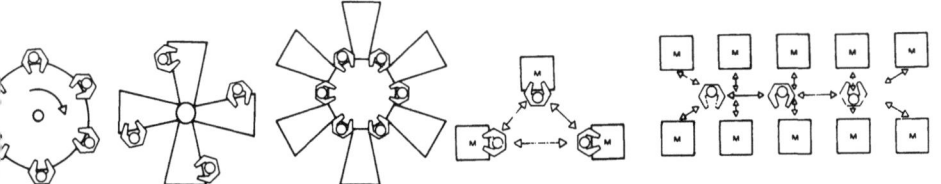

Dabei sind die Entwicklungen im Bereich der unmittelbaren Produktion in anderen europäischen Ländern freilich weiter fortgeschritten als in der Bundesrepublik, wo durch Import billiger Arbeitskräfte aus dem Ausland und mangelnden gewerkschaftlichen Druck gar nicht erst der ökonomische Zwang zur Humanisierung entstand. Als besonders ‚progressives' Beispiel gilt insbesondere das Volvo-Werk in Kalmar, in dem die als „revolutionär" gepriesene[36] Arbeitsorganisation eine differenzierte Gestaltung sowohl der Baukörper als auch der Innenräume erforderte: „Durch die Vieleckform der Gebäude bzw. der Einknickungen nach außen und nach innen wird die Länge der Außenwände vergrößert, und man erhält eine bessere Tageslichtbeleuchtung. Gleichzeitig bekommen die Mitarbeiter eine Beziehung zur umgebenden Natur. Diese Volvo-Lösung mit Blick auf lebendes Grün in natürlicher Umgebung ist wesentlich besser, als grüne Pflanzen in die Werkstätten selbst hineinzutragen. Die Gebäudeform ermöglicht es auch, die Atmosphäre der kleinen Werkstatt in einer großen Fabrik beizubehalten."[37] Das reiche Angebot an ‚eigenen' Sozialräumen für die einzelnen Arbeitsgruppen (Sauna, Umkleideräume, Entspannungszonen, Extraeingänge) sorgt zudem dafür, daß diese Gruppen jeweils ‚ihren' Werkstattbereich abgrenzen, überschauen, heimelig einrichten und sich dort ‚ihren' Produkten ungestört zuwenden können.[38] Angesichts der so ermöglichten Bindungen an Arbeitsplatz und -kollegen kann nach Meinung führender Unternehmer „Arbeitsenthusiasmus"[39] zurückgewonnen und

36 Vgl. die Presseinformation Nr. 16/72 der VOLVO-Deutschland GmbH, Vertriebsgesellschaft, Dietzenbach.
37 G. Rühl, a.a.O., S. 186.
38 „Der Generaldirektor von VOLVO fuhr fort, daß der Mitarbeiter das Gefühl haben müßte, daß er zu einer Gruppe gehört, mit der er in freier Verbindung steht, daß er sich mit dem Produkt identifizieren kann, und daß seine Arbeit voll anerkannt wird." Bericht in: Presseinformationen, a.a.O.
39 R. Gyllenhammar, a.a.O.

jene lähmende Apathie verhindert werden, die vielen Arbeitern aufgrund des Gefühls zukommt, doch ‚nur eine Nummer' und beliebig auswechselbar zu sein.

An zahlreichen Beispielen räumlicher Voraussetzungen zur Modifikation von Arbeitsabläufen ließe sich zeigen, wie durch räumliche Separierung von Gruppen schon in Produktionsbereichen betriebsinterne, überschaubare Teilöffentlichkeiten als kooperationsfördende Alternative zur Isolation am Arbeitsplatz vorstrukturiert werden.

Wesentlich konsequenter allerdings wird diese Entwicklung in Verwaltungsgebäuden vorangetrieben.[40] Während in der Produktion ansatzweise die Isolation der Einzelarbeiter zwecks Gruppenbildung aufgehoben wird, wird hier auf der nächsten Stufe die Gruppenseparation zugunsten eines übergreifenden Beziehungsgefüges im Großraum durchbrochen. Denn hier steht schon die Trennung und bauliche Festlegung von Angestellten-Gruppen, ähnlich wie im Produktionsbereich die Isolation der einzelnen Arbeiter, in Widerspruch zu der geforderten Arbeitsleistung, nämlich durch schnelle Informationsverarbeitung und -weitergabe eine präzise Steuerung und Kontrolle betrieblicher Abläufe zu gewährleisten. Effektive Aktivierung und Koordination erfordern eine Raumorganisation, die ihren entwickeltsten architektonischen Ausdruck in den zu Bürolandschaften ausgeformten Großraumbüros gefunden hat, in denen sich komplexe Netze ,,sowohl arbeitsmäßig notwendiger als auch sozialer Beziehungen"[41] unter den Angestellten ausbilden sollen. Derartige Umwandlungen der Arbeitssituation werden in Verwaltungsbereichen von den Betroffenen jedoch zumeist als handfeste Dequalifizierung empfunden[42], da die im Kleinraumbüro gegebenen Möglichkeiten autonomer Arbeitsregulierung und Cliquenbildung im Großraumbüro weitgehend unterbunden sind.[43] Daher kommt es unter Angestellten bei Ankündigung der Umsetzung in ein

---

40 Auf die ökonomischen Hintergründe der ‚Humanisierungs'-Versuche in diesem Bereich wird auch zu Beginn der mit ,,Banken, Büros und Büromöbeln" befaßten Ausgabe Nr. 8/73, S. 921, der Architekturzeitschrift ‚Werk' hingewiesen: ,,In einer Zeit des Mangels an guten Arbeitskräften wird auf die Gestaltung des Arbeitsplatzes großer Wert gelegt. Da die administrativen Arbeitsplätze sprunghaft überhand nehmen, kommt dem Büroarbeitsplatz heute eine ganz besondere Bedeutung zu. Um qualifiziertes Personal anzuziehen, sind gute Arbeitsbedingungen erforderlich, und die angestrebten Leistungsziele werden vor allem bei einer Identifikationsmöglichkeit mit der Unternehmenspolitik erreicht. Solche Leitgedanken, das Credo fortschrittlicher Unternehmensleitungen, sind für die Konzeption neuer Verwaltungsbauten maßgebend."
41 A. Brinkmann to Broxten, Großraumbüro und Büroorganisation, Betriebswirtschaftliche Studien, Heft 67, Berlin 1973, S. 27.
42 ,,Begeistert sind lediglich Organisatoren, Büroraumplaner und Architekten, die Großraumbüros planen und gestalten. Die große Mehrzahl der Großraum-Benutzer toleriert den Büro-Großraum, ohne ihn zu lieben." A. Boje, Das Großraum-Büro, München 1968, S. 71.
43 Vgl. O. Gottschalk, Flexible Verwaltungsbauten, Quickborn 1968.

Großraumbüro zumeist zu so heftigem Protest, daß A. Boje in seinen Empfehlungen zur psychologischen Kriegsführung gegenüber den Betroffenen rät: „Keinesfalls sollte man die Angestellten mit einer Meinungsumfrage belasten, was sie vom Großraumbüro halten."[44] Negative Stellungnahmen wären gewiß: Meinungsumfragen ergaben, daß noch vor wenigen Jahren 99 % der weiblichen und 97 % der männlichen Angestellten nicht bereit waren, freiwillig im Großraumbüro zu arbeiten[45]: Da „jede Milieufrage (. . .) zuerst immer mit dem Gefühl und dann erst mit dem Verstand beantwortet"[46] wird, wird empfohlen, „im Großraumbüro ebensolche Gruppenbildungen und ‚subjektive Räume' als intime Erlebniszonen zu schaffen"[47] wie im Kleinraumbüro. In seiner Studie über die subjektiven Räume in der Bürolandschaft führt K. Alsleben dazu aus: „Arbeit in Gruppen bietet soziale Anregung. Hier werden die Arbeitseinheiten sichtbar gemacht, entweder durch gemeinsame Schrägstellung der Möbel oder durch abgrenzende Schränke und Pflanzentröge. Solche Gruppenabzeichen fördern das Zusammengehörigkeits-Erlebnis. (. . .) Solche subjektiven Räume der Bürolandschaft schaffen gemeinsam mit dem Erlebnis, einer Arbeitsgruppe zuzugehören, die Empfindung der Intimität (...)". Der Angestellten „Wunsch nach Intimität ist legal, denn er setzt Gemütskräfte frei."[48]

Längst bevor die ‚Erlebnisqualitäten' städtischer Räume von Planern und Politikern als manipulierbarer Bereich entdeckt wurden, war in der Arbeitswelt Raumgestaltung zwecks ‚Freisetzung von Gemütskräften' und Manipulation von Verhaltensweisen schon Programm, wobei auch hier entsprechend dem *Bühnenmodell* die Rollentheorie die geeignete Terminologie[49] zum neuen Integrations-Konzept abgab: „Die eigentliche Bedeutung der Öffentlichkeit im großräumigen Büroraum besteht (. . .) darin, daß sie eine verstärkte Standardisierung des Rollenverhaltens erzwingt. Dies geht eindeutig aus den empirischen Forschungsergebnissen hervor. Auffällige Erscheinungsformen der großraumbedingten Verhaltensnormierung sind verbesserte Umgangsformen, leiseres Sprechen, größere Rücksichtnahme und die Versachlichung des Kontaktes zwischen den verschiedenen Rangebenen. Dadurch, daß sich alle Vorgänge in der Öffentlichkeit abspielen, bekommt jede Handlung einen offiziösen Charakter. Der einzelne Rollenträger ist gezwungen, sein Verhalten

---

44 A. Boje, a.a.O., S. 70.
45 A. Boje, a.a.O., S. 70.
46 K. Alsleben, Die subjektiven Räume in der Bürolandschaft, in: Bürotechnik und Organisation, Heft 6/1964, S. 515.
47 A. Boje, a.a.O., S. 73.
48 K. Alsleben, a.a.O., S. 518.
49 So heißt es in W. Schnelle, Hierarchische Ordnungen im Büro, Quickborn o. J., S. 9: „In der Tat kann man das Büro mit einem Theater vergleichen, in dem jeder seine ‚Rolle' spielt, entweder geziert und geputzt vor dem Publikum, oder unscheinbar im Kittel hinter den Kulissen. Auch wir im Büro haben Akteure, Regisseure, Platzanweiserinnen, Kulissenschieber und Souffleure."

ständig vor der Öffentlichkeit zu legitimieren. Diese Verhaltensdisziplinierung durch die Raummitglieder soll die autoritäre Disziplinierung ergänzen und zum Teil ersetzen."[50] So soll Raumgestaltung Sozialisationsfunktionen übernehmen: „Durch das Großraumbüro entsteht ein neuer Typ des Büromenschen: Er spricht leiser, er ist rücksichtsvoller, er kleidet sich korrekt und gepflegt, Auseinandersetzungen werden in ruhigerem Tonfall geführt, peinliche Szenen verschwinden auf die Dauer."[51] Die Enteignung der – wo noch vorhandenen – Subjektivität wird programmiert.

Faktische Verschlechterungen der Arbeitssituation sollen durch ‚humane Erscheinungen' – als „psychologisches Äquivalent"[52] – ausgeglichen werden, welche die Arbeitswelt als differenzierte Lebenswelt mit Freizeitcharakter[53] erscheinen lassen. „Wenn für die konservative Lebensweise das krasse Gegenüber von Arbeitszeit und Freizeit, die zu einer speziellen ‚Arbeitshaltung' bzw. ‚Freizeithaltung' führt, charakteristisch ist, so kann ein Abbau dieser Gegensätze durch organisatorische und gestalterische Maßnahmen, durch Humanisierung des Milieus am Arbeitsplatz, ein Durchdringen mit ‚Freizeitmilieu', eine entscheidende Wandlung bewirken."[54] So erinnert etwa das Verwaltungsgebäude der Centraal Beheer in Apeldoorn[55] schon in seiner äußeren Gestalt eher an eine burgähnliche Stadtanlage in Kleinformat als an einen der üblichen Büroriesen, da hier Gestaltungsklischees eigenwillig durchbrochen sind. Auf ähnliche Wirkung abzuzielen scheint auch das Verwaltungsgebäude der Hamburg-Mannheimer Versicherungs-AG in Hamburg, dessen „offene Bauweise" verhindern soll, daß „nach außen Monotonie in Erscheinung tritt".[56]

50 A. Brinkmann to Broxten, a.a.O., S. 123 f.
51 A. Boje, a.a.O., S. 76.
52 A. Boje, a.a.O.; der Architekturkritiker E. Schulz spricht von „Versöhnungs-Innenarchitektur", in: Ameisenwege in der Bürolandschaft, Frankfurter Allgemeine Zeitung vom 5. 2. 1975, S. 19.
53 Sogar „der blaue Anton ist bunt geworden – Arbeitsanzüge immer mehr im Freizeitlook". Unter dieser Schlagzeile meldet das Handelsblatt vom 24. 4. 1974: „Die Berufskleidung ist dabei, ihre früher scharfe Grenze zur Freizeit-Bekleidung zu verlieren. Interessanterweise kann man diese Feststellung zur gleichen Zeit machen, wo die Berufskleidung modischer, attraktiver und damit sympathischer wurde." Entsprechend heißt es in der Architekturzeitschrift ‚Werk', a.a.O.: „Im Großraum sollen starre Hierarchien abgebaut und soll das Teamwork gefördert werden – eine Arbeitsform, die wie man feststellt, nebenbei auch das Modebewußtsein fördert. Durch die Verkürzung der Mittagspause werden die Mahlzeiten in die Arbeitswelt integriert, und besonders Fortschrittliche gehen sogar so weit, auch die Freizeitgestaltung oder die Weiterbildung für das Personal betriebsintern zu organisieren. Solche Dienstleistungen am Arbeitnehmer bedeuten bewußt oder unbewußt eine starke Beeinflussung des privaten Lebens."
54 Hamburg-Mannheimer Versicherungs-AG (Hg.), Wo arbeiten Spaß macht, Veröffentlichung zur Eröffnung des Verwaltungs-Neubaus in Hamburg, City Nord, Hamburg 1975, S. 35.
55 Vgl. dazu die Bauwelt, Heft 24/1973, S. 130 f. und Heft 30/1971, S. 1217 f.
56 Hamburg-Mannheimer Versicherungs-AG (Hg.), a.a.O., S. 24.

Dazu heißt es in einem Prospekt: „Ein Haus, in dem die Arbeitsplätze einer mittleren Kleinstadt unter einem Dach vereint sind, verbietet durch diese seine Dimensionen Lösungen im Sinne herkömmlicher Architektur. Der Vergleich mit der Durchgestaltung, die einer der erwähnten Größenordnung entsprechenden Stadt in früheren Zeiten zuteil wurde, mag dies verdeutlichen."[57] So ist Architektur der gestalterische Ausdruck gesellschaftlicher – hier: arbeitsorganisatorischer – Entwicklungen, welche unsere gebaute Umwelt rascher Veränderung aussetzen und die auf vulgär-funktionalistisches Bauen verkürzte Architekturkritik auf längere Sicht obsolet werden lassen. Denn schon die mit dem äußeren Erscheinungsbild der Gebäude verknüpften Assoziationen möglicher Betrachter werden zunehmend als integraler Bestandteil von ‚Funktion' begriffen, indem über kalte Repräsentation hinaus gezielt ‚Gemütskräfte freigesetzt' werden sollen, wie dies mit den Münchner BMW-Bauten anscheinend besonders gut gelungen ist. Hier ergab eine Umfrage, daß sich mehr als 80 % der darin Beschäftigten durch die „Unisono-Anerkennung"[58] ihrer Arbeitsstätte in der Öffentlichkeit „persönlich aufgewertet"[59] fühlen. „Mehr noch: Die in der Öffentlichkeit dem Gebäude verliehenen Attribute wie ‚modern, dynamisch, elegant' beziehen die Angestellten der Automobilfirma weitgehend auf sich selbst."[60] Wichtiger aber ist, daß die innere Organisation und Ausgestaltung von Großraumbüros es ermöglicht, daß das verbreitete „Identifizierungsmanko"[61] kompensiert und „der Arbeitsplatz als zweiter Wohnsitz"[62] angepriesen werden kann. Denn, so heißt es in einem Werbeprospekt, „man sieht es einem Arbeitsplatz an, ob er ein Tretmühlenpult ist oder ein Eigenheim für motivierte Mitarbeiter"[63], und Fachblätter geben Einrichtungstips: „Im Büro ‚Zuhause' sein: Holzverkleidungen schaffen Behaglichkeit."[64]

Die Durchdringung von Arbeit und Freizeit

Um eine erlebnismäßige Verknüpfung von Privatheit, Freizeit und Arbeitswelt zu suggerieren, nehmen in neueren Bauten arbeitsfremde Gestaltungselemente

57 A.a.O., S. 23.
58 Vgl. dazu: deutsche bauzeitung, Heft 10/1972, S.162 f.; die Sonderbeilage in der Süddeutschen Zeitung vom 13.6.1973: BMW-Verwaltungs-Hochhaus mit neuem Panorama-Museum; Werk, Heft 8/73, S. 9176 f.; Bauwelt, Heft 33/72, S.1260 f.
59 Bürohaus-Planung: An der Zukunft vorbeigebaut, Bericht im Manager-Magazin Nr. 1/1974, S. 70.
60 Manager-Magazin, a.a.O.
61 Ebda.
62 Das Großraumbüro oder: Was ist das geeignetste Mittel, um dem Unternehmensziel zu dienen? Bericht in: deutsche bauzeitung, Heft 10/1972, S.107 f.
63 Titel einer Werbebroschüre der Hengstler-Gleitzeit KG.
64 Handelsblatt vom 22. 10. 1973.

immer weiteren Raum ein. So kann etwa das Verwaltungsgebäude von Hertzberger in Apeldoorn auch von der Vielfalt der internen Nutzungsangebote her mit einer Stadt in der Stadt verglichen werden[65], in der die Konturen von Arbeit und Freizeit sich zu verwischen beginnen[66]: Die Familienangehörigen der dort Beschäftigten können in der Kantine mitessen, in hausinternen Läden und Schaltern können jenseits von rush hour und Schlangestehen tägliche Erledigungen getätigt und Freizeitgestaltung schon in unmittelbarer Nähe des Arbeitsplatzes verwirklicht werden. Um daneben noch als Kontrasterlebnis repressive Arbeitsformen vorzuführen, wurde, einem Wachsfigurenkabinett gleich, eine traditionelle Kontorsituation mit sperrigen Möbeln und starren Figuren nachgebildet, gegen die sich die dynamische Angestelltenwelt der offenen und durchgrünten Terrassen geradezu paradiesisch ausnimmt.

Weniger durch derart erweiterte Nutzungsmöglichkeiten und Raumformen, als durch aufwendige und vom Betriebsgeschehen fast isolierte gestalterische Brennpunkte, versuchte dagegen der als Architekt von Theaterbauten bekannte W. Ruhnau im Verwaltungsgebäude der Herta KG in Herten[67] die Härte der Arbeitswelt zu mildern. Über eine Vielzahl künstlich-künstlerischer Natur-Elemente gelang es ihm, ‚repräsentative' Terrassenlandschaften zu schaffen, die Urlaubserinnerungen aufkommen lassen: „Von dieser künstlichen Landschaft abgeleitet verstehen sich die Wasserwälder, die Aluminiumwolken, die Oasenbäume, der sandfarbene Boden, der Kies, die Pflanzenterrassen, gemischt mit echten Bäumen, mit den lebenden Vögeln, aber auch den künstlichen Tieren von Weseler. Es war die gestalterische Absicht, eine ganzjährige Oase für arbeitende Menschen zu schaffen."[68] Diese arbeitenden Menschen allerdings wirken zum Teil wie hilflose Statisten auf einer mit spektakulären Kunstwerken bestückten Schaubühne, von der die nicht-repräsentativen Teile des Werkes, die Gebäude der Wurstproduktion, durch ein gestalterisches Niemandsland abgetrennt und nur durch Gitter zu betrachten sind, während durch die Angestellten-Wunderwelt die Besucher omnibusweise hindurchgeschleust werden.

65 So schwärmt P.M. Bode im Spiegel, Nr. 10/1975, S.123f.: „Das ist der Großraum in der dritten Dimension. Er ist Straße, Galerie, Passage und Hof. Er ist eine Stadt in der Stadt, wie im Brennglas: urban, intensiv. Es sind Häuser im Haus, eine Fortsetzung der eigenen Wohnung: Jeder kann sich seine eigene Atmosphäre schaffen mit Bildern, Lampen, Plakaten, Fischernetzen, Vogelkäfigen und Aquarien. (...) Jeder hat ‚seinen' Platz, seine Ecke. Von hier aus kann er am Leben des Hauses freiwillig teilnehmen oder sich zurückziehen. Über ‚Identifikation' muß man nicht reden, sie ist da." Vgl. dazu aus kritischer Sicht die Kommentare von I. Boskamp, in: Der Architekt, Heft 5/1975, S. 232 f.
66 Vgl. dazu das reiche Angebot an Freizeiteinrichtungen im Verwaltungsgebäude der Hamburg-Mannheimer Versicherungs-AG: Schießstände, Sporthallen, Kegelbahnen, Fitness-Räume, Cafeteria etc.
67 Vgl. dazu die Bauwelt, Heft 24/1971, S.1034f. und deutsche bauzeitung, Heft 6/1971, S. 639 f.
68 W. Ruhnau, in: deutsche bauzeitung, a.a.O.

Herta: Eingang ... ... Übergang und Ausstattung

Bietet Ruhnaus „Silberwald im Büroland"⁶⁹ Beispiele für eine verkitschte Ästhetisierung der Arbeitswelt ohne wesentlichen Ansatz zur Entwicklung inhaltlich neuer Qualitäten, so stellen dagegen Versuche zur „Kombination von Fabrik und Büro unter einem Dach"⁷⁰ wesentlich weiter weisende Entwicklungen dar. Im Gebäude des schwedischen Elektrokonzerns Asea z. B. sind Maschinen und Schreibtische nur durch einen von beiden Seiten begehbaren Pausenflur voneinander getrennt. „180 Verwaltungsangestellte, Designer und Ingenieure arbeiten bei gedämpftem Maschinengeräusch; die 250 Arbeiter können von ihren Plätzen aus den Ablauf der Büroarbeiten verfolgen."⁷¹ In Zusammenarbeit von Gewerkschaften und Management wurde ein Konzept entwickelt, das die Aufhebung der räumlichen Trennung von Arbeitern und Angestellten vorsah, um damit die Aufhebung sozialer Distanz zu ermöglichen. Ein Arbeiter kommentiert: „Hier sieht man sich wenigstens, lernt die anderen kennen und erfährt, was ihre Aufgabe ist. Es gibt wenig Klassenunterschiede zwischen den Angestellten und den Arbeitern hier in

69 Titel des deutsche bauzeitung-Berichtes.
70 Manager-Magazin Nr. 3/1974, S. 90.
71 Ebda.

unserer Halle." Das Manager-Magazin resumiert zufrieden: „Büro-Fabrik-Landschaft fördert die Kommunikation."[72] Welche Bedeutung für das Betriebsklima solche – auf die Beziehungen zwischen den unselbständig Beschäftigten projizierten – ‚Klassenunterschiede' selbst zwischen Angestellten haben, ist folgender Warnung von A. Boje zu entnehmen: „Die meisten psychologischen Widerstände erweisen sich als Ressentiments, die bald nach dem Bezug des Büro-Großraums von selbst verschwinden. Allerdings dürfen die Büroangestellten im Großraum-Büro nicht ständig den Unterschied zwischen Großraum-Büro und Kleinraum-Büro bzw. Einzelzimmer als einen schmerzlichen Klassenunterschied vor Augen haben. Wenn auf der gleichen Ebene neben einem Büro-Großraum noch verschiedene Einzelzimmer oder Kleinraum-Büros bestehen bleiben, in denen privilegierte Mitarbeiter ihr Statussymbol pflegen, so bedeutet das eine permanente Herausforderung für die im Großraumbüro sitzenden Mitarbeiter, facht die Flamme der Unzufriedenheit ständig von neuem an, verdirbt das Betriebsklima und erzwingt eines Tages die Entscheidung, entweder das Großraumbüro durch Kleinraumbüros zu ersetzen oder die Kleinraumbüros niederzureißen."[73] Daher die inzwischen übliche vertikale Trennung[74] zwischen dem Fußvolk der Angestellten und den darüber gelagerten Chefetagen mit Kleinraum- und Einzelbüros: Vor diesem Hintergrund tritt die Problematik einer wechselseitigen Verschränkung von Angestellten- und Arbeiterbereichen umso deutlicher hervor. Daß entsprechende räumliche Organisationsformen freilich nur als Chancen, nicht aber an sich schon als hinreichende Bedingungen oder gar Determinanten einer Aufhebung von Vereinzelung und Herrschaftsgefälle am Arbeitsplatz begriffen werden dürfen, wird durch folgende Bemerkungen verdeutlicht, in denen gerade die Kompensationsfunktionen scheinhafter Öffnung und Liberalisierung der betrieblichen Welt in den Vordergrund tritt: „Wenn in einem Betrieb die persönliche Blumenpflege oder ein ausgeprägtes individuelles Prestigebewußtsein positiver Bestandteil des Betriebsklimas ist, soll man auch versuchen, im Großraumbüro diesen Bedürfnissen Rechnung zu tragen. Auch hier besteht die Möglichkeit, in frei aufgestellten Pflanzentrögen mitgebrachte Blumen unterzubringen und zu versorgen, auch im Großraumbüro kann man einem leitenden Mitarbeiter einen Orientteppich und besonders komfortable Arbeitssessel zugestehen. Repräsentation ist ein notwen-

---

72 Ebda.
73 A. Boje, a.a.O., S. 73 f.
74 Eine Trennung, die trotz konträrer Proklamationen und Konzepte sich in der Praxis meist doch durchsetzt oder gar so anschaulich wird wie im Treppen-Bau der ARAG in Düsseldorf, der im Manager-Magazin Nr. 1/1974, S. 70, als „Hierarchie in Beton" kritisiert wird. Ähnlich beschreibt P. M. Bode das oben genannte Hamburger Versicherungsgebäude: „Unten breit und normal, oben klein, aber nobel. Der Architektur tut das gut, das Abbilden solcher Hierarchien." In: Der Spiegel, Nr. 10/1975, S. 122.

diger Bestandteil menschlicher Gemeinschaftsformen, ein wichtiges Ordnungsmittel der Hierarchie und ein dekoratives Kleid der Autorität."[75] An den zuvor angeführten Gestaltungsbeispielen wurde deutlich, daß durch neue Formen räumlicher Organisation über Repräsentation und Dekoration hinaus durchaus Möglichkeiten zur Entdeckung neuer Qualitäten im Arbeits= Kooperationsprozeß eröffnet werden können. Andererseits wurde erkennbar, daß zugleich ein ganzer Fundus an Kontroll- und Täuschungsmöglichkeiten erschlossen wird, der die zur Steuerung ‚von oben' erforderlichen Kapazitäten gleichsam ‚nach unten' zu verlagern und Herrschaft dabei in ein „dekoratives Kleid" zu hüllen hilft. Die sinnlich erfahrbaren Qualitäten sind somit allererst vor dem Hintergrund der zunächst unsichtbaren Arbeitsbedingungen und -abläufe zu untersuchen und wesentlich nach dem Beitrag zu beurteilen, den die räumliche Organisation und Ausstattung zur Erleichterung von Selbstbestimmung und Solidarität zwischen den arbeitenden Menschen zu leisten vermag.

Selbst wenn man aber, wie in Apeldoorn, einem Arbeitsplatz ansehen zu können meint, daß er eher „ein Eigenheim für motivierte Mitarbeiter" als „ein Tretmühlenpult" ist, bleiben die objektiven Bedingungen entfremdeter Arbeit durch die Produktionsverhältnisse festgeschrieben. Selbst wenn heute viele Versuche zur Steigerung der Arbeitsmotivation dahin gehen, daß der Arbeiter nicht mehr „erst außer der Arbeit bei sich und in der Arbeit außer sich ist"[76], so ist die „Entfremdung vom Bewußtsein dieser Entfremdung"[77] durch Ästhetisierung der schroffsten Erscheinungsformen nicht Aufhebung der Entfremdung selbst, nicht einmal Ansatzpunkt dazu. „Zu Hause ist er, wenn er nicht arbeitet, und wenn er arbeitet, ist er nicht zu Hause"[78]: Wenn diese Charakterisierung für manchen der heute Werktätigen, der seinen Arbeitsplatz als „zweiten Wohnsitz" empfindet, subjektiv nicht mehr zutrifft, so kann dies auch so gedeutet werden, daß bei zunehmender Monotonie und Leere nachbarschaftlicher und familialer Beziehungen die Welt des Betriebes immerhin noch mehr Abwechslung und Kontaktmöglichkeiten bietet, zumal viele Freizeitangebote und -kontakte selbst nur über betriebliche Vermittlungen wahrgenommen werden können.[79] Denn trotz Arbeitszeitverkürzung binden Großbetriebe und Bürokratien zwecks immer weiter reichender psychischer Inanspruchnahme der von ihnen beschäftigten Individuen auch immer mehr traditionell außerbetriebliche Gegenstände, Lebensformen und Lebenstätigkeiten an sich und verlagern sie damit auch räumlich aus dem Lebenszusam-

75 A. Boje, a.a.O., S. 76.
76 K. Marx, Die entfremdete Arbeit, Ökonomisch-philosophische Manuskripte, MEW Ergänzungsband 1, Berlin 1968, S. 514.
77 O. Negt, A. Kluge, Öffentlichkeit und Erfahrung, a.a.O., S. 306.
78 K. Marx, a.a.O., S. 514.
79 Zu den Vorformen dieser Entwicklung vgl. S. Kracauer, Zwanglos mit Niveau, in: S. Kracauer, Die Angestellten, Frankfurt 1971, S. 73 f.

menhang städtischer Öffentlichkeit. Dies kommt an solchen neuen Mammutanlagen wie den genannten Verwaltungsgebäuden von Hertzberger und Spengelin nur besonders drastisch zum Ausdruck. Bereits 1961 verwies H. P. Bahrdt auf entsprechende Tendenzen: „Eine Reihe von Funktionen, die ursprünglich nicht nur im juristischen, sondern auch im soziologischen Sinn von öffentlichen Institutionen erfüllt wurden, werden von Organisationen übernommen, deren Tätigkeit nicht öffentlich ist und es ihrer Natur nach auch nur in bescheidenem Umfang werden kann. Der ‚Oikos' eines Großunternehmens durchsetzt mitunter das Leben einer Stadt und bringt jene Erscheinung hervor, die als ‚Industriefeudalismus' bezeichnet wird."[80] Der bereits von Bahrdt bemerkte „Versuch, eine Art betrieblicher Öffentlichkeit herzustellen"[81], ist somit die Kehrseite der sich abzeichnenden Reduktion innerstädtischer Öffentlichkeit auf's Einkaufen und Besorgen, auf fast nur mehr kommerzialisierte Nutzungsangebote oder Verkehrsabläufe.

Die Reduktion und Selektion innerstädtischer Nutzungsmöglichkeiten und Handlungsmuster, ihre strukturellen Bedingungen und architektonischen Erscheinungsformen sind die Themen des folgenden Abschnitts. Ist die Arbeitswelt trotz der Tendenzen zur Ausweitung und Bereicherung der Handlungsabläufe der Beschäftigten primär durch hierarchischen Aufbau, durch Kontrolle und Fremdbestimmung geprägt, so erscheint die Öffentlichkeit der innerstädtischen Einkaufsbereiche als eine bunte Gegenwelt, in der durch die Möglichkeit privater Aneignung der gesellschaftlich produzierten Waren potentiell jeder alles haben und jeder alles sein kann, was er zu Hause oder am Arbeitsplatz nicht ist.

2. Einkaufszentren

Die Inszenierung der Warenwelt

Der in den gesellschaftlichen Produktionsverhältnissen angelegte Widerspruch zwischen *Gebrauchswert* und *Tauschwert*, der im vorigen Abschnitt als Widerspruch zwischen *Arbeits-* und *Verwertungsprozeß* den Hintergrund[82] der Untersuchung bildete, ist implizit auch das Problem, das F. Naumann in seinem Aufsatz ‚Werkbund und Handel' beschäftigt. Zu Beginn des Werkbund-Jahrbuches von 1913 stellt er die Frage: „Was hat der Werkbund mit dem Handel zu tun?" und antwortet mit der Gegenfrage: „Gibt es irgendeine

---

80 H. P. Bahrdt, Die moderne Großstadt, a.a.O., S. 118 f.; vgl. auch O. Negt, A. Kluge, a.a.O., S. 12 f.
81 H. P. Bahrdt, a.a.O., S. 118.
82 Vgl. dazu K. Marx, Das Kapital, a.a.O.; W. F. Haug, Kritik der Warenästhetik, Frankfurt/Main 1971, und A. Sohn-Rethel, Geistige und körperliche Arbeit, a.a.O., bes. S. 34 f.

Sache, die nichts mit dem Handel zu tun hat?"[83] Sicher nicht unter den Bedingungen einer Tauschwirtschaft, in der die konkrete Nützlichkeit eines Gegenstandes nur als Vehikel des Tauschwertes einer Ware fungiert und bis an die Grenze von deren Verkaufbarkeit reduziert wird. Naumann nennt es empört „Unverstand, Arbeit an Waren zu verschwenden, die weder einen Gebrauchs- noch einen Schönheitswert haben. Es ist Betrug, einen Gebrauchswert vorzutäuschen, der nicht vorhanden ist".[84] Daß aber dieser Betrug System ist, erkennt auch er: „Wer Augen hat zu sehen, der sehe! Er gehe in ein beliebiges, gewöhnliches Kaufhaus und sehe, wieviel vergebliche Menschenarbeit in ihm angeboten wird: Wäsche für einen Sonntag, Lederwaren ohne Leder, Spielzeug mit dem Tod im Gebein! Das alles würde nicht sein, wenn Hersteller, Verkäufer und Käufer Qualitätsgefühle im Leibe hätten."[85] Offensichtlich haben Hersteller und Verkäufer anderes im Sinn: den kalkulierten Verschleiß – aus verständlichen Gründen.
Die Zerstörung der ‚Qualitätsgefühle' jedoch setzt bereits in der Deformation der Wahrnehmung an. Denn neben dem konkreten Gebrauchswert werden zunehmend trügerische Gebrauchswertversprechen mitproduziert, was durch beschleunigte Expansion der Warenästhetik über die Warenkörper selbst hinauswirkt. Da sich an ihr auch die Architektur gerade in Einkaufsbereichen orientieren muß, wird der Kontrast zur Arbeitswelt deutlich: „Während der industrielle Unternehmer seine Betriebsräume zwar im ernsthaften Sinn des Wortes schön machen kann – aber nicht muß –, wird für den Kaufmann mit steigender künstlerischer Bildung des Volkes die schöne Herstellung und Ausstattung der Verkaufsräume zur geschäftlichen Notwendigkeit. Sie kommt für ihn nicht auf das Konto für Nebenausgaben, sondern steht direkt in der Erwerbskalkulation. Schönheit ist in diesem Falle nützlich."[86] Die ästhetische Erziehung der Bürger hat in den Einkaufsbereichen ihren Ort; hier erfährt ihre Sinnlichkeit eine entscheidende Prägung.
Der Kaufmann wird zum „Erzieher der Käufer"[87], „vor seinen Glasscheiben lernen Männer und Frauen, was schön ist".[88] Dabei wird viel Scharfsinn darauf verwendet, an den Waren jede Spur gesellschaftlicher Arbeit zu verwischen und sie als ‚sinnlich-übersinnliche Dinge', als belebte Gegenstände auftreten zu lassen. Im Gegensatz zum orientalischen Basar zeigt daher das Schaufenster eines Warenhauses „uns die Ware nicht in der Herstellung. Ihm fehlt der Reiz des Werdens, der den Basar des Orients so anziehend macht. Man denkt nur an den Zweck der Ware, nicht an die Arbeit, die sie entstehen ließ. Das Werden selbst vollzieht sich in geschlossener Werkstatt, und nur

83 F. Naumann, Werkbund und Handel, in: Werkbund-Jahrbuch 1913, a.a.O., S. 5.
84 F. Naumann, a.a.O., S. 8.
85 Ebda.
86 F. Naumann, a.a.O., S. 14.
87 F. Naumann, a.a.O., S. 16.
88 A.a.O., S. 13.

Bevorzugte haben die Möglichkeit, ihm zuzuschauen. So ist der wichtigste Quell des Interesses an der Arbeit für die meisten versiegt, dem Stilgefühl seine unentbehrliche Grundlage entzogen. Was folgt für die Auslage? Sie muß das Interesse durch künstliche Mittel zu steigern versuchen. Muß prunken, muß locken, die Begehrlichkeit reizen".[89] Die ausgestellte Ware hat mit den unter Schweiß und Lärm produzierten Dingen nichts mehr zu tun; sie tritt auf als selbständiges Wesen in einer eigenen Welt, in eigens zu ihrer Darbietung hergerichteten räumlichen Arrangements.

An Bau und Ausgestaltung der ersten Warenhäuser wurde die Kalkulation der Phantasieproduktion potentieller Käufer geübt. Dazu wurden Empfehlungen gegeben. Man wußte: „Dem Kaufmann, der seine Ware verkaufen will, kann es nicht gleichgültig sein, ob der defilierende Menschenstrom sich nur an der Atmosphäre von Glanz und Licht berauscht. Er will ihn fesseln, locken, in Hemmung versetzen: die Ware soll für ihn Bedeutung gewinnen, soll sich durchsetzen, den ganzen berauschenden Glanz vergessen machen und allein sein mit jedermann. So allein, daß die magische Suggestion ihre Fäden spinnt und der Gebannte nicht mehr loskommt von dem Gedanken: Dich muß ich besitzen. Aber dieses Mysterium der Vermählung des Käufers mit der Ware verlangt viel Konzentration. Es müssen alle Mittel spielen, die Ware zu isolieren."[90] Die Begeisterung an der Gestaltung der Warenwelt entzündete sich in Deutschland[91] am „modernen Großwarenhaus", das „als eine ins Riesige gesteigerte Gemischtwarenhandlung"[92] empfunden wurde.

Zur riesigen Warensammlung aber sind inzwischen ganze Stadtzentren geworden, deren Gestaltungsprinzipien in vergrößertem Maßstab noch dieselben zu sein scheinen wie jene, die im zweiten Jahrzehnt dieses Jahrhunderts am Warenhaus erprobt wurden, dessen Hauptprinzip es war, „dem Publikum die Waren so vorteilhaft wie möglich vor Augen zu führen, ihm das, was er im Inneren findet, schon gleichsam *auf die Straße entgegen zu bringen*".[93]

In der Verschränkung von Straßen- und Geschäftsräumen werden die meisten der innerstädtischen Einkaufsbereiche zu Gebilden, die selbst wie ein einheitliches und überreiches Warenhaus wirken, dabei aber insgesamt mehr sind als die Summe einzelner Kaufhäuser. Jene nur mittelbar rentablen Einrichtungen wie „Lichthöfe, Wintergärten, Lese- und Schreibzimmer, Kunstausstellungen", die früher noch als Bestandteil der Kaufhäuser selbst für „Bequemlichkeit und Erholung" der Kunden sorgen sollten, aber „im Grunde zu nichts anderem da sind, als das Publikum anzulocken"[94], indem das Kaufen zum

89 K. E. Osthaus, Das Schaufenster, in: Jahrbuch des Deutschen Werkbundes, Jena 1913, S. 59.
90 A.a.O., S. 62 f.
91 Zur Bedeutung der Passagen besonders in der Baugeschichte Frankreichs und Italiens vgl. J. F. Geist, Passagen, Ein Bautyp des 19. Jahrhunderts, München 1969.
92 A. Wiener, Das Warenhaus, in: Werkbund-Jahrbuch 1913, a.a.O., S. 44.
93 A. Wiener, a.a.O., S. 49.
94 A. Wiener, a.a.O., S. 45.

Freizeiterlebnis wird – solche Einrichtungen werden inzwischen aus den Geschäftsbereichen ausgelagert und von der ‚öffentlichen Hand' finanziert; sie gewinnen so an Wirksamkeit gegenüber den Kunden und an Attraktivität für die Kaufleute. In der kommunalen Konkurrenz um Kaufkraftströme und Einzugsbereiche übernehmen die Gemeinden in der Hoffnung auf Steigerung ihres Gewerbesteueranteils zur Sicherung der Absatzchancen des ansässigen Einzelhandels riesige finanzielle Belastungen, die andernorts – etwa im Wohnungsbau – angeblich nicht getragen werden können und daher als Beitrag zur übergreifenden ‚Humanisierung' der Städte legitimiert werden müssen.

Sind bei Herrichtung und Verkauf der Waren im Kaufhaus die konkreten Bedürfnisse der Käufer dem Verkäufer nur notwendige Bedingung der Realisierung des Tauschwertes und ansonsten völlig gleichgültig, so steht in erweitertem Maßstab auch bei der Anlage von innerstädtischen Fußgängerbereichen trotz aller verbalen Verbrämung – zu der gerade Soziologen modisches Argumentationsmaterial lieferten – „also nicht der Mensch oder der Stadtbewohner im Mittelpunkt, sondern seine beeinflußbare Eigenschaft und seine Potenz als Käufer. Der Fußgängerbereich im Zentrum der Stadt wird zum Warenmarkt, er funktioniert nur bei Konzentration von Verkaufsnutzungen, einem breiten Warenangebot und differenzierten Werbemethoden".[95] Dazu bemerkt M. Schneider: „Es lassen sich bestimmte allgemeine Angebotsformen formulieren, die auf ganz spezielle Kaufverhalten antworten. Das Kaufverhalten setzt sich zusammen aus Bedarf, Kaufkraft und Kaufbereitschaft, diese Komponenten überlagern, ergänzen und ersetzen einander. Es ist mit jedem Kaufverhalten eine andere Rolle, ein anderer Auftritt verbunden, auf die der Handel mit einer speziellen Erlebnisstruktur antworten muß."[96] Durch die Überlagerung unterschiedlicher ‚Erlebnisstrukturen' wird die „Auflösung der Ware in einen Erlebnisvorgang"[97] beschleunigt; durch ständige ästhetische Innovation unter dem Druck der Konkurrenz werden ganze Stadtzentren zur Erlebnisbühne, auf der jeder Auftritt von Personen möglichst eng an die Waren gebunden sein soll. „Aus der Vielzahl der möglichen Verhaltensweisen findet durch die vorhandenen Einrichtungen in einer Fußgängerzone eine Selektion der Handlungen statt, die durch das Ziel Verkaufen – Kaufen charakterisiert sind. Alle Verhaltensweisen, die dieses Ziel erreichbar machen, werden deshalb in einer Fußgängerzone dominieren und werden erwünscht sein."[98] In der Konsequenz heißt dies – weit über die örtlichen Bereiche des Warentauschs hinausextrapoliert: „Die Gesellschaft muß nicht nur objektiv

---

95 J. C. Kirschenmann, Stadtzentrum-Fußgängerbereiche, in: Architekturwettbewerbe, Heft 75/1973, S. IV.
96 M. Schneider, Die richtige Mischung, in: Bauwelt, Heft 17/1970.
97 W. F. Haug, a.a.O.; zur Diskussion der Haugschen Thesen vgl. T. Rexroth, Warenästhetik – Produkte und Produzenten, Kronberg 1974, und W. F. Haug (Hg.), Warenästhetik. Beiträge zur Diskussion, Weiterentwicklung und Vermittlung ihrer Kritik. Frankfurt/Main 1975.
98 J. C. Kirschenmann, a.a.O., S. III.

ökonomisch, sondern für den Einzelnen sinnlich anschaubar eine ungeheure Warensammlung geworden sein, mit der ihn nicht allein die physische Berührung und physischer Konsum, sondern imaginärer Konsum verbindet. Erst dann nehmen die Waren selber Öffentlichkeitscharakter an. Die Ware als sinnlich-übersinnliches Ding wird zum Mittel, Gebrauchsgegenstände in Phantasieprodukte zu transformieren, die nicht nur Gegenstand des Konsums sind, sondern eine Weltanschauung suggerieren."[99]
Die schmeichlerische Ausformung der Warenwelt versucht auch in ihrem reizvollen städtebaulichen Arrangement nur zum Schein allen denkbaren ‚Erlebnisstrukturen' der Stadtbewohner zu entsprechen; in Wirklichkeit ist sie an deren Bedürfnissen nur im Verkaufsinteresse orientiert. Doch nicht nur die gegenständliche Umwelt der Tausch- = Täuschungssphäre ist von diesem Widerspruch zwischen Tausch- und Gebrauchswert geprägt. Dieselbe Doppelstruktur läßt sich auch am ‚zusammengesetzten' Verhalten der Käufer und Verkäufer erkennen. Mit fast unglaubwürdiger Liebenswürdigkeit muß sich der Verkäufer in die Wünsche des potentiellen Käufers einfühlen, obgleich er allererst an dessen abstrakter Kaufkraft interessiert ist. Ebenso wie die räumliche Umwelt suggeriert sein Verhalten dem Kunden eine Situation, in der scheinbar alles auf seine Wünsche abgestellt wird, ohne daß dabei die Verkaufsabsicht allzu deutlich spürbar werden darf[100]: „Er lächelt, wenn er jemandem den Hals durchschneidet"[101] – der ideale Verkäufer als Halsabschneider. Umgekehrt muß der Kunde, der tatsächlich an den konkreten Gebrauchseigenschaften der Waren interessiert und auf deren Erwerb angewiesen ist, deutlich machen, daß trotz des umschmeichelnden ‚Kauferlebnisses' einzig der Preis der Ware Kriterium des Kaufes sein soll. Da in differenziertem Rollenspiel sich auf dem Markt Menschen als scheinbar Gleichberechtigte gegenübertreten können, wurde – wie oben gezeigt – ausgerechnet das Marktverhalten zum Paradigma jener „großstädtischen Lebensform, wie sie sich im Laufe der Jahrhunderte im Abendland herausgebildet hat"[102]: So folgt auch das Bahrdtsche Konzept der „stilisierten Verhaltensweisen" als „positiver Voraussetzung" einer marktbestimmten Öffentlichkeit der Logik des Warentausches. Wer an diesem ‚öffentlichen Leben' teilhaben will, muß sich abstrakt als ‚Wert' darstellen, „er muß an irgendein Gemeinsames, Verbindliches appellieren, damit die sich selbst darstellende Person der anderen als anerkennenswert und einer Kommunikation wert erscheint".[103] Die Regeln des „darstellenden Verhaltens" erfüllen somit die doppelte Aufgabe, „einerseits zu verhüllen, was der nur beschränkt kalkulierbaren Umwelt vorenthalten werden soll, andererseits ihr all das, was für sie bestimmt ist, deutlich genug

---

99 O. Negt, A. Kluge, a.a.O., S. 286.
100 Vgl. W. F. Haug, a.a.O., S. 70 f.
101 Frankfurter Allgemeine Zeitung vom 20. 4. 1977, S. 16.
102 H. P. Bahrdt, Humaner Städtebau, a.a.O., S. 14.
103 H. P. Bahrdt, Die moderne Großstadt, a.a.O., S. 68.

zu zeigen, damit auch im flüchtigen Kontakt ein Arrangement gelingt. Die äußerlich erkennbare Erscheinungsform des Verhaltens ist deshalb weniger ein natürlich hervorgewachsener Ausdruck des Inneren, als vielmehr ein ‚Sichgeben', ein Auftreten, ein Sich-darstellen oder auch ein abstraktes, von der Sache, um die es geht, abgelöstes Geben von Zeichen".[104] Entsprechend gerät auch die ästhetische Ausgestaltung der Warenwelt zum abstrakten, von der Sache, um die es geht – dem Kaufakt – abgelöstes Geben von Zeichen. Erst durch das Wissen um die Logik des Warentausches wird die gemeinsame und in sich widersprüchliche Struktur von Stadtgestaltung und Sozialverhalten erkennbar und in ihren Erscheinungsformen interpretierbar.

Trotz aller Deformation von Sinnlichkeit und Bedürfnisstruktur werden im Verlauf der durch die Warenproduktion beschleunigten Bedürfnisentfaltung Grenzen der gegebenen Verhältnisse und über sie hinausweisende Momente der gesellschaftlichen Entwicklung deutlich. Erstens wird in zuvor nie gekanntem Ausmaß der gesellschaftliche Reichtum als ständige Provokation vor den Augen der Produzenten ausgebreitet und reizt zur Aneignung gerade dadurch, daß der Kaufakt selbst verdrängt, Tresen und Kassen möglichst unsichtbar gemacht werden. Das rapide Ansteigen der Ladendiebstähle in den letzten Jahren ist ein Ausdruck des ständig aktuellen Widerspruchs zwischen Tauschwert und Gebrauchswert, ist Indiz für die permanente Krise, für die Spannung zwischen den lockenden Gebrauchswertversprechen der Objekte und der ökonomischen Ohnmacht der Subjekte. Zweitens müssen zur Steigerung der Kaufanreize zunehmend solche Bedingungen und Einrichtungen geschaffen werden, die öffentlich, ohne unmittelbare Bindung an individuelle Kaufakte nutzbar sind; insofern bieten gerade innerstädtische Fußgängerbereiche als Erlebnisfelder immerhin eine Ahnung alternativer Organisation des zerrissenen Lebenszusammenhanges.

Stadtzentren als Fußgängerzonen

Die Umwandlung der Innenstädte in geschlossene Einkaufs- = Erlebnisbereiche setzte in der Bundesrepublik Anfang der 60er Jahre mit der lebhaften Diskussion über die Entwicklung amerikanischer Großstädte ein, die als Bild der eigenen Zukunft begriffen wurden. Weniger aber als das humanitäre Interesse am „Tod und Leben großer amerikanischer Städte"[105] waren es handfeste ökonomische Interessen, welche die gezielte „Auswertung der amerikanischen Erfahrungen"[106] geraten erscheinen ließen.

104 A.a.O., S. 67.
105 Vgl. J. Jacobs, a.a.O.
106 E. Thomas u. a., Einzelhandel im Städtebau – Shopping Centers in den USA / Europäische Konsequenzen, Frankfurt/Main 1964, S. 67 f.

Im Gefolge des ‚Wirtschaftswunders' war auch in der Bundesrepublik der Trend zur Exploding Metropolis, zur Bildung wuchernder Stadtregionen erkennbar geworden, der durch Bevölkerungszuwanderung aus ländlichen Gebieten einerseits und aus den Kernstädten der Ballungszentren andererseits genährt wurde. Der mit dem steigenden Wohlstand und der stürmischen Motorisierung einhergehende Abfluß von Kaufkraft aus den Kernstädten führte zu „der Meinung, daß nun auch bei uns die Zeit für Shopping Centers großen Ausmaßes reif sei"[107] – für Shopping Centers im Randbereich und Umland der großen Städte, die sich gegenüber den innerstädtischen Versorgungszentren insbesondere durch bequeme Erreichbarkeit und großzügige Parkplatzangebote auszeichnen könnten. Damit stellte sich die Frage, „wie Shopping Centers aus europäischer Sicht zu beurteilen sind".[108] Eigens zur Beantwortung dieser Frage wurde 1963 vom Rationalisierungs-Kuratorium der Deutschen Wirtschaft ein Expertenteam auf eine ausgedehnte Studienreise durch die USA entsandt. In ihrem Bericht „Einzelhandel im Städtebau"[109] kommen die Experten zu dem Ergebnis, daß trotz der Parallelität der Entwicklung in der Bundesrepublik eine Förderung der Ansiedlung von Shopping Centers nicht zu befürworten sei. Obwohl diese unter den weiträumigen amerikanischen Verhältnissen durchaus positive Folgewirkungen gezeigt hätte[110], seien die negativen überwiegend und – übertragen auf bundesdeutsche Verhältnisse – für die Entwicklung der Städte verheerend. „Die allgemeine Schwächung der Steuerkraft des städtischen Einzelhandels und des verwandten Dienstleistungsgewerbes zugunsten der Shopping Centers hat die fiskalischen Besorgnisse der Kommunen verstärkt und ihre Bereitschaft gesteigert, einer weiteren Aushöhlung der gewerblichen Steuerkraft entgegenzuwirken und wirksame Maßnahmen zur Erneuerung der Städte einzuleiten."[111]
Die Versuche amerikanischer Städte, in Konkurrenz zu den Shopping Centers im Umland „durch den Ausbau von Straßen und Parkplätzen ihre Zukunft zu sichern und die Innenstadt attraktiv zu erhalten"[112], sollten den bundesrepublikanischen Einzelhandel dazu anregen, präventiv seine Interessen durchzusetzen, um nicht später mit großem Aufwand auf den Bedeutungsverlust der Innenstädte bloß noch reagieren zu können. So wurde gefordert, forciert die marktorientierte Regeneration der Innenstädte voranzutreiben: „Der

107 E. Thomas u. a., a.a.O., S. 81.
108 Ebda.
109 E. Thomas u. a., a.a.O.
110 So heißt es auf S. 79 des Berichtes: „Unter dem Eindruck der amerikanischen Entwicklung läßt sich nicht bestreiten, daß die Shopping Centers für die Suburbs eine strukturverbessernde, fördernde Wirkung gehabt haben. Zumindest die Regional Shopping Centers schufen Mittelpunkte nicht nur des Konsums, sondern auch des gemeindlichen und kulturellen Lebens, ohne die weite Siedlungsgebiete der Suburbs eine ungeformte Masse geblieben wären."
111 A.a.O., S. 47.
112 A.a.O., S. 78.

Kampf um die Gestaltung der Städte in den westeuropäischen Ländern ist im Gange und von dem Grundsatz bestimmt, die Zentren der Innenstädte in ihrer wirtschaftlichen Bedeutung und damit ihr kulturelles, geschäftliches und soziales Klima zu erhalten."[113] Angesichts amerikanischer Zustände haben freilich die europäischen Städte entscheidende Konkurrenzvorteile gegenüber den im Umland sich breitmachenden Shopping Centers, da sie von den traditionellen Orientierungen der Bevölkerung zehren können. „Während sich in Europa innerhalb der Siedlungen aus dem Dreiklang Kirche, Markt und Rathaus die Stadt als Mittelpunkt aller zentralen Funktionen des religiösen, wirtschaftlichen und politischen Lebens eines Gebietes entwickelt, ist es bezeichnend, daß den amerikanischen Städten, die schlechthin ‚Cities' heißen, eine Konzentration der zentralen Funktionen auf einen Mittelpunkt hin fehlt."[114] Für die Chancen des bundesrepublikanischen Einzelhandels innerhalb der Städte war wichtig somit nur, die gegebenen Standortvorteile nicht als allzu selbstverständlich hinzunehmen, sondern in gemeinsamem Handeln und mit Hilfe des Staates noch auszubauen. Und auch hierfür boten die USA Beispiele, da ökonomische Überlegungen dort bereits vor weit über einem Jahrzehnt dazu geführt hatten, „daß sich die Geschäftsleute der städtischen Einkaufszentren in sogenannten ‚downtown associations' zusammenschlossen. Sie wollen gemeinsam mit den Kommunen die erforderlichen Maßnahmen zur Erneuerung der Städte, besonders zur Modernisierung der städtischen, traditionellen Einkaufszentren, verwirklichen".[115] Die Bildung entsprechender Interessen- bzw. ‚Aktions'-Gemeinschaften setzte bald auch in der Bundesrepublik ein, zumeist mit dem Ziel, Einfluß auf die räumliche Ausformung der Geschäftsstraßen zu nehmen und Absprachen zu treffen. Selbst für die untereinander konkurrierenden Einzelhändler wurde partielle Solidarität zum Gebot des Überlebens, da die Struktur der Shopping Centers Maßstäbe vorgab: „Ein ausgewogenes Verhältnis zwischen großen und kleinen Geschäften, Warenhäusern, Supermärkten, Drugstores und Fachgeschäften bietet die Gewähr, daß alle Mieter hohe Umsätze erzielen und die prozentuale Umsatzmiete über die Garantiemiete hinausgeht. Während die großen Mieter am Anfang Ausschließlichkeitsklauseln forderten, legen sie heute Wert darauf, daß Konkurrenzfirmen gleicher oder ähnlicher Art in das Shopping Center aufgenommen werden, weil sich dadurch die Anziehungskraft des gesamten Einkaufszentrums erfahrungsgemäß erhöht."[116] Daraus mußte nicht nur der innerstädtische Einzelhandel lernen und Konsequenzen ziehen: Innerhalb weniger Jahre veränderten durch um-

---

113 A.a.O., S. 82.
114 A.a.O., S. 77.
115 Ebda.
116 A.a.O., S. 38; vgl. zu diesem Konzept: P. E. Smith, Shopping Centers – Planning and Management, New York 1958; V. Gruen, L. Smith, Shopping Towns USA, New York 1960.

fassende Verkehrsplanung und Stadtgestaltung viele der bundesdeutschen Großstädte ihr Gesicht [117]; in über 100 Städten [118] kam es Ende 1973 zu einer Neugestaltung des städtischen Kerngebietes durch Fußgängerstraßen; selbst Kleinstädten wurde der eigene Fußgängerbereich zum Renommierobjekt. Und doch muß trotz aller Bemühungen immer noch festgestellt werden: „Trotz der in Vielfalt und Qualität nach wie vor überragenden Leistung des City-Einzelhandels ist dessen Position nicht mehr unangefochten. Er steht in verschärftem Wettbewerb mit den neuen Einkaufszentren am Stadtrand."[119] Immer wieder waren es die gleichen Argumente, mit denen die Forderungen nach gestalterischer Bereicherung und öffentlicher Finanzhilfe dafür begründet werden: Verödung der Cities, Rückgang der Wohnbevölkerung in den Innenstädten, Abfluß von Kaufkraft in die Peripherie, Gefahr der Slum-Bildung in Bereichen zwischen Kerngebiet und umgebenden Stadtteilen, Brachliegen öffentlicher Einrichtungen. Daher verfolgten die Industrie- und Handelskammern „diese Entwicklung mit Sorge. Sie überlegen, wie die Attraktivität der Innenstädte auf Dauer gesichert werden kann".[120]
Zwar war es durch Einrichtung von Fußgängerzonen vorübergehend gelungen, die Situation des innerstädtischen Einzelhandels wirksam zu verbessern, doch zeichnete sich eine für dessen Ertragslage langfristig gefährliche Arbeitsteilung ab, da die Einkaufszentren und insbesondere die Verbrauchermärkte in den Außenbereichen Massenumsätze durch billige Angebote an Waren des täglichen Bedarfs erzielten, wohingegen die Innenstädte zunehmend auf die Deckung des höherwertigen Bedarfs, auf Darbietung von Luxusgütern ausgerichtet und damit auf den Verkauf von Kauferlebnissen angewiesen waren: „Moderne Konsumenten suchen nicht einfach Waren, sondern Einkaufserlebnisse. Dazu tragen neben den architektonischen Mitteln in der Ausgestaltung vor allem die Mischung verschiedenster Einrichtungen und Aktivitäten bei."[121] Diese ‚Erlebnisse' mußten nun als Indiz jener ‚Urbanität' ausgegeben werden, in deren Namen in öffentlichen Diskussionen der Durchsetzung kommerzieller Interessen der Weg geebnet wurde, wie sich exemplarisch an der Entwicklung der Darmstädter Innenstadt verfolgen läßt: „Die vorgelegte Planung zielt darauf ab, der Stadt Darmstadt ein urbanes, dynamisches

---

117 Vgl. die große Farb-Reportage ‚Flanieren wie Anno dazumal' in: Der Stern, Nr. 8, 1974, S. 132 f.
118 Vgl. die ausführlichen Angaben in der Untersuchung des Deutschen Industrie- und Handelstages ‚Für Fußgänger – Erfahrungen mit autofreien Geschäftsstraßen', Deutscher Industrie- und Handelstag (Hg.), Schriftenreihe Heft 136, Bonn 1973. So gab z. B. die Stadt München 16,54 Mio DM, Essen 6 Mio DM, Wuppertal 5,5 Mio DM allein für Einrichtung und Umgestaltung von Fußgängerbereiche aus (vgl. die DIHT-Studie, a.a.O., S. 20).
119 A.a.O., S. 7.
120 Ebda.
121 CZD-Planungsgruppe, Vorlage zum City Zentrum Darmstadt, Darmstadt 1971, S. 25.

Zentrum zu schaffen, in dem die Bürger zu allen Tageszeiten, vom Verkehr unbelästigt, in vitaler, ihren verschiedensten Neigungen entsprechender Weise kommunizieren."[122] Das inzwischen zur Ausführung kommende Zentrum der Stadt ist mustergültiges Ergebnis jener Konkurrenz, die — in den USA vorgeprobt und durchgefallen — in der Bundesrepublik zugunsten der Innenstädte entschieden werden sollte.

Immer wieder waren es die vielbeschworenen amerikanischen Erfahrungen, mit denen für die Rettung der Innenstädte durch „ ‚Urbanieren' um jeden Preis"[123] plädiert wurde. Denn immer wieder versuchten Bürgermeister von Randgemeinden „eine Belebung unserer Stadt"[124] zu erwirken, indem sie besonders günstige Bedingungen zur Ansiedlung von Einkaufszentren boten und somit die in übergreifenden Planungen vorgesehenen Zentrenbildungen unterliefen. Umso stärker mußten in ‚konzertierter Aktion' Kommunalverwaltung und Einzelhandel der Kernstädte durch gemeinsame Werbung, Planung, Gestaltung und Veranstaltungen deren Mittelpunktfunktionen im ‚Regionalbewußtsein' der Bevölkerung verankern, zumal jene Einkaufszentren ‚auf der grünen Wiese' zunehmend selbst das Etikett der Urbanität in Anspruch nehmen, indem sie neben den Einkaufsangeboten vielerlei Möglichkeiten der Frei-

---

122 A.a.O., S. 2.
123 Artikelüberschrift in der Frankfurter Allgemeinen Zeitung vom 21. 7. 1973.
124 Der Griesheimer Bürgermeister H. Karl in einer Stellungnahme zum geplanten Einkaufszentrum, Darmstädter Tagblatt vom 2./3. 11. 1968.

zeitgestaltung und Dienstleistungen bis hin zur Arzt- und Rechtsanwaltpraxis bieten. „Erreichbarkeit, Parkplatzangebot und Bodenpreise bewirken ein Abwandern von City-Funktionen zu Standorten im Umland. Der Faktor Erreichbarkeit und der Trend, Konsum- und Wocheneinkauf als Freizeitbeschäftigung zu sehen, lassen die Einkaufszentren im Umland zu attraktiven Ausflugszielen werden."[125] Während z. B. die Frankfurter Presse klagt „In der

City ist kein Platz für Kinder"[126], lockt die „Einkaufscity im Grünen" mit ihrem „Kinder-Vergnügungspark", mit 2 Kindergärten, mit Auto-Scooters, Sportwagen-Piste, Puppentheater etc.[127]. Solchen Angeboten muß der innerstädtische Einzelhandel Äquivalentes entgegenhalten: In Darmstadt etwa können während der ‚Aktionswochen' mit Flohmarkt, Ausstellungen, Konzerten etc. die Kinder der Käufer zu einem beaufsichtigten Gratisvergnügen kommen, indem sie in der bunten Kinder-Straßenbahn die Stadt durchqueren; in anderen Städten richten Großkaufhäuser phantasievolle Spielstuben ein.

Neben all diesen Anstrengungen zur Steigerung der Attraktivität für potentielle Käufer aber bleibt oft als wesentliche (Monopol-)Attraktion der Innenstädte die bauliche Repräsentation ihres unverwechselbaren Charakters, die Vermarktung der Lokalgeschichte durch gezielte Raumgestaltung, besonders,

---

125 CZD-Planungsgruppe, a.a.O., S. 4.
126 Frankfurter Rundschau vom 16. 6. 1973.
127 Halbseitige Werbeanzeige des Main-Taunus-Zentrums in der Frankfurter Allgemeinen Zeitung vom 12. 1. 1974.

wenn dies im Rahmen pittoresker städtebaulicher Situationen vorgenommen werden kann, wie etwa in München: „Dinge, die in Frankfurt bislang zu sehr nach rein wirtschaftlichen und organisatorischen Gesichtspunkten geregelt wurden, wie Bürgersteigdecken oder Platzbepflasterungen, haben in München wieder ästhetische Qualitäten erlangt. Bewährt hat sich dort auch der Griff in die Mottenkiste. Was nicht alt ist, wurde wenigstens so angemalt."[128] Ein „Griff in die Mottenkiste" wird konsequent auch für Frankfurt empfohlen: „Die Kaiserstraße zum Beispiel wird als Fußgängerzone nur dann interessant sein, wenn man ihr Hauptkapital, nämlich die Gründerzeitfassaden, ins rechte Licht rückt."[129]
Durch die Auflösung der Schaufenster und die Ausstellung von Waren in Körben, Ständern und Boutiquen im Straßenraum werden gleitende Übergänge zwischen privaten und öffentlichen Räumen geschaffen, die zudem durch Straßenmöbel, -pflaster und Kugellampen basarartig zusammengezogen werden. Die Einheit von historischen Einzelbauten, altstädtischen Straßenführungen mit begrenzenden Nachkriegsbauten, wechselnden Verkaufsattraktionen und Werbeträgern wird so geschlossen, daß innerhalb des Rahmens fester Bauten und Einrichtungen ohne Gefahr für die Orientierung der Einkäufer und den übergreifenden „Stimmungszusammenhang" die Maskerade zu besonderen Anlässen wechseln kann. „Für eine Woche legt die Darmstädter City ihr Alltagsgesicht ab: Sie präsentiert sich jetzt, den Nachbarn aus der näheren Umgebung zuliebe, im ländlich-liebenswerten Starkenburg-Look. Am Montag, dem offiziellen Eröffnungstag der von der Aktionsgemeinschaft Darmstädter Innenstadt arrangierten Einkaufswoche, entpuppte sich die City als ein Gastgeber, der sich sehen lassen kann – und dessen neues Make-up von den Besuchern aus nah und fern auch gebührend bewundert wurde."[130] Die in den Straßen aufgestellten Riesenkulissen mit originalgetreuen Abbildungen bekannter Odenwald-Merkmale übernahmen für kurze Zeit die Rolle der ‚echten' historischen Fassaden. Die Verknüpfung „heimatlicher" Elemente aus dem Umland mit den Versorgungsfunktionen der Innenstadt zeigt, was im Sinne der ökonomisch begründeten langfristigen ‚Hinorientierung' auf dies regionale Versorgungszentrum gemeint ist, wenn der Oberbürgermeister behauptet, diese „Einkaufswoche ziele nicht nur aufs Geldverdienen ab, sie zeige auch, daß Darmstadt die Interessen der Nachbarn im Auge behalte, die letztlich auch Darmstädter Interessen seien".[131]
Das gestalterische „Kapital" der Stadtstruktur, aus dem durch übergreifende Stadtgestaltung noch „ästhetischer Mehrwert"[132] gewonnen werden kann,

128 W. Ehrlich, ‚Urbanieren' um jeden Preis?, in: Frankfurter Allgemeine Zeitung vom 21. 7. 1973.
129 W. Ehrlich, Reklame ohne Rücksicht auf das Stadtbild, in: Frankfurter Allgemeine Zeitschrift vom 12. 1. 1974.
130 Darmstädter Echo vom 2. 5. 1973.
131 Ebda.
132 M. Trieb, Ziele der Stadtgestaltung, in: Stadtbauwelt Heft 35/1972, S. 198.

wird umso wichtiger, je stärker die innerstädtischen Einkaufszentren nicht nur mit denen im Umland, sondern auch mit den in anderen Kernstädten gelegenen konkurrieren. Daher darf das gestalterische „Make-up" der Innenstädte nicht allzu dick aufgetragen sein: „Anzeichen sprechen dafür, daß die Zeit zu Ende geht, in der der kommerzielle Schwerpunkt der Stadt identisch schien mit Zentrum, die Micky-Maus-Kultur der Reklame mit Urbanität und in der ‚shopping' Ziel aller Wünsche war."[133]
Zudem zeichnet sich ab, daß die am Stadtrand gelegenen großen SB-Warenhäuser und Verbrauchermärkte durch nüchterne Werbung für preiswerte Sonderangebote ein ‚gebrauchswertorientiertes' Einkaufsverhalten zu fördern beginnen, das zum Konsum-Flair der Innenstädte Alternativen bietet. In Albrecht-, Divi-, Toom- und Massa-Märkten setzt sich gleichsam eine Anti-Warenästhetik durch, indem der Verzicht auf aufwendige Verpackung und Aufbereitung der Warenangebote demonstrieren soll, daß der Kunde hier keinen Pfennig für trügerische Gebrauchswertversprechen verausgaben muß. Vor diesem Hintergrund wird innerstädtische ‚Urbanität' als teures und daher schicht-spezifisches Freizeitvergnügen durchschaubar und verliert, besonders in Krisenzeiten, mangels verfügbarer Kaufkraftpotentiale an Wirksamkeit. Mit der fortschreitenden Aufteilung der Märkte und Abgrenzung von Einzugsbereichen zeigt dieser Prozeß der Polarisierung von Exklusiv- und Billigangeboten jedoch wieder rückläufige Tendenzen. Auch wenn insgesamt eine auf verschiedene Käuferschichten abzielende ‚Arbeitsteiligkeit' zwischen den Großunternehmen beibehalten wird, ist doch ein „Zwang zur Konvergenz" zwischen den Angebotsformen festzustellen. Um noch die letzten kleinen Konkurrenten auf Stadtteilebene auszuschalten, lassen sich auch die Verbrauchermärkte auf Verkaufsbedingungen und Angebote ein, die „zum ‚trading up' durch Aufnahme beispielsweise modischer Artikel und Beratung zwingen – damit aber auch zur aufwendigen Raumgestaltung".[134] Indem sowohl die großen Warenhauskonzerne als auch die Verbrauchermärkte durch Standorte in Stadtteilzentren die Lücken zwischen City und Umland zu schließen beginnen, kommt nun auch der angestammte Fachhandel in einen Anpassungszwang, unter dem die meisten der selbständigen Lebensmittelgeschäfte schon vor Jahren aufgeben mußten: „Die Abwehr der Betroffenen führt wiederum dazu, daß sie sich ebenso wie die neuen Töchter der traditionellen Warenhäuser sowohl in Teilen des Sortiments als auch in Aufmachung und Service in Richtung auf die Verbrauchermärkte und SB-Warenhäuser hin angleichen müssen"[135] – die dann nach Ausschaltung der Konkurrenz gemeinsam die Preise wieder hochziehen können.

133 H. Adrian, Von den Schwierigkeiten, eine alte Stadtmitte neu zu beleben, in: Bauwelt, Heft 32/1973, S. 1397.
134 E. Thomas, Der Wandel im Einzelhandel und die bau- und planmaßrechtlichen Rahmenbedingungen, in: Bundesforschungsanstalt für Landeskunde und Raumordnung (Hg.), Informationen zur Raumentwicklung, Heft 9/1976, S. 449.
135 Ebda.

Ambivalenz der Urbanität

Nachdem über Jahre die „verdichtete Verkaufsatmosphäre mit Basar-Wirkung"[136] erfolgreich der Bevölkerung als ‚Urbanität' verkauft worden war, werden in letzter Zeit stärker Bedürfnisse nach nicht-kommerzialisierbaren Formen städtischer Kommunikation artikuliert. Somit ist nicht auszuschließen, „daß die Mobilisierung der Bevölkerung zum Zwecke individuellen Konsums Qualitäten politischer Mobilisierbarkeit annimmt".[137] Dafür spricht einerseits der wachsende Protest gegen die ‚social costs', welche die Kehrseite der vorgeblichen Humanisierung der Innenstädte etwa dadurch bilden, daß der Verkehr in die umliegenden Wohngebiete abgedrängt wird[138], daß die im Stadtzentrum verausgabten öffentlichen Mittel zur Entwicklung anderer Stadtbereiche nicht einsetzbar sind etc.; andererseits wird immer häufiger am kommerziellen Charakter der Innenstädte Kritik geübt und die planende Verwaltung der „Kumpanei mit der Wirtschaft"[139] bezichtigt.

So zeigt etwa eine Untersuchung der Reaktionen der Bevölkerung auf die Sperrung der Frankfurter Zeil, daß trotz breiter Zustimmung zur Schaffung des Fußgängerbereichs differenziert kritisiert werden konnte.[140] Das Schwergewicht der Kritik wandte sich „eindeutig gegen den ‚Rummelplatzcharakter', die zusätzlichen Verkaufsflächen zu Lasten des neugewonnenen Freiraumes für den Fußgänger und gegen die Lautstärke mancher Veranstaltung (...). Alle Versuche, die ‚übergroße' Fläche dadurch einzuschränken, daß kommerzielle Einrichtungen auf der Zeil untergebracht werden, wurden in der Bevölkerung heftig kritisiert".[141] Die besonders von jüngeren Altersgruppen geäußerten Wünsche nach Diskussionsecken (58 % der Befragten unter 30 Jahren), Informationsständen (54 %) und Kinderspielplätzen (42 %) lassen ahnen, welche Erwartungen unterschwellig auf eine tatsächlich ‚Menschliche Stadt' (Werbeslogan Frankfurts) gerichtet werden. Eine prägnante Verschiebung in der Einschätzung der Zeil-Sperrung kommt zudem im Vergleich der —

---

136 Darmstädter Tagblatt vom 11./12. 1. 1969.
137 T. Rexroth, Warenästhetik — Produkte und Produzenten, Kronberg 1974, S. 101.
138 Vgl. die breite Diskussion um die Proteste der von der Frankfurter Zeil-Sperrung am stärksten betroffenen Bewohner der Bleichstraße und die damit verbundenen Polizeieinsätze (z. B. Frankfurter Rundschau und Frankfurter Allgemeine Zeitung vom 2. 7. 1973). Die Kommentatoren freilich machten es sich leicht: „Um wenigstens menschliche Bereiche in der Stadt zu haben, wird Frankfurt nicht umhin kommen, auch ‚unmenschliche' Bereiche zu akzeptieren. Sie sind die Voraussetzung für die Verbesserung der allgemeinen Lebensqualität der Innenstadt." (Frankfurter Allgemeine Zeitung vom 15. 6. 1973).
139 Artikelüberschrift in der Frankfurter Allgemeinen Zeitung vom 28. 6. 1973.
140 Fußgängerbereich Zeil Frankfurt/Main, Abschlußbericht über die Versuchssperrung im Mai—Juni, hrsg. vom Dezernat Planung und Bau der Stadt Frankfurt/Main 1973.
141 A.a.O., S. 75 f. und S. 81 f.; zum folgenden vgl. a.a.O., Anlage 3, Bericht und Interpretation über zwei Kurzumfragen zur Sperrung der Zeil.

von Massenmedien präformierten – Erwartungen (1. Befragung vor der Sperrung) mit den konkreten Erfahrungen der Bevölkerung (2. Befragung zwei Monate später) deutlich zum Ausdruck. Die Ergebnisse lassen darauf schließen, daß die als Beitrag zur ‚Menschlichen Stadt' gepriesene, neue geschaffene Wirklichkeit weit hinter den Erwartungen zurückblieb. So wird besonders hervorgehoben, „daß intensive Meinungsbewegungen stattgefunden haben: Die Aussage ‚dient nur den Geschäftsleuten' wird von fast sechsmal mehr Befragten gemacht, als in der ersten Befragung. Bei den unter 30jährigen sind es zehnmal mehr (von 2 % auf 21 %). Hier hat ein deutlicher Wandel stattgefunden: Dadurch, daß man die Autos von der Zeil weggenommen hat, ist die Monofunktion der Zeil noch deutlicher geworden. Sie ist überprägnant wahrnehmbar und damit der kritischen Stellungnahme leichter zugänglich. Die Wegnahme der Autos hat die Funktion der Zeil wenig verändert, das Einkaufen ist angenehmer, aber für einen Teil der Befragten auch angreifbarer geworden. Tendenziell in dieser Richtung liegen auch die Nennungen zum Thema ‚Menschliche Stadt' ".[142] Bei ähnlichen Untersuchungen ergab sich auch in anderen Städten „eine klare Priorität für die freizeitbezogenen und sozial-kommunikativen Funktionen der Fußgängerstraße"[143], hinter denen die Ziele Handelsförderung und Verkehrsverbesserung weit zurücktraten. Die bewährten Muster zur verbalen Verkleidung der autofreien Geschäftsstraßen scheinen an Wirksamkeit verloren zu haben, da nicht nur die Zeil-Nutzer in dem Fußgängerbereich eher eine einseitige Verbesserung des kommerziellen ‚Funktionierens' der Straße sehen als einen übergeordneten Beitrag zur ‚Menschlichen Stadt'. Das Verlangen nach konkretem Gebrauchwert städtischer Öffentlichkeit kommt zum Ausdruck auch im verbreiteten Wunsch (39 % aller Befragten) nach mehr Veranstaltungen (Darbietungen, Feste, Konzerte etc.)[144], die in Frankfurt nur vorübergehend als bloße Zweckveranstaltungen zum Kundenfang stattfanden. So wurde noch als Erfolg verbucht, daß das von der Stadt finanzierte musikalische und kulturelle Programm im Hauptwachenbereich bereits nach vier Wochen abgesetzt werden konnte, „da es als Stimulanz für den Sperrversuch nicht mehr erforderlich war".[145] Doch wurden ähnliche Aktionsformen im Rahmen der internen Image-Arbeit besonders im Wahlkampf wieder aktuell.
In anderen Städten dagegen wußte man den ‚Mitmach-Effekt' öffentlicher Veranstaltungen im Stadtzentrum sowohl vonseiten des Einzelhandels als auch der Kommunalpolitik schon früher zu schätzen: Sie werden geradezu

---

142 A.a.O., S. 13; bezüglich der Verkehrsprobleme heißt es auf S. 13: „Was bleibt ist – aufgrund eines nicht gelösten Konfliktes eine erhöhte Bereitschaft, negative Folgen von Planungen wahrzunehmen."
143 R. Monheim, Fußgängerbereiche: Von ‚kraftverkehrsfreien Kaufstraßen' zur sozialen Mitte, a.a.O.
144 A.a.O., Anlage 3, S. 14.
145 A.a.O., S. 72.

notwendiger Bestandteil der Werbe- und Befriedungsstrategien, durch die freilich zugleich nicht-kalkulierbare Risiken derart geschaffen werden, daß im öffentlichen Raum vielfältige Nutzungs- und Aneignungsformen ermöglicht und vorgeprobt werden.
Wenn die innerstädtischen Fußgängerbereiche inzwischen von den Stadtbewohnern zunehmend auch außerhalb der Geschäftszeiten [146] genutzt werden und energisch die räumliche und funktionale Erweiterung gefordert wird, so sind diese Forderungen ‚von unten' zunächst durchaus auch im Sinne kommunalpolitischer Erfordernisse und Planungen ‚von oben'. Denn mit den Versuchen zur Förderung des Innenstadtwohnens beginnen sich auch in der Fußgängerbereichsplanung die Schwerpunkte zu verschieben. Die Begrenzung auf reine Konsumenten-Aufmarschplätze läßt sich mit Blick auf die Verlagerung stadtwirtschaftlicher Problemfelder nicht mehr vertreten; die Notwendigkeit eines neuen Abschnitts komplexer Fußgängerbereichsplanung wird sichtbar. Erst durch stärkere Berücksichtigung sozial-kommunikativer Aspekte, durch Ausweitung der Fußgängerzonen über den Geschäftsbereich hinaus und durch Einbindung der historischen Bauten, Parkanlagen und Fußwege kann eine Stärkung der Ortsbindung von Stadtbewohnern erwartet werden: „Entscheidend ist nämlich langfristig nicht das ‚fortschrittliche', sondern das persönliche, unverwechselbare Image der Stadt."[147]
Den durch Einrichtung von Fußgängerbereichen aktualisierten und dann durch deren Begrenzung enttäuschten Bedürfnissen der Stadtbewohner muß Rechnung getragen werden, wenn nicht allzu deutlich die Bindung der Planung an die Geschäftsinteressen des Handels erkennbar werden soll. Programmatisch wird diese Entwicklung als Trend „von ‚verkehrsfreien Kaufstraßen' zur sozialen Mitte"[148] beschrieben. Bisher konnte zwar die sozialstaatlich proklamierte ‚Verbesserung der Lebensqualität' durch ‚Humanisierung der Städte' nur soweit und dort durchgesetzt werden, wie sie von handfesten kommerziellen Interessen an der Umgestaltung der Innenstädte getragen war; ihre Grenze fand sie dort, wo kurzfristige Rentabilität nicht garantiert war.[149]

146 Auf (noch) unverwirklichte Möglichkeiten verweisen Schlagzeilen wie: „Frankfurter nahmen am Samstag totalen Besitz von der Fußgänger-Zeil" in der Frankfurter Rundschau vom 14. 5. 1973. Zur Nutzung der Fußgängerbereiche als Freizeitzonen außerhalb der Geschäftszeiten vgl. auch die Untersuchung von R. Monheim, Freizeitaktivitäten beleben Fußgängerbereiche, in: Baumeister, Heft 10/1974, S. 1092 f.
147 R. Monheim, Fußgängerbereiche: Von ‚kraftverkehrsfreien Kaufstraßen' zur sozialen Mitte, a.a.O., S. 150.
148 A.a.O., S. 134.
149 A.a.O., S. 142, heißt es: „Bei der räumlichen und gestalterischen Konzeption von Fußgängerbereichen dominierten, abgesehen von technischen und finanziellen Zwängen, bisher meist die Erfordernisse des Handels und der Ästhetik. Typisch für die kommerzielle Orientierung: die Beschränkungen auf ‚sich lohnende' Straßen und die Möblierung mit Schauvitrinen und Verkaufsständen. Der vordergründige Ästhetizismus wird z. B. mit dem kritischen Schlagwort vom ‚Pflasterwettbewerb' angedeutet."

Inzwischen zeichnen sich aber Tendenzen zur Ausweitung und Funktionsbereicherung ab, die erst mit Blick auf Entwicklungstendenzen im Wohnbereich verständlich werden. Da sowohl staatliche Instanzen als auch Hauseigentümer bei nachlassendem Expansionsdruck der Cityfunktionen die Aufwertung zentrumsnaher Wohngebiete forcieren und überdies polyzentrische Stadtmodelle für die Planung wieder an Bedeutung gewinnen, scheinen die Voraussetzungen einer solchen Erweiterung der Fußgängerbereichsplanung über die eindimensionalen „Konsumrennstrecken"[150] hinaus gegeben. Wem diese Entwicklung jedoch zugute kommt, hängt letztlich vom Konflikt- und Durchsetzungspotential jener Bevölkerungsgruppen ab, deren *ökonomisch* verhältnismäßig günstige Wohnbedingungen durch eine *räumliche* Verbesserung — etwa durch die Aufwertung ihrer Wohnumgebung — eher gefährdet als gesichert werden.

3. Wohnbereiche

Die Wohnung als Ware und Gegenmilieu

Im Produktionsbereich wird das menschliche Arbeitsvermögen verausgabt. Außerhalb von Fabrik und Büro — in der Hauptsache in der Wohnung — müssen Kräfte gesammelt oder — wie Marx sagt — muß die Ware Arbeitskraft reproduziert werden: als *physische Reproduktion* durch Essen, Schlafen usw., als *psychische Regeneration* — die am Arbeitsplatz erfahrenen Enttäuschungen werden abreagiert, dort erlittene Versagungen kompensiert, soziale Anerkennung wird gesichert — und als weitere Reproduktion durch Erzeugung und Erziehung des Nachwuchses, der eine den späteren Ansprüchen des Arbeitslebens entsprechende *Sozialisation* erfährt.[151]
Im Bereich der Reproduktion werden die Lebensmittel (im umfassenden Sinne verstanden) erworben und konsumiert, die Lohn oder Gehalt hergeben. Auch die Wohnung gehört im Kapitalismus zu jenen Waren, die, als notwendiges Mittel der Reproduktion der Arbeitskraft, auf dem Markt individuell erworben werden müssen. Das Recht, die Ware Wohnung zu gebrauchen, ist an Kaufpreis oder Mietzins gebunden; und wie bei jeder anderen Ware auch, findet eine ständige Reduktion des Gebrauchswerts — hier: der Wohnqualität bis an die Grenzen der zu Verkauf bzw. Vermietung erforderlichen Mindestqualität — statt. Dies betrifft nicht nur Lage, Größe und Ausstattung, sondern

---

150 A.a.O., S. 136.
151 Mit der beschleunigten technologischen Entwicklung und der historischen Veränderung des Arbeitsethos geht jedoch eine Funktionsverlagerung auf außerfamiliale Sozialisationsinstanzen einher. Vgl. u. a. W. Gottschalch u. a., Sozialisationsforschung, Frankfurt/Main 1971.

schon die technisch-konstruktive Qualität der Wohnhäuser[152] und erst recht deren äußere Erscheinung. So kommt aufgrund der angespannten Lage auf dem Wohnungsmarkt der ästhetischen Qualität billiger Miethäuser kaum Bedeutung zu, da das Angebot an relativ preisgünstigem Wohnraum bis heute so knapp gehalten wird, daß stete Nachfrage gesichert und die Erzielung von Konkurrenzvorteilen durch gestalterische ‚Verpackung' nicht erforderlich ist. Bis heute ist der Mietwohnungsbau zumeist konsequenter Ausdruck einer durchrationalisierten Wohnungswirtschaft, deren erste Erscheinungsformen W. H. Riehl 1855 folgendermaßen beschreibt: „Die wahren Häuser des modernen Bedürfnisses sind und bleiben vorerst noch die traurigen, kahlen Wohnungskasernen unserer Großstädte, bei denen alles auf Geldgewinn und Gldersparniß ausgerechnet ist, jede individuelle Gestaltung verpönt, weil sie nutzlos Geld kosten würde, jeder sinnige Schmuck unterlassen, weil man Geld dafür wegwerfen müßte, jede Berechnung auf den dauernden Wohnsitz einer Familie und vollends ganzer Generationen derselben Familie beseitigt, weil Häuser und Wohnungen eine wandelbare Waare geworden sind, hineingezogen in den tosenden Wirbel der allgemeinen städtischen Kapitalwirthschaft."[153] Mit sentimentalem Blick betrachtet Riehl die Auflösung des „ganzen Hauses"[154] im tosenden Wirbel der Kapitalwirtschaft, der die ‚freien' Lohnarbeiter

152 So berichtete bereits Friedrich Engels von Wohnsiedlungen für Industriearbeiter in Manchester, die auf den ersten Blick „nett und reinlich" aussehen — „die Türen und Fenster sind neu und frisch angestrichen, die inneren Räume rein geweißt" —, wobei bei genauerem Hinsehen aber zu erkennen ist, „daß dieses nette Aussehen doch nur Schein ist. Schein, der nach zehn Jahren schon verschwunden ist". Solche Häuser sehen eben nur „anfangs nett und solide aus, die massiven Ziegelmauern bestechen das Auge. Aber wenn man näher zusieht, so findet man, daß die Mauern der Cottages so dünn sind, wie es nur möglich ist, sie zu machen". F. Engels, Die Lage der arbeitenden Klasse in England, a. a. O., S. 289.
153 W. H. Riehl, Die Naturgeschichte des Volkes als Grundlage einer deutschen Social-Politik, Bd. 3, Stuttgart und Augsburg 1855, S. 185.
154 Sowohl im Gefüge der Quartiersstrukturen als auch in der internen Wohnungsorganisation läßt sich historisch die fortschreitende Ausgliederung produktiver Tätigkeiten und damit die Trennung von Lebensbereichen feststellen, die in agrarischen und handwerklichen Produktionsweisen vorkapitalistischer Epochen noch ununterscheidbar durchdrungen waren. So waren hier ‚Betrieb' und ‚Haushalt' noch ungetrennt; das *ganze Haus* war zugleich Produktions- wie Konsumtionsort, an dem durch vielfältige verwandtschaftliche (Sippe) und gewerbliche (Gesellen, Gesinde) Bindungen komplexe Sozialbeziehungen bestanden, die trotz bestehender Hierarchien und Abhängigkeiten neben dem gemeinschaftlichen Konsum der gemeinsam erzeugten Güter auch eine gemeinsame Nutzung der Räume des *ganzen Hauses* erlaubten. Mit der Auflösung und Versachlichung der persönlich vermittelten Arbeits- und Abhängigkeitsverhältnisse folgten den sozialen Abgrenzungen auch die räumlichen: Die innerhalb der herrschaftlichen Häuser Bediensteten wurden zunehmend aus dem Lebenszusammenhang der ‚Herrschaften' ausgeschlossen und in deutlich abgesetzte Nebengemächer eingewiesen; die als Lohnarbeiter ‚freigesetzten' Arbeitskräfte dagegen hatten nun für ihre Unterkunft selbst zu sorgen und mußten im Zuge der einsetzenden Industrialisierung der Verlagerung und Konzentration der Produktionsstätten in die

auf der einen Seite in die Disziplin des Fabriksystems, auf der anderen Seite in Form ziviler Kasernierung in schmucklose Wohnblöcke zwingt.[155] Mit der Verwandlung der Wohnung zur Ware nahm auch deren *äußeres Erscheinungsbild Warencharakter* an, so daß auch hier erst bei zahlungsfähiger Nachfrage jener Mechanismus warenästhetischer Produktion in Gang kam, den ein Verfechter funktionalistischen Bauens 1930 kritisch kommentiert: „Da der Wohnungsbau, besonders in der Zeit der starken Ausdehnung der neuen Industriestädte, im hohen Maße eine Sache der Spekulation wurde, geschah mit der Produktion von Wohnungen das gleiche wie mit der von fast allen anderen Gebrauchsgütern der Masse: für ihre Herstellung war nicht mehr der Gebrauchswert, sondern der Tauschwert maßgebend, sie wurden so billig als möglich und meist in recht schlechter Qualität hergestellt. Da sie aber auf der anderen Seite möglichst teuer verkauft werden sollten, mußten sie ‚nach etwa aussehen' und deshalb wurden alle die Verzierungen, Schnörkel, Dächlein, Pfeiler, Stuckornamente und sonstigen überflüssigen Dinge aufgeklebt."[156]

Daß trotz Verschlechterung der Gebrauchswert-Qualitäten durch gestalterische Kostümierung ein hoher Tauschwert zu erzielen ist, wird verständlich erst, wenn man sich deren psychologische Funktion vor Augen hält, was einem sensiblen und konsequenten ‚Funktionalisten' wie A. Schwab nicht schwerfiel – nämlich Statusdemonstration zur Identitätsstütze als gleichsam sozialen Gebrauchswert mit in Rechnung zu stellen: „Die Käufer solcher Häuser waren überwiegend Kleinbürger, die nun erst recht, mit scheuem Blick nach oben, die stille Verehrung feudaler Überlieferungen in sich trugen, und man muß wohl offen zugeben, daß diese Neigung, Lebensgewohnheiten einer sog. höheren Schicht äußerlich – entsprechend billiger – nachzuahmen, auch bis tief in die Kreise der eigentlichen Arbeiterschaft eingedrungen war und sich dort auch heute noch vielfach am Leben hält."[157] Daß diese Neigung

---

großen Städte folgen. Vgl. O. Brunner, Das ‚Ganze Haus' und die alteuropäische ‚Ökonomik', in: O. Brunner, Neue Wege der Verfassungs- und Sozialgeschichte, Göttingen 1968; N. Elias, Über den Prozeß der Zivilisation, 2 Bde., Frankfurt/Main 1976, bes. Bd. 1, S. 222 f.

155 „Aus der militärischen Disziplin der Soldaten wurde durch die Industrielle Revolution die kapitalistische Disziplin durch die Bedingungen der Lohnarbeit." (J. C. Kirschenmann) Auch in der räumlichen Organisation der großen Mietwohnungsbauten wurde ein Höchstmaß an Standardisierung erstrebt, dem eine zunehmende Normierung von Wohn- und Verhaltensweisen entspricht: Eine Disziplinierung durch Wohn- und Lebensbedingungen, die bis heute das Wort von den ‚Mietskaserne' populär bleiben ließ. Denn damit sind neben der Charakterisierung räumlicher Erscheinungsformen – „solche Straßen schauen sich langweilig an, wie in Parade aufmarschierte Militärkolonnen" (W. H. Riehl) – auch Erscheinungen einer sozialen Verhaltensnormierung erfaßt, die weit in die vermeintlich geschützte Intimsphäre hineinreicht.

156 A. Schwab, Das Buch vom Bauen, a.a.O., S. 64.
157 A.a.O., S. 65.

auch die funktionalistische Erneuerungs-Bewegung blendend überlebte, zeigen nach knapp 4 Jahrzehnten nicht nur die immer noch neu- und meist selbstgebauten Miniaturvillen und Dekorationsversuche im zersiedelten Umland, sondern auch die mit unbrauchbaren Stilmöbelungetümen und Ratenkauf-Interieur vollgestopften Arbeiterwohnungen in den Großstädten. Mit solchen Maskeraden hatte das Neue Bauen in jenen Jahren energisch aufzuräumen versucht. Solide und durchsonnte, in einfachen Formen errichtete Bauten und schlichte Möbel sollten den alten Muff verdrängen. Durch einen einheitlichen Stil und auf einheitliche Grundbedürfnisse bezogen sollten durch die gute Form nicht nur die Unterschiede zwischen den sozialen Schichten unsichtbar gemacht, sondern auch die räumliche Gestaltung unterschiedlicher Lebensbereiche dem einheitsstiftenden Prinzip der Zweckmäßigkeit unterworfen werden. Dabei traten jedoch gerade im Wohnbereich Schwierigkeiten auf. Denn da eine Wohnung „ja auch eine große Zahl *seelischer Zwecke* erfüllen"[158] muß, die nach einem eigenen räumlichen Ausdruck und nach Kontrasterlebnissen verlangen — „man will zu Hause etwas anderes sehen als im Beruf" —, wurden erste Unverträglichkeiten deutlich. Das antiillusionistische Bauen mußte scheitern an der Aufgabe, „dem Gefühl, wenigstens hier sein eigener Herr zu sein", adäquat Ausdruck zu geben. Spätestens hier mußten die Versuche versagen, in einer Gesellschaftsordnung voller Widersprüche eine widerspruchfreie Formensprache durchzuhalten; Versuche, die am „inneren psychologischen Zusammenhang zwischen der kapitalistischen Gesellschaftsordnung und der Gestaltung der Wohnbedürfnisse" vorbeigehen mußten: „Der Kapitalismus mit seinem Kampf aller gegen alle hat den Einzelmenschen in eine ungeheure innere Vereinsamung gejagt. Er hat dafür gesorgt, daß die Menschen einander nach der Höhe ihres Geldeinkommens einschätzen, er hetzt ständig jeden Einzelnen zu Konkurrenzgefühlen gegen alle anderen auf, er zwingt die Menschen, angesichts der Unsicherheit aller Lebensverhältnisse, die er geschaffen hat, an ihr Privateigentum ständig mit Furcht zu denken und es mit Zähnen und Klauen zu verteidigen"[159] — zu verteidigen, aber auch vorzuführen, damit sich die Menschen unabhängig von ihrer Bedeutung im Zusammenhang gesellschaftlicher Produktion überhaupt ‚geschätzt' fühlen und soziale Identität gewinnen können. „Auf dieser Grundlage entsteht ein Gefühl für die Notwendigkeit eines abgeschlossenen privaten Bezirks, einer gesicherten Insel im tobenden Meer des Lebenskampfes, wie es in dieser Stärke sicher nicht unveränderliches allgemein-menschliches Bedürfnis, sondern eben typisches Bedürfnis einer kapitalistischen Geschichtsepoche ist."[160]
Unschwer läßt sich nun dieses „typische Bedürfnis" auf ‚typische' Strukturen zurückführen: Durch den Zwang der ökonomischen Verhältnisse festgelegt, ist

158 A.a.O., S. 126.
159 A.a.O., S. 86.
160 Ebda.

die scharfe Trennung zwischen Produktion und Konsumtion für die räumliche und soziale Organisation des Wohnbereichs von entscheidender Bedeutung, zumal sie im Denken und Handeln der Individuen, in deren Zweiteilung als Produzenten und Konsumenten, als Trennung von ‚Arbeit' und ‚Freizeit' ihren subjektiven Niederschlag findet. So kommt es zu einer tiefgreifenden Verkehrung der menschlichen Bedürfnisstruktur [161], da die meist außerhalb der Wohnung zu verrichtende Erwerbstätigkeit selbst nicht primär als Befriedigung eines Bedürfnisses — etwa nach kreativem Schaffen — erfahren wird, sondern als „nur ein *Mittel,* um Bedürfnisse außer ihr zu befriedigen" [162] — durch private Aneignung und individuellen Konsum der gesellschaftlich produzierten Güter.

Während durch Selbstinstrumentalisierung und Fremdbestimmung am Arbeitsplatz die Tätigkeit dort für die meisten Menschen bloß den Sinn hat, gegen möglichst hohe Bezahlung ausgetauscht zu werden, werden Lebenssinn und gesellschaftliche Identität im arbeitsfreien ‚Privatleben' gesucht und im ‚Lebensstandard' gegenständlich dargestellt. Bis heute noch werden Wohnung und Eigenheim zu schmucken Fluchtburgen [163] hergerichtet und gelten als Ort des ‚eigentlichen Lebens', für das sich Arbeitslast und Alltagshetze lohnen sollen. Abgelöst und entleert vom Zusammenhang gesellschaftlicher Produktionstätigkeit soll hier immer noch als ‚Therapiezentrum' ein Ort möglicher Selbstbestimmung und -entfaltung zu finden sein. Ähnlich der ideologischen Verwandlung des unverbindlichen Warentauschs in „urbane Öffentlichkeit" wird dabei auch hier die Not zur Tugend, die Isolation zur scheinbar autonomen ‚Privatheit': „Die Absonderung, die Abschirmung nach außen läßt die kleine soziale Umwelt in ihrer Einheit und Eigenart im Unterschied zur Außenwelt bewußt werden und ermöglicht, daß ihre latente Eigengesetzlichkeit zum Zuge kommt. Bewußter Ausbau und Kultivierung der engsten sozialen und dinglichen Umwelt zu einem in sich geschlossenen System eigener Art: das sind die positiven Bestimmungen der Privatheit." [164]

An welchen Inhalten und Auseinandersetzungen dieser „bewußte Ausbau" konkretisiert werden kann, wird bezeichnenderweise nicht angegeben: Ist doch für den größten Teil der Bevölkerung im Familienbereich die gemeinsame *dingliche* Umwelt, über die gemeinsam verfügt werden könnte, auf ein fetischisiertes Mobiliar reduziert, das gegenüber seinen Benutzern tatsächlich eine durch Ordnungs- und Sauberkeitsrituale festgelegte „Eigengesetzlichkeit"

---

161 Vgl. L. Sève, Marxismus und Theorie der Persönlichkeit, Frankfurt/Main 1972.
162 K. Marx, Die entfremdete Arbeit, in: Ökonomisch-philosophische Manuskripte, a.a.O., S. 514.
163 So stellt Bundespräsident W. Scheel in seiner Fernseh-Weihnachtsansprache 1976 fest: „Die Deutschen leben wie in Burgen, deren Zugbrücken hochgezogen sind, damit niemand eindringen kann."
164 H. P. Bahrdt, Die moderne Großstadt, a.a.O., S. 76.

umso stärker zum Zuge kommen läßt[165], je mehr die *sozialen* Beziehungen in der Kleinfamilie durch „fortschreitende Ablösung der Wohnverhältnisse aus anderen Sozialverhältnissen"[166], durch staatlich geregelte Lebensvorsorge und die wachsenden Einflüsse außerfamilialer Sozialisationsinstanzen geschwächt werden.

Zudem sind durch die umfassende Kommerzialisierung und Auslagerung gruppenspezifischer Freizeitangebote den Komplementärfunktionen, die der Freizeit gegenüber der Arbeit zukommen, im Wohnbereich enge Grenzen gesetzt. Besonders für die immer noch beengten Verhältnisse im Mietwohnungsbau gilt: „Bei hohen Anforderungen des Berufslebens und hohem Maß an Spezialisierung und Fremdbestimmung des Verhaltens bei der Arbeit kommt aber der an die Berufsrolle ungebundenen und zur Berufsrolle kontrastierenden Feierabendbeschäftigung eine wichtige, ausgleichende Funktion zu. Der Privatbereich der Familie kann diesen Ausgleich allein nicht schaffen."[167] Hier kann die Freizeit allenfalls restringierte kompensatorische Funktionen übernehmen, wie das allabendliche Ausruhen vor dem Fernsehapparat. „Man findet sich mit den Versagungen ab und will Kompensation; man will abschalten, einen Strich ziehen zwischen ‚Dienst' und ‚Leben' "[168], wodurch jedoch gerade die Determination des Freizeitverhaltens durch die Anforderungen am Arbeitsplatz verlängert wird. Dennoch soll das ‚eigentliche Leben' außerhalb der produktiven Tätigkeit im Kreis der Familienmitglieder stattfinden, die selbst aber von ihren konkreten Tätigkeiten her durch nichts anderes miteinander verbunden sind als durch das regelmäßige Zusammentreffen nach heterogenen Tagesabläufen, die zeitlich zudem meist weder gemeinsamen Anfangs- noch Endpunkt haben. Durch die Zergliederung der Lebenstätigkeit in verschiedene Arbeits-, Ausbildungs- und Freizeitbereiche bildet die Wohnsituation eine nur lose Verknüpfung der tagsüber getrennt erschlossenen Erfahrungswelten, was gerade unter den beengten Verhältnissen der Mietwohnungsbauten oft zu unerträglichen Spannungen führt: Auch der Zwangszusammenhang der Kleinfamilie kann die ‚ungeheure innere Vereinsamung des Einzelmenschen' nicht aufheben, wenn verbindende Interessen und Erfahrungen fehlen, für die selbst die demonstrative Pflege einer gemeinsamen Wohnkultur keinen Ersatz bieten kann, da die darin liebevoll vergegenständlichten

---

165 In ‚Die Unwirtlichkeit unserer Städte', a.a.O., S. 129 f. gibt A. Mitscherlich eine Definition des Wohn-Fetischismus: „Es sind all die Fälle, in denen anstelle geglückter Beziehungen von Person zu Person Dinge getreten sind." Vgl. auch M. Tränkle, Wohnkultur und Wohnweisen, Diss. Tübingen 1972.
166 P. R. Gleichmann, Wandel der Wohnverhältnisse, Verhäuslichung der Vitalfunktionen, Verstädterung und siedlungsräumliche Gestaltungsmacht, in: Zeitschrift für Soziologie, Heft 4/1976, S. 321.
167 R. Weeber, Eine neue Wohnumwelt, Stuttgart 1971, S. 137.
168 J. Habermas, Soziologische Notizen zum Verhältnis von Arbeit und Freizeit, in: Arbeit, Erkenntnis, Fortschritt. Gesammelte Aufsätze, Amsterdam 1970, S. 63; vgl. dort auch die Unterscheidung zwischen „suspensiven" und „kompensatorischen" Komplementärfunktionen der Freizeit.

Sinnbezüge in den Beziehungen der Menschen zumeist keine Entsprechung finden. Dies zeigen nicht nur die zerstörerischen Befreiungsakte, bei denen in familiären Krisensituationen zuerst die repressive Ordnung der Gegenstände zu Bruch geht, sondern schon der oft beobachtbare Widerspruch zwischen Wohnungsorganisation und Verkehrsformen, etwa zwischen dem sonntäglich-kommunikativen Möbelarrangement und dessen tatsächlicher Alltagsnutzung bzw. Nichtnutzung.

Ausbruchsversuche

Um auf der Basis frei bestimmter Interessen- und Erfahrungszusammenhänge zur Verbesserung der Bedingungen psycho-sozialer Reproduktion und Identitätsbildung jenseits kleinfamilialer Isolation und Eigentumsfetischismen neue Lebens- und Wohnformen zu entwickeln, kam es im Zuge der Studentenbewegung in den 60er Jahren zu Versuchen gemeinschaftlicher Lebensorganisation, die angesichts der herrschenden Konsumstandards und Privatheitsorientierungen jedoch lange Zeit auf enge Zirkel gesellschaftlicher Randgruppen beschränkt blieb.[169] Obwohl sich seitdem durch neue Formen des Zusammenlebens wie durch die einsetzende Veränderung der Rollendefinitionen innerhalb der Kleinfamilie gerade im Wohnbereich entscheidende Wandlungen vollzogen haben, blieben die Entwicklung des Wohnungsbaus und insbesondere ästhetische Innovationen davon nahezu unberührt. Trotz ihrer raschen Verbreitung bleiben die Formen kollektiven Wohnens für die meist homogenen Wohngruppen in der Regel beschränkt auf lebensgeschichtliche Übergangsphasen zwischen Schule und Erwerbstätigkeit. Dabei konnte der Nachfrage nach geeignetem Wohnraum noch zu wenig ökonomischer Nachdruck gegeben werden, um ein entsprechendes Angebot auf einem gesonderten Sektor des Wohnungsmarktes zu bewirken.
In diesen Phasen des Übergangs gibt die oft demonstrativ zur bürgerlichen Wohnkultur kontrastierende, improvisierte Wohnsituation den räumlichen Rahmen zur gemeinschaftlichen Bewältigung von Problemen ab, die sich aus der Ablösung vom Elternhaus, aus Identitätskrisen, aus gemeinsam erlebten Konflikten in Ausbildung und ersten Berufserfahrungen ergeben – einen Rahmen, der nach Übergang in den Berufsalltag meist entscheidend geändert wird. Dabei weicht der oft therapeutische und durch sehr intensive persönliche Auseinandersetzungen geprägte Charakter der Wohngemeinschaft zumeist einer nüchternen Einschätzung vor allem auch der materiellen Vorteile

---

169 Vgl. E. Bookhagen u. a., Kommune 2, Versuch der Revolutionierung des bürgerlichen Individuums, Berlin 1969; Autorenkollektiv TU Berlin, Kommunehäuser für Jugendliche, Berlin 1970; G. Meyer-Ehlers u. a., Kollektive Wohnformen, Wiesbaden und Berlin 1973; N. Schmidt-Relenberg u. a., Gemeinschaftsorientiertes Wohnen, Stuttgart 1973; J. Janssen u. a., Stadtplaner und Reformgeister, Berlin 1970, S. 29 f.

gemeinsamer Lebensorganisation. Sofern Bedürfnisse nach Ansätzen kollektiven Lebens überhaupt weiterbestehen, können sie in der nun folgenden Phase erweiterter finanzieller Handlungsspielräume je nach ökonomischer Potenz der Beteiligten höchst unterschiedlich umgesetzt werden. Für Gruppen von jungen Familien und Einzelpersonen etwa bietet sich der Kauf von Altbauten an, die relativ preisgünstig zu erwerben sind, aber durch entsprechende Umgestaltung und Nutzung von Garten und Hof, von Kommunikations- und Spielbereichen vielfältige Funktionsüberlagerungen und Übergänge zu den individuellen Rückzugsbereichen bieten. Mehr Probleme, aber auch mehr Differenzierungsmöglichkeiten zur Verschränkung und Abgrenzung der verschiedenen Bereiche ohne starre Stockwerks- und Funktionstrennung bieten das gemeinsame Planen und Bauen miteinander kombinierter Einfamilienhäuser. Um einerseits der Enge, dem Schmutz und Lärm der Innenstädte durch Ausweichen in die Randzonen zu entgehen, ohne andererseits wieder der geschlossenen Welt des isolierten Einfamilienhauses ausgeliefert zu sein, finden sich junge Familien immer häufiger zu solchen Baugemeinschaften zusammen: Die Möglichkeiten der Realisierung und die Qualität der Projekte sind dabei freilich eng an ein ‚gehobenes' Einkommensniveau gebunden [170]; im Mas-

---

[170] Begrenzt auf Interessenten aus ‚gehobenen' Bevölkerungsschichten scheinen auch Projekte ‚Urbanen Wohnens' zu bleiben, mit denen ähnliche Vorstellungen im Rahmen einer verdichteten Bauweise und über Bauträgervereine realisiert werden sollen. In einem Erfahrungsbericht wird die „‚Normalfamilie' im Urbanen Wohnen" folgendermaßen charakterisiert: „Der Ehemann hat ein kaufmännisches, die Ehefrau ein pädagogisches Fach erlernt. (In der Gruppe gibt es außerdem noch vorwiegend tech-

senwohnungsbau wurden entsprechende Versuche zur Raumorganisation für Wohnkollektive gar nicht erst unternommen. Eine spektakuläre Ausnahme bildete allenfalls das „Alternativ-Modell Steilshoop"[171], an dem exemplarisch auch die Schwierigkeiten einer Verallgemeinerung deutlich wurden. Optimistisch hieß es in einem Bericht: „Bis hierher war der öffentlich geförderte Wohnungsbau ausschließlich für die amtliche Kleinfamilie. Hier aber wird der Bau von Wohnungen für freie Gruppierungen von Menschen nun erstmals öffentlich gefördert. Hier ist der Ansatz eines Gegenmodells zum sozialen Wohnungsbau überhaupt."[172]
Seit Ende der 60er Jahre war in vielen Städten der Bundesrepublik über Probleme von Wohngemeinschaften und über in größerem Maßstab gemeinschaftlich zu organisierendes ‚Urbanes Wohnen' diskutiert worden. In einer Fülle von Zeitschriften waren Artikel dazu veröffentlicht und Einzelprojekte in die Tat umgesetzt worden. Nun schien sich die Lücke zwischen den groß angelegten Experimenten auf dem Papier und den bescheidenen konkreten Versuchen kollektiven Zusammenlebens zu schließen, als der Verein ‚Urbanes Wohnen' in Hamburg mit einer großen Baugesellschaft und den zuständigen Behörden darin übereinkam, in einem partizipatorischen Planungsprozeß für etwa 200 Personen geeignete Voraussetzungen zur Bildung von Wohngemeinschaften zu schaffen. „Hier werden zum ersten Mal in der Bundesrepublik – eine Zeitung schrieb sogar erstmalig in Europa – nicht Kleinfamilien in vom Architekten vorfabrizierte Wohnungen hineingesetzt, sondern hier entscheiden Menschen selbst darüber, wie sie wohnen wollen, ob allein oder zusammen mit anderen, und sie arbeiten daran seit fast einem Jahr und bestimmen dabei auch über ihre Grundrisse"[173] – was immerhin Demokratisierung eines Privilegs bedeutete, das Hauseigentümer seit je besitzen. Bei diesem Versuch, im Rahmen des sozialen Wohnungsbaus anstelle von 72 Normalwohnungen 36 Gemeinschaftswohnungen einzurichten, stellten sich jedoch in verschiedenen Dimensionen fast sämtliche Probleme in erweitertem Maßstab neu, unter de-

---

nische und künstlerisch-journalistische Fachrichtungen.) Heute übt die Ehefrau ihren Beruf nicht mehr aus. Von der Vorbildung her gehören beide den ‚gebildeten' Schichten an: Er hat Hochschulabschluß, sie einen Mittel- oder Realschulabschluß. Das Nettoeinkommen der ‚Normalfamilie' beträgt mindestens DM 3000,– im Monat. Die Familie hat 2 Kinder und will auch keine weiteren Kinder mehr. Die Kinder sind zwischen 6 und 10 Jahre alt." Bundesminister für Raumordnung, Bauwesen und Städtebau (Hg.), Bürgerinitiative bei der Planung von Wohnung, Wohnumwelt und Stadt, Schriftenreihe ‚Städtebauliche Forschung' 03.039, Bonn-Bad Godesberg 1975.
171 Vgl. R. Spille, Mieter planen mit, Reinbek 1975, und den Bericht „16 Monate danach" in: Bauwelt, Heft 44/1974, S. 1443 f. im Hinblick auf schichtspezifische Realisierungsmöglichkeiten von entsprechenden Privatinitiativen, vgl. I. Boskamp, Urbanes Wohnen – Die kollektive Lösung? in: Bauwelt, Heft 1/2 1972, S. 21 f.
172 R. Spille, a.a.O., S. 89.
173 A.a.O., S. 38.

nen auch schon die bescheidenen Ansätze familienübergreifenden Planens und Wohnens zu leiden hatten.
Die Erweiterung der bisher vorwiegend für studentische Wohngemeinschaften entwickelten Vorstellungen auf einen Komplex von vielen Gemeinschaftswohnungen in einem Mietwohnungsbau ließ gerade durch den Versuch sozialer Mischung die Grenzen der Verallgemeinerbarkeit eines Modells erkennen, das letztlich erst durch die über den unmittelbaren Wohnbereich hinausreichenden Gemeinsamkeiten der Arbeits- und Lebenssituation tragfähig wird. Der Mangel an gemeinsamen lebensgeschichtlichen Voraussetzungen behinderte ebenso wie der an verbindenden, wohnungsübergreifenden Lebens- und Arbeitsperspektiven die Konsensfähigkeit der Beteiligten.[174] Trotz räumlicher Trennung von Gemeinschafts- und Individualbereichen erfordert zudem die Auflösung starrer Funktionstrennungen und Rollenfixierungen in Wohngemeinschaften ein so hohes Maß an Interaktions- und Artikulationsvermögen, daß diese Form des Zusammenlebens von der Masse der Bevölkerung weder affektiv noch kognitiv zu bewältigen ist. Da schließlich der hohe Aufwand an internen Stabilisierungsleistungen leicht zur Abkapselung gegenüber anderen Haus- und Siedlungsbewohnern führt, können sich, ähnlich der kleinfamiliären Isolation, subkulturelle Beschränkungen entwickeln.
Während von den Versuchen zur Ausweitung von Wohnkollektiven inzwischen kaum noch Anstöße zur sozialen und räumlichen Neuorganisation im Wohnbereich ausgehen, zeichnen sich unter dem Druck der insgesamt verschlechterten Reproduktionsbedingungen Entwicklungen ab, die auf der einen Seite durch individuelle Lebensvorsorge zu verstärktem Eigenheim-Bau und zur Re-Ideologisierung des Familienlebens führen, auf der anderen Seite durch Versuche kollektiver Sicherung des Reproduktionsniveaus zu sozialen Bewegungen, die über den Privatbereich der Wohnung hinaus die Neuthematisierung und Politisierung von Wohnverhältnissen und Quartiersqualitäten erfordern. Seit Stadterweiterung und -neubau weithin zum Stillstand gekommen sind und im Zuge des Stadtumbaus durch Verkehrsplanung, Abriß und Modernisierung innerhalb vorhandener Wohngebiete immer unmittelbarer in den alltäglichen Lebenszusammenhang der Bevölkerung eingegriffen wird, beginnen sich neue Organisationsformen zu entwickeln. In Arbeiter-, Mieter- und Bürgerinitiativen finden soziale Bewegungen ihren politischen Ausdruck, dem auf der Ebene raumwirksamer Aktion und Organisation die zunehmende Verdichtung nachbarschaftlicher Kommunikation durch Treffen und Bera-

---

174 Im Zusammenhang aktueller Dezentralisierungs- und Ökologie-Diskussionen gewinnen allerdings „durch Experimente mit kollektiven Reproduktions- und Verkehrsformen und womöglich Zirkulations- und Produktionsweisen" jene Formen kommunitärer Praxis an (auch politischer) Bedeutung, die den Aufbau verbindlicher Arbeits- und Lebenszusammenhänge ernst nehmen. Vgl. B. Leineweber u. a., Die Revolution ist vorbei – wir haben gesiegt, Berlin 1975.

tungen, die Inbesitznahme öffentlicher Räume durch Kundgebungen und Demonstrationen, durch Einrichtung von Treffpunkten und Beratungsstellen entsprechen.

Die Politisierung der Reproduktionsbedingungen

Gegenüber der Breite der aktuellen sozialen Bewegungen um Verkehrsverhältnisse, Wohnbedingungen, Stadtzerstörung und Umweltschutz erscheinen die an den Wohnformen ansetzenden Veränderungsversuche nachträglich geradezu privatistisch borniert, sofern dabei nicht bereits der Zusammenhang zwischen individuellen und gesellschaftlichen Reproduktionsbedingungen aufgezeigt wird. Inzwischen werden die bisher getrennt betrachteten Bereiche der Produktion und Reproduktion, der Arbeits- und Lebensbedingungen auch von größeren Teilen der Bevölkerung in wachsendem Maße aufeinander bezogen; bislang getrennte politische Perspektiven werden verschränkt. Ohne daß ausgerechnet die Familie als Institution infragegestellt werden müßte, kann die Entwicklung der Fähigkeiten zum Ausbruch aus der privaten Isolation, zu Solidarität und kollektiver Identitätsbildung auf breiter Basis eher durch Aktionen gefördert werden, die nicht auf der Wohnungs-, sondern auf der Siedlungs- und Stadtteilebene ansetzen. Die aktuelle Diskussion um die Grenzen einer möglichen Reprivatisierung öffentlicher Dienstleistungen (Erziehung, Verkehr, Gesundheitswesen usw.) etwa weist darauf hin, daß durch Reduktion staatlicher Leistungen bei gleichzeitiger Verschlechterung der materiellen Lage der arbeitenden Bevölkerung die Disparitäten und Defizite in deren Lebens- und Versorgungszusammenhang immer deutlicher zu Tage treten. Trotz der im Arbeiterbewußtsein wie in der gewerkschaftlichen Politik bislang gleichermaßen vollzogenen Trennung der Probleme in Arbeits- und Freizeitbereichen wird bei steigenden Reproduktionskosten offensichtlich, ,,daß der inzwischen erreichte Verflechtungsgrad der Produktion mit den gesellschaftlichen Lebensbedingungen nicht mehr erlaubt, städtische Struktur- und Umweltprobleme und innerbetriebliche Probleme als zwei getrennte Seiten zu behandeln, vielmehr die Bürgerinitiativen und der *gewerkschaftliche Kampf* um das Reproduktionsniveau der Lohnabhängigen in ihrem inneren Zusammenhang begriffen werden und sich selbst begreifen müssen."[175] Da schon jede Mieterhöhung faktisch einer Lohnsenkung gleichkommt, ist durchaus wahrscheinlich, daß z. B. die Aktivitäten von Mieterinitiativen gerade dann zunehmen werden, wenn Lohnforderungen nur schwer durchzusetzen sind. Sowohl durch die Mietpreisexplosion im Sozialwohnungsbau als auch durch die absehbaren Mieterhöhungen infolge anstehender Sanierungs- und Moder-

---

175 H. Faßbinder, zitiert in: Autorengruppe MVZ, Stadtteilzeitung. Dokumente und Analysen zur Stadtteilarbeit, S. 45, Reinbek 1974.

nisierungsmaßnahmen sind soziale Konflikte vorgezeichnet, in denen gerade auch Architekten und Planer Position beziehen müssen.

Über die – wie immer erweiterte – private Isolation hinaus ergeben sich aus verallgemeinerbaren Interessen an verbesserten und verbilligten Wohn- und Lebensverhältnissen neue Ansatzpunkte solidarischen Handelns. In Neubausiedlungen wie in Sanierungs- und Modernisierungszonen eröffnet zudem der Mangel an öffentlichen Mitteln langfristig Chancen für Formen problembezogener Selbstorganisierung der Bevölkerung. Angesichts der angespannten Finanzlage der öffentlichen Haushalte kann der Mangel an Abenteuerspielplätzen, Jugendhäusern, Gemeinschaftsräumen usw. am ehesten durch Selbsthilfe ausgeglichen werden, was einerseits zu einem weiteren Legitimationsverlust ‚sozialstaatlicher' Administration, andererseits zur Ausbildung selbstbewußter Interessenartikulation jenseits parteipolitischer Orientierungen führen kann. Vor dem Hintergrund der staatlich programmierten ‚sozialen Demontage' könnten an die Stelle der wohlfahrtsstaatlich legitimierten ‚Steuerung von oben' langfristig Tendenzen zur ‚Selbststeuerung von unten' treten, die in solidarischem Handeln von Bevölkerungsgruppen im Wohnbereich leichter durchgesetzt werden können als in Bereichen der Produktion und Zirkulation, wo Werkschutz und Polizeigewalt ungleich schärfere Kontrolle ausüben als in den noch weitgehend tabuisierten Wohnbereichen. Zudem kann die Arbeit solcher im Stadtteil ansetzender Initiativen durch gezielte Aufklärung und Informationsarbeit einer breiten Öffentlichkeit vorgestellt werden. Durch

eine inzwischen fast unüberschaubare Vielfalt an Volksblättern, Stadt- und Stadtteilzeitungen gewinnt die Diskussion um Veränderung der städtischen Wohn- und Lebensbedingungen besonders der benachteiligten Schichten und Bevölkerungsgruppen solche Bedeutung, daß selbst die Massenmedien deren Themen nicht mehr kommentarlos übergehen können: Erhaltung historischer Arbeitersiedlungen, Kampf gegen Mieterhöhung und Bewohnerverdrängung infolge von Modernisierungsmaßnahmen, Umwandlungen von Fabriken in Wohngebäude und vieles andere mehr. So werden durch eine allmählich sich organisierende Gegenöffentlichkeit Projekte und Vorschläge zu selbstbestimmtem (Wohn-)Umwelt-Schutz und -Verändern selbst für die etablierten Organe öffentlicher Meinungsbildung aktuell, auch wenn sie dort oft noch auf spielerische Ersatzhandlungen reduziert sind: Mit der Aufforderung „Spielen Sie doch mal Architekt"[176] wird in einer auflagenstarken Illustrierten das Lese-Publikum über anschauliche Vorlagen zu eigenen Vorschlägen und Entwürfen für Hinterhof-Gestaltungen aufgefordert – ein Gesellschaftsspiel zur Entfaltung planerischer Phantasie; Raumgestaltung als Breitensport: freilich noch im Vorfeld konkreter Veränderungen. Wieweit die zur Veränderung aufgerufenen Altbaumieter ihre Vorstellungen tatsächlich verwirklichen

176 Der Stern vom 12. Mai 1977, S. 46.

können, welcher politische Druck dazu erforderlich ist, und welche ökonomischen Konsequenzen zu befürchten sind, bleibt dabei zunächst ungefragt. Und doch werden immer deutlicher gerade in Wohnbereichen neue Perspektiven ‚hausgemachter' Stadtgestaltung eröffnet und veröffentlicht, die nicht unmittelbar Resultat der professionellen Verbesserung ökonomischer Verwertungsbedingungen sind.

Werden die oben skizzierten Entwicklungstendenzen und Handlungspotentiale im Reproduktionsbereich nun wieder rückbezogen auf Probleme der Stadtgestaltung, so wird eine merkwürdige Dialektik erkennbar: Einerseits wird gerade dort, wo an historisch überfälligen Verhältnissen festgehalten wird, bis zur Aufdringlichkeit gestalterisch geballt oder aufgelockert, gedämpft oder akzentuiert: Die Betongebirge der inzwischen unverkäuflichen Eigentums- und Luxuswohnungen werden mit ‚künstlerischen' Akzenten und marktschreierischen Farbsignalen versehen, um sie von der Umgebung des Massenwohnungsbaus abzuheben und Statusdemonstration schon im Vorfeld individueller Ausstattungsmerkmale zu sichern, wozu freilich, wie eh und je, „die permanente Maskerade in Architektur"[177] im Einfamilienhausbau die anschaulichsten Beispiele liefert.[178] Ohne explizit ästhetischen Anspruch dagegen[179] deutet sich auf der anderen Seite eine historisch neue Entwicklung

177 A. Mitscherlich, a.a.O., S. 12.
178 Hier läßt sich seit mehr als einem Jahrhundert nur ein immer verwirrenderes Kauderwelsch unterschiedlicher Formensprachen feststellen – von den Bemerkungen W. H. Riehls: „Der eine Baumeister probiert's mit der Gothik, der andere mit der Renaissance, ein dritter mit dem griechisch-römischen Zopf. Es gibt aber immer nur neu zusammengesetzte Häuserdekorationen, keine wirklich neuen Häuser", 1855 bis zur Beschreibung der „röhrenden Hirsche in der Architektur" von H. Klotz, 1976.
179 Selbst dort, wo ein soziales Experiment umfassende Neubaumaßnahmen erfordert, wie beim Wohnmodell Steilshoop, verlieren angesichts der neuartigen organisatorischen und ökonomischen Probleme gestalterische Fragestellungen zunächst so weit an Bedeutung, daß sie in anti-ästhetischem Affekt ärgerlich sogar als irrelevant abgetan werden: „Von seiten der Architekten gibt es nicht nur jene ästhetisch-architektonische Kritik, die da meint, es hätte auch bei ‚Urbanem Wohnen' rauf und runter gehen müssen, gebogen und terrassiert, wie es heutzutage modern ist. Es gibt auch eine quasi moralische Kritik, die eine mangelnde Übereinstimmung zwischen Inhalt und Form konstatieren zu müssen glaubt und den Autoren dieses Projektes wie einst ihr Deutschlehrer für Ausdruck eine Fünf verpaßt." R. Spille, a.a.O., S. 88. Freilich, auffällig gebogen und terrassiert wird etwa dort, wo knapp zugeschnittene Eigentumswohnungen unter wachsendem Konkurrenzdruck zum Verkauf angeboten werden und zumindest ästhetisch noch Wettbewerbsvorteile erzielen sollen; bis hin zum Mobiliar sind selbst futuristisch anmutende Formen kaum mehr als modische Verkleidung konventioneller Nutzungsangebote. Dort dagegen, wo inhaltlich selbst noch in Entwicklung begriffen ist, was architektonisch zum Ausdruck kommen soll – neue Formen des Zusammenlebens und der Gebäudenutzung –, ist dieser geforderte ‚Ausdruck' ebenfalls erst schrittweise zu finden: zunächst in der Gestaltung der gemeinsam erschlossenen und belebten Räume, in den Spuren gemeinsamer Entdeckung, Nutzung und Veränderung. Insofern ist der nüchterne Zweckbau in Steilshoop geradezu Programm, solange eine weitergehende Gestaltung noch von Arbeitsteiligkeit und Geschmacksdifferenz zwischen Planern und Bewohnern künden

an: die anti-professionelle Gestaltung von Innen- und Außenräumen durch die Benutzer selbst, zumeist unauffällig durch Neuentdeckung und Umnutzung vorhandener Baustrukturen – durch Umwandlung von Fabriken in Kommunikationszentren und Gruppenwohnungen, durch Einrichtung von Jugendtreffs in Kellern, Kaufläden und Krankenhäusern, durch gemeinschaftliche Nutzung und Gestaltung ehemals parzellierter Hinterhöfe; durch öffentliche Inbesitznahme von Straßen, Plätzen, Grünanlagen; in einer neuen Öffentlichkeit durch Fahnen und Plakate im wiederentdeckten Raum der Straßen und Plätze. Anders als das scharf kalkulierte und auf eindeutige Nutzungsangebote ausgerichtete Raumangebot der neugebauten Wohnsiedlungen bietet gerade die innerstädtische Altbausubstanz zahlreiche Ansatzpunkte zu spontanem Gebrauch und flexibler Umnutzung. So bietet sich der leerstehende Lebensmittelladen zum Einbau einer Kneipe, die Raumhöhe der Gründerzeitwohnung zum Einbau von Zwischenebenen geradezu an; die Offenheit und Unbestimmtheit von Baulücken, Innenhöfen und Großwohnungen läßt die Utopie einer *Ästhetik der Improvisation* ahnen, die sich über das Bedürfnis nach neuen, außerfamilialen Kommunikations- und Interaktionsformen durchsetzt und weniger von professionellen Gestaltern als von den Benutzern selbst getragen sein könnte –: Eine Perspektive, die im 5. Kapitel weiterverfolgt werden soll.

4. Raumgestaltung als Ideologieproduktion

Unter Hinweis auf die gleichsam ‚unsichtbaren' ökonomischen Bedingungen und Verhaltensanforderungen wurde gezeigt, daß Zurichtung und Funktionalisierung der Menschen für den Arbeits- und Konsumtionsprozeß Formen der Raumgestaltung erfordern, die sich keineswegs mehr als nackter Ausdruck klar bestimmbarer Funktionszusammenhänge betrachten lassen. Im Gegenteil. Unter den gegebenen historischen Bedingungen kann den objektiven Funktionen in Arbeits-, Einkaufs- und Wohnbereichen umso besser entsprochen werden, je unkenntlicher sie in ihren räumlichen Erscheinungsformen zum Ausdruck kommen: indem der Arbeitsplatz als ‚zweiter Wohnsitz', die privaten Warensammlungen als öffentlicher Erlebnisbereich, die Wohnzellen als Fluchtburgen oder Wohnlandschaften erscheinen.
Der naive Funktionalismus wird als Gestaltungsprinzip dysfunktional, hat ausgedient; ein radikaler Funktionalismus erfordert die anfangs beschriebene Mo-

würde. Hier müßte gestalterisch aufgedrückt werden, was auszudrücken historisch noch nicht möglich ist – die Offenheit eines Spielraums für gesellschaftliches Probehandeln, das durch architektonische ‚Situationsdefinitionen' in nur geringem Maße vorgezeichnet ist. Die nach außen hin sichtbare gestalterische Armut des Baues ist konsequent Ausdruck der inhaltlichen, konzeptionellen Grenzen eines wesentlich introvertierten Projekts.

dernisierung im Dienste der Psycho-Hygiene — zumindest dort, wo aus ökonomischen oder politischen Gründen die präventive Steuerung subjektiver ‚Befindlichkeiten' erforderlich wird. Um Orientierungs- und Identifikationsleistungen zu erleichtern, regelt Raumgestaltung nicht nur die Organisierung objektiver Funktionsabläufe, sondern nimmt auch Einfluß auf die subjektiven Einstellungs- und Deutungsmuster der darin funktionierenden Individuen.
An verschiedenen Beispielen aus Arbeits-, Einkaufs- und Wohnbereichen wurde gezeigt, daß sich diese Tendenz der Raumgestaltung von Ansätzen zur Stadtgestaltung bis in die Organisierung und Ausstattung von Einzelbereichen nachzeichnen läßt. Durchgängig waren sie nicht mehr nur als Medium einer gleichsam physikalischen Verhaltenskanalisation und -kontrolle zu betrachten, sondern auch als Medium anschaulicher Sinn-Vermittlung, durch die auch in einzelnen Lebensbereichen der Alltagswelt „die gleichmäßigen täglichen Handlungen neue Bedeutung gewinnen" sollen, wie K. Lynch [180] für die Stadtgestaltung reklamiert — neue Bedeutung allerdings nur in den Gedanken der Menschen, die nach wie vor denselben ökonomischen Grundbedingungen ausgesetzt bleiben, dafür aber zumindest symbolisch entschädigt werden. Selbst als ökonomische Optimierungsstrategie hat der auf technischen Minimalaufwand abzielende krude Funktionalismus dort ausgedient, wo auch der psychische Innenbau der Subjekte mit in die Kalkulation eingeht: Die anfangs als ‚Modernisierung des Funktionalismus' bezeichnete Entdeckung der psychologischen Dimension der Raumgestaltung wurde im Rahmen psycho-hygienischer Komplementärstrategien zur Intensifikation von Arbeit und Verkauf in einzelnen Bereichen längst schon mit wissenschaftlicher Akribie betrieben, bevor sie im Rahmen Image-orientierter Stadtgestaltung auch in größerem Maßstab aktuell wurde. Wie bei der Aktualisierung der Stadtgestaltung konnten auch in Einzelbereichen benennbare ökonomische Bedingungen als Ursachen einer ‚subjektorientierten' Raumgestaltung ausgemacht werden; Ursachen, die sich auch hier nicht dem bloßen Augenschein enthüllen, sondern nur in bezug auf die jeweils geltenden gesellschaftlichen Bedingungen. Wie durch Image-orientierte Stadtgestaltung zwecks ‚Prestigewertoptimierung' im Gefüge der Stadt Arbeit und Elend möglichst unsichtbar gemacht und aus dem ‚öffentlichen' Bewußtsein verdrängt werden, wird auch in Einzelbereichen Raumgestaltung zur Maskierung gesellschaftlicher Realität wirksam. Hier wie dort gewinnt die gestalterische Überformung räumlicher Situationen den Charakter einer materialen Ideologie, die dem ‚falschen' Bewußtsein anschauliche Orientierungshilfen vorgibt und zur Verfestigung geschichts- und zusammenhangsloser Fehldeutungen von Einzelsituationen beiträgt.
Wie bei der Untersuchung stadtgestalterischer Maßnahmen stellte sich auch bei der Betrachtung von Einzelbereichen die Frage, wann, wo und für wen solche gestalterischen Maßnahmen eingesetzt werden: Fragen einer materialen

---

180 K. Lynch, a.a.O., S. 14.

Ideologiekritik, die in Stadt- und Architektursoziologie kaum gestellt oder gar beantwortet wurden, auch wenn bereits entsprechende Perspektiven eröffnet wurden durch Forderungen nach einer „Ideologiekritik, die ‚falsches Bewußtsein', das sich im Gebauten manifestiert, aus den politisch-ökonomischen Zusammenhängen der Gesellschaft ableitet und mit diesen Kategorien mittels empirischer Methoden den Planungsanspruch und die soziale Wirkung, also eine ‚Funktionalität' wie eine ‚gesellschaftliche Angemessenheit' des Gebauten, wissenschaftlich faßbar macht".[181] Zu einem solchen Programm können die oben gezeigten Ansätze nur Illustrationen und Anregungen bieten, die an exemplarischen Fällen systematisch zu entwickeln wären: „Eine ‚materiale' Ideologiekritik muß also in der Architektur die durch sie quasi hindurchgehenden politisch-ökonomischen Strukturen kapitalistischer Gesellschaft aufnehmen, deren bestimmende Wirkungen einerseits im Planungsprozeß aufzeigen, andererseits die Folgen der durch eine Planung entstehenden gebauten Umwelt auf die konkrete sozio-ökonomische und psychische Lage der Menschen sichtbar machen. Denn: Solange Städtebau-Kritik nicht Analyse und Kritik der politisch-ökonomischen Bedingungen ist, solange wird eine Ideologiekritik *affirmativ* auf die Architektur und Stadtplanung wirken, weil sie auf der Betrachtungsebene ‚sozialer Prozesse in der Stadt' gar zu schnell zur Beratungsinstanz darüber wird, wie denn das städtische Gefüge vielfältiger, bunter, betriebsamer (‚Urbanität') werden kann, ohne daß an die Strukturen der kapitalistischen Verwertungszwänge gerührt zu werden braucht."[182]
Offensichtlich hat, wie anfangs angedeutet, gerade die soziologische Städtebau-Kritik über eine verkürzte Funktionalismus-Kritik wesentlich zur ideologischen Anpassung der Planer und Architekten an veränderte Verhältnisse (‚Urbanität') beigetragen. Und dies zumeist noch in einem aufklärerischen Pathos, auf das inzwischen verzichtet wird, seit Kritik wieder zur brotlosen Kunst wurde und auch vormals kritische Soziologen unter wachsendem Praxisdruck ‚vom hohen Roß der Ideologiekritik' auf einträglichere Beratungsgeschäfte umsattelten. So bleiben gerade die populärsten Beiträge der Stadt-Bau-Soziologie weiterhin affirmativ bei der ‚Manifestation falschen Bewußtseins' wirksam, auch wenn für Soziologen inzwischen die Kritik daran zum beruflichen commonsense gehört. Eine Untersuchung der über vielfältige Popularisierungen und Diffusionsprozesse vermittelten Wirksamkeit der geläufigen Soziologismen in der Praxis von Architekten und Städtebauern jedoch steht noch ebenso aus wie weitergehende Analysen am Material des Gebauten selbst.[183]

---

181 E. Bauer, Integration als Wunsch und Wert in der Soziologie – Versuch einer Ideologiekritik, in: H. Korte (Hg.), a.a.O., S. 58f.
182 A.a.O.
183 Vgl. H. J. Siewert, Bestimmt die bebaute Umwelt das menschliche Verhalten? Der Raum als Gegenstand der Sozialwissenschaften, in: Der Bürger im Staat, Heft 2, 1974, S. 148.

Im folgenden sollen hier nun wenigstens einige Hinweise darauf gegeben werden, warum gerade einige soziologische Schriften zu Architektur und Städtebau richtungweisend zu der anfangs skizzierten Umorientierung vom Organismus- zum Bühnenmodell beitragen konnten und was ihre Attraktivität gerade für Planer und Architekten ausmachte. Zwar ließen sich entsprechende Beiträge auch an der architekturbezogenen Aktualisierung anderer Disziplinen zeigen, doch wurde kaum eine andere Wissenschaft mit vergleichbaren Hoffnungen auf allgemeine Zuständigkeit überhäuft. Da einige Autoren zudem in mundgerechtem Eintopf auch die Argumentationsmuster anderer Disziplinen mit im Angebot führten, kam gerade der populärwissenschaftlich aufbereiteten Soziologie der Schein einer einheitsstiftenden Über-Wissenschaft zu, die über Jahre das ‚geistige Klima' der Architektur- und Städtebau-Diskussionen bestimmte und als gleichsam gesellschaftliche Betriebspsychologie entsprechende Handlungsanweisungen zu geben versprach. Indem ausgerechnet durch soziologische Konzepte und Terminologien der Blick auf gesellschaftliche Funktionszusammenhänge oftmals verstellt und auf anscheinend isolierte Verhaltensbereiche, auf einzelne ‚Umwelten' gerichtet wurde, wurde der objektive Zusammenhang von Arbeit und Freizeit, Privatheit und Öffentlichkeit, von Produzenten und Konsumenten auch im Denken der Planer zerrissen. Die nur durch die persönliche Identität der Menschen noch zusammengefaßte Zersplitterung der Alltagserfahrung fand ihre theoretische Entsprechung in der konzeptionellen Trennung anscheinend heterogener Verhaltensbereiche, die nurmehr auf der Folie individueller Erlebnis- und Verhaltensmuster betrachtet wurden. Die Psychologisierung der Architekturtheorie qua Soziologie löste die tradierten makro-funktionalistischen Deutungsmuster ab, wobei die Perfektionierung des Alten in kritischer Pose als radikale Neuerung vorgestellt wurde.

4. Neuorientierungen: Wissenschaft als Ideologie

1. Urbanität als Rollenspiel

Freiheit, Gleichheit, Eigentum

In ihrer plakativ popularisierten Form hat die ökonomische Definition der *Stadt als Markt* weitreichende Folgen für das Verständnis sowohl der sozialen als auch der räumlichen Organisation der Stadt. Unter Rückgriff auf verschiedene Konzepte von ‚Klassikern' der Soziologie[1] wird das Bild einer marktorientierten Öffentlichkeit entworfen, die den bestimmenden Pol des attraktiven ‚urbanen' Lebensstils bilden soll, dessen anderer die private Sphäre von Wohnung oder Eigenheim ist. Entsprechend den Strategien kommunaler Imagepflege wird schon im Vorfeld theoretischer Konzepte der Blick auf den gesellschaftlichen Lebenszusammenhang und seine überlokale Organisation verstellt, indem bereits in ‚wissenschaftlich' vorgegebenen Mustern zur Deutung von Stadt und Gesellschaft „die Arbeitswelt weitgehend verdrängt"[2] werden kann und weite Lebensbereiche zu weißen Flecken auf der Landkarte, zu „neutralen Gebieten" erklärt werden, die ein Schattenreich irgendwo außerhalb der *offenen Gesellschaft* bilden: „Die kleinen und großen Betriebe, die Bürokratie, die Privatwirtschaft, aber auch die städtische Verwaltung sind, soziologisch gesehen, weder privat noch öffentlich. Sie bilden ein neutrales Gebiet, das mit der Zeit immer größer wird. Dabei werden der offenen Gesellschaft tagsüber so viele Menschen entzogen, daß die Wohnviertel während der Arbeitszeit beinahe ausgestorben wirken."[3]

Im entsprechend zurechtgestutzten Leitbild der *Urbanität* findet jenes mittelständische Lebensgefühl auch theoretischen Ausdruck, das sich in der städtischen Öffentlichkeit der Einkaufsbereiche, Restaurants, Kinos, Clubs und Theater entfaltet und die am Arbeitsplatz erlittenen Versagungen kompensie-

---

1 Die dabei zugrunde liegende Definition findet sich bei M. Weber, ist aber aus dessen historisch-systematischer Untersuchung in der neueren Literatur völlig herausgelöst. Vgl. M. Weber, Wirtschaft und Gesellschaft (Vollständiger Nachdruck der Erstausgabe von 1922), Frankfurt/Main 1972, S. 513 f.; unter sozialpsychologischem Aspekt vgl. auch G. Simmel, Die Großstädte und das Geistesleben, a.a.O.; ders., Soziologie, Berlin 1968; L. Wirth, Urbanism as a Way of Life, in: P. Hatt u. a. (Hg.), Cities and Society, Glancoe 1964, S. 46 f.
2 K. Ganser, a.a.O., S. 106.
3 P. Hammel, a.a.O., S. 42.

ren soll, welche als dem ‚eigentlichen' Leben äußerlich gelten. In wissenschaftlicher Verallgemeinerung werden die anspruchsvollen Erwartungsmuster und der luxurierende Erlebnisbedarf jener auch kommunalpolitisch besonders umworbenen, gehobenen Bevölkerungsschichten als Maßstab humanen Städtebaus vorgegeben, womit zugleich auch schicht- und berufsspezifisch verfestigte Einstellungsmuster von Planern und Architekten angesprochen werden.

Im Sinne des zuvor skizzierten dramaturgischen Modells wird der Bühnenbildner zugleich Regisseur: Eine verhaltensregelnde Macht architektonischer Gestaltung wird suggeriert, die im derart ‚wissenschaftlich' rehabilitierten Glauben an einen Umwelt-Determinismus fruchtbaren Nährboden finden kann. „Der erlebte Raum ist voller Gegenstände, die nicht nur Dinge sind, sondern über ihren dinglichen Charakter hinaus als Orientierungs- und Normierungssymbole wirken."[4]

Indem die ökonomische Unabhängigkeit der Käufer zur Grundlage ‚städtischer' Freiheit und Gleichheit erklärt wird, stellt sich lokale Öffentlichkeit als ein dichtes Netz von Handlungs-Situationen dar, in denen jede Interaktion zwischen Personen als selbstbestimmter Äquivalententausch, „als Austausch von materiellen und nichtmateriellen Gütern betrachtet werden"[5] kann. Wie auf der Ebene der sozialen Organisation die partielle „Freiheit der Tauschenden auf dem Markt"[6] und die partielle Beliebigkeit all derer, die als Käufer oder Verkäufer auf dem Markt auftreten, als Muster und Kernstück urbanen Lebens gelten, so gewinnt die Situation des Marktes paradigmatische Bedeutung auch für das Verständnis der räumlichen Organisation der Stadt: „Die Gebäude, Straßen und Brücken, die Sehenswürdigkeiten und die städtebaulichen Aspekte bilden nicht viel mehr als die Kulissen dieses wirtschaftlichen Geschehens."[7]

Vom Bereich materieller Produktion abgelöst erscheint der städtische Lebenszusammenhang szenenhaft aufgelöst in eine Abfolge vereinzelter Handlungs-Situationen. Indem lokale Situationen immer auch als soziale Situationen, als Orte begrenzter Beziehungsgefüge zwischen Menschen beschrieben, untersucht und den Planern ins Bewußtsein gerückt werden, wird in gleichsam mikro-soziologischer Perspektive der Blick auf jene symbolischen Funktionen gerichtet, die den Elementen der räumlichen Umwelt bei individuellen Situations-Definitionen und der Festlegung entsprechender Handlungsorientierungen zukommen können: ein „Mikro-Funktionalismus"[8], der gerade jene Ver-

---

4   H. P. Bahrdt, Humaner Städtebau, a.a.O., S. 112.
5   G. C. Homans, Soziales Verhalten als Austausch, in: H. Hartmann, Moderne amerikanische Soziologie, Stuttgart 1967, S. 173.
6   Vgl. H. Berndt, Ist der Funktionalismus eine funktionale Architektur?, a.a.O., S. 19 f.
7   P. Hammel, a.a.O., S. 24.
8   Vgl. dazu auf der Ebene soziologischer Theoriebildung: A. M. Gouldner, Die westliche Soziologie in der Krise, Reinbek 1974, bes. Bd. 2, S. 446 f.

haltensweisen stimulieren helfen soll, durch die in flexiblem Rollenspiel bei gleichwohl streng geregelten Interaktionsritualen ‚Urbanität' individuell erfahrbar und zugleich das labile Gleichgewicht der ständig gefährdeten „unvollständigen Integration" gesichert wird. Ergebnis reflektierten Entwerfens in diesem Sinne ist demnach eine vorgreifende gestalterische „Definition von Situationen" derart, daß spätere Situationsdefinitionen, die dem individuellen Erleben und Verhalten ihre Richtung geben, in bestimmte Perspektiven eingegrenzt und dissonante Erfahrungen durch Vorgabe „praktikabler Ersatzorientierungen"[9] ausgeblendet werden. Die sozialintegrative Wirksamkeit, die den Objekten der gegenständlichen Umwelt kraft ihres normativen Charakters als Symbolen zukommen soll, bleibt indes zumeist nur diffus beschworen und lediglich illustriert durch anschauliche Beispiele, in denen typisches Verhalten in entsprechend typischen Situationen beschrieben wird. Dabei wird der gestalteten Umwelt eine geheimnisvolle ‚Steuerungskapazität' zugeschrieben, deren gezielte Verstärkung Aufgabe der Städtebauer sein soll.

Ein solches, auf sozialpsychologische Orientierungs-Leistungen erweitertes Funktionalismus-Verständnis zielt nun nicht mehr, wie das traditionelle, primär auf die optimale Organisation der materiellen Bedingungen gesellschaftlicher Arbeit, sondern auf den je individuellen „Prozeß der Konstituierung der Außenwelt zur Umwelt", wobei *Umwelt* verstanden wird als ein durch erlernte Handlungs-, Orientierungs- und Wahrnehmungsmuster erschlossener, „in seiner Relevanz für typisches Verhalten strukturierter Ausschnitt"[10] aus einer ansonsten chaotischen Wirklichkeit.

Gegenüber dem in den 30er Jahren proklamierten Funktionalismus in der Architektur findet die zuvor beschriebene *subjektivistische Wende* ihre theoretische Entsprechung in den populärwissenschaftlich verbreiteten sozialpsychologischen Ansätzen zur Neuorientierung der Stadtgestaltung: Die Utopie einer gemeinsam geplanten und insgesamt durchschaubaren und verständlichen Organisation des gesellschaftlichen Funktionszusammenhangs wird aufgegeben; in einer „resignierenden Humanität"[11] werden die naturwüchsig sich

9 H. P. Bahrdt, Umwelterfahrung, a.a.O., S. 33.
10 A.a.O., S. 20, S. 43. Die Grundmuster solcher Argumentation sind bei den ‚Klassikern' schon deutlich vorgezeichnet — worauf anschließend noch genauer eingegangen wird. So bezieht sich schon G. H. Mead auf einen theoretischen Ausgangspunkt, von dem aus bereits die gesamte Wahrnehmungswelt eines Menschen durch seine Handlungen determiniert erscheint und unter der jeweiligen Wahrnehmungs- und Handlungsperspektive seine je spezifische Umwelt bildet: „Eine Umwelt entsteht also für einen Organismus durch die Selektionsleistung einer Aufmerksamkeitszuwendung, die durch die Triebimpulse des Organismus bestimmt ist. Diese besondere Umwelt existiert nicht in dem Bewußtsein des Lebewesens als ein separates Milieu, sondern das Bewußtsein des Organismus besteht darin, daß ein zukünftiges Verhalten seine Objekte umreißt und definiert." G. H. Mead, Philosophie der Sozialität, Frankfurt/Main 1969, S. 75.
11 H. P. Bahrdt, Die moderne Großstadt, a.a.O., S. 129.

entwickelnden städtischen Strukturen als chaotischer Ausdruck einer pluralistischen Gesellschaftsverfassung registriert; die Aufmerksamkeit wird auf das Organisations- und Orientierungsvermögen der Individuen gelenkt, um mittels visueller ‚Angebotsplanung' ‚typische' Handlungs- und Erlebnisweisen beeinflussen zu können.

Großstadt-Robinsonaden

Da die Städte als „funktionelle Einheiten" undurchschaubar, in ihren regionalen Grenzen nicht mehr ablesbar und auch in der Gestaltung ihrer räumlichen Elemente nicht „den strengen Regeln eines allgemeinen Planes unterworfen"[12] sind, der – allgemein bewußt – die Basis gemeinsamer Wahrnehmungs-, Orientierungs- und Handlungsmuster bilden könnte, werden vor allem jene wissenschaftlichen Konzeptionen aktualisiert und popularisiert, in denen die objektive Realität der Dinge und Menschen im Raum konsequent als unstrukturierte ‚Außenwelt' begriffen wird. Die Welt reduziert sich auf Umwelt. Unter Hinweis auf Annahmen der Phänomenologie und der philosophischen Anthropologie wird erklärt, daß es ein naturgegebenes und „normales Phänomen im menschlichen Verhältnis zur Umwelt" sei, wenn die individuellen Breschen, die je subjektiven Umwelten, welche „zum Zwecke erfolgreicherer Lebenstaktik"[13] in das Dickicht der unheimlichen Außenwelt geschlagen werden, stets lückenhaft bleiben und den Blick auf gesamtgesellschaftliche Funktionszusammenhänge nicht freigeben. Von den Trampelpfaden täglicher Handlungsabläufe aus werden nur Teile der erfahrbaren *Außenwelt* zur je individuell angeeigneten *Umwelt*, indem jeweils *aktionsrelevant* und *rollenspezifisch* räumliche Elemente mit sozialer Bedeutung und soziale Elemente, „die sich auch räumlich strukturieren"[14], aufeinander bezogen werden und spezifische *soziale Situationen* bilden. Selbst der so ausschnitthaft erschlossene, subjektive Erfahrungszusammenhang aber ist noch äußerst labil. Leicht kann „ein Stück Umwelt verlorengehen", wenn es „seine Verhaltensrelevanz verloren"[15] hat: Wieder erinnern die wechselnden Umwelten an jene nur teilweise ausgeleuchteten Szenen, die nach dem Auftritt wieder ins Dunkel gleiten. So wird nicht nur die materielle Gestaltung der objektiven Realität, sondern auch die Konstitution subjektiver Wirklichkeit ähnlich gedeutet wie von Uexküll bereits vor einem halben Jahrhundert:
„Unser ganzes Gedächtnis ist wie der Schnürboden eines Theaters mit Kulissen, mit Schematen angefüllt, die gelegentlich auf der Bühne des Bewußtseins

---

12 Le Corbusier, CIAM-Lehrsätze, a.a.O., S. 134.
13 H. P. Bahrdt, Umwelterfahrung, a.a.O., S. 45.
14 A.a.O., S. 20.
15 A.a.O., S. 17.

erscheinen, freilich nicht in eigener Person, sondern gekleidet in die Inhaltsqualitäten unseres Gemüts. Leider ist uns der Blick auf eine fremde Bewußtseinsbühne verwehrt — nichts könnte belehrender sein, als die Welt durch fremde Schemata anzuschauen. Aber eines sollten wir nie vergessen: wenn wir unsere Nebenmenschen um uns umherwandeln sehen, so schreiten sie auf unserer Bühne umher, während wir uns auf ihrer Bühne bewegen. Diese Bühnen sind niemals identisch, in den meisten Fällen sogar grundverschieden. Und wir können nicht verlangen, auf der Bühne der anderen die gleiche Rolle zu spielen wie auf unserer eigenen."[16]

Um dennoch durch ‚Kommunikations-Design' einige Regieanweisungen für Schnürboden und Auftritte geben zu können, sollen Planer und Architekten zumindest soweit aufgeklärt werden, daß sie ohne Blick auf die ökonomischen Strukturen der Gesellschaft und die objektiven Funktionen der Architektur deren Formen als eigenständiges Orientierungssystem und als Bedeutungsträger manipulieren lernen. Freilich bleiben solche Lernprozesse vorerst Programm und sind auch von den Wissenschaftlern nicht so bewußt konzipiert, wie das hier anklingen mag. Denn anders als bei Betriebspsychologen und Verkaufsstrategen sind die im Bereich der Stadtgestaltung aufgegriffenen theoretischen und methodischen Ansätze noch äußerst diffus und heterogen — verbunden allenfalls durch den ‚Wechsel der Perspektive', der auf sensible Antizipation partikularer Einstellungs-, Wahrnehmungs- und Verhaltensmuster abzielt.

Das Grundmuster der Argumentation erscheint dabei plausibel und ohne theoretische Anstrengung nachvollziehbar: Auf der Grundlage eingefahrener Bedeutungen bilden sich die Individuen in wechselseitiger Typisierung [17] ihrer Tätigkeiten und Erzeugnisse überschaubare Umwelten alltäglicher Handlungsroutinen, der gegenüber die weiten Teile der undurchschaubaren gesellschaftlichen Außenwelt und ihr objektiver Zusammenhang bedeutungslos

16 J. von Uexküll, Theoretische Biologie, Frankfurt/Main 1973, S. 121 f.
17 Ausgehend von einer anthropologisch begründeten Theorie der Wahrnehmung wird dabei der Begriff der *Typisierung* zu einem Angelpunkt soziologischer Theoriebildung, da ihm auf verschiedenen analytischen Ebenen unterschiedliche Bedeutungen zukommen: Die alltäglichen Prozesse handlungsrelevanter Selektion und Abstraktion von Umweltreizen führen zur Ausbildung und Verfestigung entlastender *Wahrnehmungsmuster*, die rasche Typisierung von Umweltkonstellationen, spontane ‚Reduktion von Komplexität', erlauben. Im Zusammenhang sozialer Interaktionen werden aber nicht nur physische Gegenstände und beobachtbares Verhalten anderer typisiert, sondern auch die hinter diesen Erscheinungen liegenden, ihren Urhebern unterstellten *Intentionen*. Verbindlichkeit für das Verhalten des Wahrnehmenden selbst haben diese Typisierungsschemata schließlich dadurch, daß sie rollenkonforme *Verhaltensstilisierungen* erlauben, die über gemeinsame Muster — *Rolle* wird hier als Perzeptionsschema verstanden — wieder von anderen adäquat wahrgenommen und auf ihre Intentionen hin gedeutet werden können. Vgl. dazu: H. Joas, Die gegenwärtige Lage der soziologischen Rollentheorie, Frankfurt/Main 1973, S. 52 f.

bleiben können, solange die Struktur dieser Alltagswelt unproblematisch und mit Hilfe des individuellen Vorrats an Alltagswissen [18] bewältigbar ist. Wenn nun aber aufgrund wachsender Komplexität und Widersprüchlichkeiten gesellschaftlicher Strukturen und kultureller Ordnungen sogar die täglichen Handlungsabläufe und -situationen den Individuen gesteigerte Aufmerksamkeit und Bewußtseinsleistungen abverlangen, wird es immer schwieriger, mittels der bewährten Typisierungsschemata die jeweils angetroffenen Bedingungen auf frühere Erfahrungen zu beziehen und vor diesem Hintergrund zu interpretieren. Andererseits können nur bei ‚richtiger' Interpretation und Bestimmung von Situationen angemessene Verhaltensformen ermittelt und damit die situationsübergreifenden Handlungsentwürfe realisiert werden. Wenn dabei bezüglich der räumlichen Gegebenheiten ebenfalls nur auf „eine begrenzte Zahl möglicher Interpretationsschemata für Räume" zurückgegriffen werden kann, so „tritt Desorientierung ein"[19], sobald keines von ihnen ‚paßt' und damit ein konfliktfreier Handlungsverlauf verhindert wird. „Die Definition einer Situation, die wesentlich durch Interpretation räumlicher Tatsachen mitkonstruiert wird, und zwar derart, daß sie durch typisiertes Verhalten beantwortet werden kann, darf man als Aktualisierung von Umwelt verstehen. Anders ausgedrückt: Umwelt entsteht durch verhaltensrelevante Interpretation von Raumtatsachen im Zuge der fortlaufenden Definition immer neuer, aber kohärenter Situationen. Das ist eine allgemeine anthropologische Betrachtung."[20]

Werden diese Überlegungen nun rückbezogen auf den ‚neuen' Funktionalismus in der Architektur, so wird deutlich, warum der Blick auf die räumlich-gegenständliche Welt der Dinge gleichzeitig auch auf Strukturen und Typen des sozialen Handelns gerichtet wird: In der perspektivischen Wahrnehmung von Gegenständen und im perspektivischen Verstehen von Personen sind die Gegenstandsbereiche der physischen und sozialen Welt eng aufeinander bezogen. Ohne daß dabei auf die konkreten Bedingungen und Problemstellungen eingegangen würde, unter denen eine solche Sichtweise auch für Planer und Architekten zunehmend aktuell wird, werden Deutungsmuster vorgegeben, deren überhistorische Gültigkeit wissenschaftlich versichert wird. So stützt sich etwa der Architekturtheoretiker C. Norberg-Schulz bei der Untersuchung des Zusammenhangs von Handlungsorientierung und Wahrneh-

---

18 Dabei gibt die phänomenologische Analyse der Wirklichkeit als je ‚natürlich' vorgefundener Alltagswelt den Hintergrund ab, auf dem die Struktur der Typisierungen und Routinen des Alltagsdenkens und -handelns untersucht werden, die als ‚integrierende Elemente' der historisch konkreten ‚Lebenswelt' betrachtet werden. Die Phänomene der Alltagswelt werden nach Maßgabe der normalen, ‚natürlichen Einstellung' als ‚Wirklichkeitsordnung', als nach festen Mustern vor-arrangierte ‚Routinewelt' erfahren. Vgl. dazu P. Berger, T. Luckmann, Die gesellschaftliche Konstruktion der Wirklichkeit, Frankfurt/Main 1970.
19 H. P. Bahrdt, a.a.O., S. 38.
20 Ebda.

mungsmustern auf den im Rahmen einer soziologischen Systemtheorie von T. Parsons entwickelten funktionalistischen Rollenbegriff[21]; *Rolle* bedeutet ihm „eine geordnete Verhaltensweise" und *Gesellschaft* entsprechend „ein geordnetes System von Rollen, die durch Institutionen zum Ausdruck kommen".[22] Individuelle Umwelterfahrungen, soziale Handlungs- und gesamte Gesellschaftsgefüge sind nach den gleichen Prinzipien strukturiert: Die Ordnung der Verhaltensweisen und Orientierungen wird im Prozeß der Sozialisation reproduziert. Mit der Übernahme der Erfahrungen anderer werden rollenspezifische Verhaltensweisen gegenüber Gegenständen und damit auch die Schemata ihrer Wahrnehmung festgelegt, wie am Beispiel der Verkehrszeichen-fixierten Autofahrer-Rolle plausibel wird. „Die Schemata sind ‚Wahrnehmungsgewohnheiten', die sich so gefestigt haben, daß sie den Charakter von Quasi-Gegenständen bekommen haben"[23] — eine Konzeption, die an jenen geschlossenen „Umweltstunnel"[24] erinnert, in den Tiere aufgrund ihrer biologisch begrenzten *Funktionskreise* eingeschlossen sind.

Wie selbstverständlich bedient sich gerade jene Literatur des Rollenbegriffes, die den Zusammenhang zwischen den Formen sozialen Verhaltens und städtischer Umwelten zu erhellen und den Praktikern ins Bewußtsein zu rücken versucht. Die Metapher von der sozialen Rolle leistet durch ihre Anschaulichkeit dabei den Transfer zwischen der Bildhaftigkeit des ‚gesunden Menschenverstandes' und einer scheinbar geschlossenen Theoriebildung, in der unterschiedliche Traditionen und Richtungen zu einem stabilen soziologischen common-sense-knowledge zusammengeschmolzen zu sein scheinen. Erklärungsgrundlage ist dabei, daß als soziale Rolle nicht das tatsächliche Verhalten in Interaktionssituationen gilt, sondern der Komplex von Verhaltenserwartungen, der sich nach relativ stabilen Regeln an die jeweilige Position knüpft, die ein Individuum, etwa als Chef, Ehemann, Verkehrsteilnehmer etc., einnimmt. Jeder Position ist eine soziale Rolle zugeordnet, in der Erwartungen eines bestimmten, regelhaften Verhaltens zusammengefaßt sind, die dem aktuell konkreten Verhalten jedoch eine gewisse Bandbreite an Abweichung — gleichsam als Toleranzspielraum — belassen. Weil sich aber Rollenspiel stets auf räumlich und zeitlich bestimmten *Bühnen* vollzieht und die jeweilige *Definition der Situation* durch den Handelnden dessen Verhalten leitet, kann die räumliche Strukturiertheit der Handlungsfelder und die räumlich-zeitliche Trennung Entlastungsmöglichkeiten geben.[25] So bietet etwa die örtliche

21 Vgl. T. Parsons, The Structure of Social Action, Vol. I und II, New York 1968; vgl. auch ders., The Social System, Glencoe 1951, worauf sich C. Norberg-Schulz bezieht.
22 C. Norberg-Schulz, Logik der Baukunst, Berlin 1965, S. 37.
23 A.a.O., S. 48.
24 J. von Uexküll, a.a.O., S. 108.
25 Vgl. H. M. Proshansky u. a. (Hg.), Environmental Psychology. Man and his Physical Setting, New York 1970, S. 172: „Eine Person lernt nicht bloß die Verhaltensmuster, die eine gegebene soziale Rolle charakterisieren, erkennen, sondern den

Trennung der Handlungsbereiche Wohnung und Arbeitsplatz durch die dazwischenliegenden Strecken Übergangszeiten, in denen man sich auf die geregelten Erwartungen und Normen einstellen kann, die dort jeweils Anerkennung verlangen. Eine ‚Feingliederung' in der Einschätzung differenzierter Erwartungsbündel wird darüber hinaus noch ermöglicht durch die räumliche Aufteilung der jeweiligen Bereiche: Die familiär festgelegten ‚Funktionen' einer Wohnung z. B. geben ein normatives Gerüst zur Kontaktregulierung vor, dem das konkrete Verhalten Rechnung tragen muß, soll es nicht zu dauernden Konflikten kommen. Auch die Polarität von *Öffentlichkeit* und *Privatheit* läßt sich somit als ein Versuch verstehen, in einer recht groben Gliederung relativ homogene und überschaubare Sphären (Einkaufsverhalten und Familienleben) voneinander abzugrenzen. Durch die Behauptung klarer Entsprechungen zwischen bestimmten ‚typischen' Verhaltensweisen und Örtlichkeiten wird es möglich, konsequent die planerische Ausmerzung unklarer, schwer definierbarer Zwischensituationen zu empfehlen — der „grauen Zonen" bei J. Jacobs[26], an denen weder stabile Handlungsziele eine innere noch anwesende Personen eine äußere Handlungskontrolle bewirken: Bei wachsender Komplexität und Unsicherheit gewinnen jene gegenständlichen Orientierungshilfen an Bedeutung, die vor jeder verbalen Kommunikation bereits erste Typisierungen nicht nur der Interaktionspartner, sondern der Interaktionssituation insgesamt erlauben. „In der kommunikativen Praxis sind wir bei den Versuchen, andere und ihre Rollen, ihren Status und ihre Gruppenzugehörigkeit zu identifizieren, ständig dabei, unsere materiellen Umgebungen einzuschätzen, um damit eine Art von Diagnose zu erreichen, die all diese Besonderheiten in einem umfassenden Muster zusammengefügt: die soziale Situation, die den Kontext und die Art jedes kommunikativen Austausches bestimmt."[27]

sozialen Kontext einschließlich seiner physikalischen Ausstattung (physical setting), in dem sich das Rollenspiel ereignet. (...) Für jede gegebene Rolle lernt eine Person nicht nur, sich auf bestimmte Weise zu verhalten und ein bestimmtes Verhalten von anderen zu erwarten, sondern sie hat auch Erwartungen hinsichtlich der Art und Beschaffenheit des ‚physical setting', in der sie ihre Rolle spielt".

26 J. Jacobs, a.a.O., S. 37 f. Daß die Steuerung des Prozesses der Interpretation und Definition von Handlungssituationen im Zuge wachsender Desintegration (steigender Kriminalität etc.) gerade in den USA für Sozialarbeit und -forschung an praktischer Bedeutung gewann, läßt sich nicht nur an den Arbeiten von J. Jacobs zeigen, für die die stete Suggestion sozialer Kontrolle die einzige Garantie der ‚inneren Sicherheit' der Städte zu sein scheint. War im Europa des vorigen Jahrhunderts noch die „Methode Haussmann" (Engels) — die Möglichkeit militärischer Beherrschung der Arbeiterquartiere durch den Durchbruch breiter Straßenschneisen — probates Mittel zur Disziplinierung der Bewohner, so wird dies inzwischen durch internalisierte Gewaltverhältnisse und wechselseitige soziale Kontrolle der Bewohner weitgehend durch diese selbst gewährleistet.

27 J. Ruesch, W. Kees, Function and Meaning in the Physical Environment, in: H. M. Proshansky u.a. (Hg.), a.a.O. S. 144 f.

Gerade der Mangel aber an eindeutig definierbaren „behavior settings"[28] mit abrufbaren Verhaltensregeln wie bei den gern genannten Beispielen (Theke, Party, Beerdigung), das tägliche Ineinanderfließen unabgeklärter Situationen erzwingt kontinuierliche Beachtung und ‚richtige' Interpretation der räumlich-gegenständlichen Bedingungen sozialen Handelns, soll das in wechselnden Situationen spontan zu improvisierende Verhalten dem jeweiligen sozialen Beziehungsgefüge einerseits und den übergreifenden Handlungsstrategien der Individuen andererseits angemessen sein. Diese Interpretationen erleichtern und überschaubare Handlungsfelder voneinander abgrenzen –: Umwelt ‚sinnfällig strukturieren' zu helfen, soll nicht zuletzt Aufgabe städtebaulicher Gestaltung sein.

Situationsdeutung und optische Täuschung

Um dieser Aufgabe das gebührende Gewicht zu verleihen, wird in den bei Architekten populären sozialpsychologischen Schriften zumeist die sozialintegrative Wirksamkeit der räumlich-gegenständlichen Umwelt hervorgehoben: Diese hat als gesellschaftlich geformte Umwelt normative Qualität, da an ihrer Ausgestaltung immer auch bestimmte Handlungsmöglichkeiten und Lebensstile abgelesen werden, die auf eingeübte Verhaltensmuster und Erwartungsschemata bezogen sind. Dabei wird zur Erläuterung dieses Zusammenhanges in den meisten Konzepten der dem Imagebegriff verwandte soziologische *Situationsbegriff* bedeutsam: In der Terminologie der Rollentheorie wird ein Architekturverständnis geprägt, dem die Orientierungsfunktion räumlicher Gestaltung im Vordergrund steht, welche oft mißverständlich mit der ‚Integrationsfunktion' gleichgesetzt wird. Auf soziologisch bedeutsame Tatbestände verweisen die subjektiven Bilder – Images – sozialer Situationen deshalb, weil an ihnen die Individuen ihr Verhalten orientieren; in ihnen verschmilzt die soziale Wirklichkeit mit individuellen Einstellungen, Projektionen und internalisierten Gruppennormen. Wie bei der Einschätzung der Qualität einer Ware deren Image bestimmender sein kann als deren wirkliche Beschaffenheit, so kann auch die subjektive Deutung, die durch Emotionen und individuelle bzw. gruppenspezifische Stereotypen verzerrte Definition einer sozialen Situation für das konkrete Verhalten folgenreicher sein als die objektiven Bedingungen, unter denen ein Individuum handelt; entsprechend lautet das sogenannte Thomas-Theorem: „Wenn die Menschen Situationen als real definieren, so sind auch ihre Folgen real."[29] Einerseits wird *Situation* verstanden als ein individueller Erlebniszusammenhang, der sich aufgrund eingeschliffener Erwartungsmuster den Handelnden bildet aus dem Gefüge interpretie-

---

28 Vgl. R. G. Barker, The Stream of Behavior, New York 1963.
29 W. I. Thomas, Person und Sozialverhalten, Neuwied und Berlin 1965, S. 114.

rend-wahrgenommener Ausschnitte eines objektiven Zusammenhangs von Dingen und Personen, mit denen sie zu bestimmter Zeit an bestimmtem Ort zu tun haben. Andererseits bietet der Komplex von objektiven Bestimmungen einer Handlungssituation den verschiedenen Beteiligten das gemeinsame Material ihrer Interpretationen, die – je nach individuellen Voraussetzungen und Einstellungen – höchst unterschiedlich ausfallen und zur Störung der Interaktionen führen können. „Häufig verursacht gerade die große Diskrepanz zwischen der Situation, wie sie anderen erscheint, und der Situation, wie sie dem betreffenden Einzelnen erscheint, die nach außen sichtbare Verhaltensschwierigkeit."[30] Bei genauer Betrachtung nimmt jedoch auch der Situationsbegriff verschiedene Bedeutungen an.

Waren für W. I. Thomas ganze Kulturen und Lebensformen Ergebnis kollektiver und individueller Situationsdefinitionen aufgrund stabiler „Apperzeptionsmassen", so ist bei A. Strauss die Bestimmung einer Situation geprägt von den in Statusübergängen wechselnden, gruppenspezifischen Terminologien, Klassifikations- und Bewertungssystemen.[31] Bei E. Goffman[32] dagegen wird der Situationsbegriff konkreter gefaßt und der Blick auf jene Mechanismen gerichtet, mit denen die Widrigkeiten des Alltagslebens in immer neuen Situationsdefinitionen und improvisierten Handlungsalternativen individuell bewältigt werden müssen:

In der Ermittlung der wechselseitigen Erwartungen und Bedürfnisse, in ihrer schrittweisen Darstellung durch zeichenhafte Sinnvermittlung – Worte, Gesten, Blickkontakte, Habitus – baut sich in der Verschränkung der Perspektiven der Interaktionspartner eine Situation im Sinne von Thomas erst auf. Will ein Individuum Situationen angemessen definieren und sein Handeln entsprechend ausrichten können, ist zunächst ein Geben und Sammeln von Informationen notwendig, unter denen auch die räumlichen Bedingungen sozialer

30 W. I. Thomas, a.a.O., S. 84, vgl. dazu auch K. H. Tjaden, Soziales System und sozialer Wandel, Stuttgart 1972, S. 27 f.
31 Als Abfolge wechselnder Situationen ist die individuelle Lebensorganisation geprägt durch einen lebensgeschichtlich erworbenen Bestand an Bedeutungen und entsprechenden Handlungsregeln, die sprachlich angeeignet werden, da „die Gesamtheit der Bedeutungen" nur im Medium der Sprache aufbewahrt und aktualisiert werden kann. Diesen Zusammenhang von Sprachspiel und Lebensform, der von W. I. Thomas im Begriff der „Apperzeptionsmasse" angesprochen ist, wird systematischer ausgeführt von A. Strauss, dem die sprachlich vermittelte Typisierung, Klassifikation und Bewertung von sozialen und physischen Gegenständen die Voraussetzung subjektiver Weltkonstitution ist. Vgl. A. Strauss, Spiegel und Masken. Auf der Suche nach Identität, Frankfurt/Main 1968; A. Strauss, R. Wohl, Symbolic Representation and the Urban Milieu, in: American Journal of Sociology, Nr. 5 /1958, S. 523 f.; auf diesen Aufsatz bezieht sich auch K. Lynch, a.a.O., S. 147.
32 E. Goffman, Verhalten in sozialen Situationen, a.a.O.; vgl. auch: ders., Wir alle spielen Theater. Die Selbstdarstellung im Alltag, München 1973; ders., Interaktionsrituale, Frankfurt/Main 1971; ders., Interaktion: Spaß am Spiel. Rollendistanz, München 1973.

Interaktion eine wichtige Rolle spielen.³³ Ein sozialer Anlaß – wie Party, Begräbnis, Einkaufen – liefert dabei den strukturellen sozialen Kontext, „in dem sich viele Situationen und Zusammenkünfte bilden, auflösen und umformen, während sich ein Verhaltensmuster als angemessen und (häufig) offiziell oder als beabsichtigt herausbildet und anerkannt wird – ein ‚stehendes Verhaltensmuster', um Barkers Terminologie zu verwenden".³⁴ Nicht immer aber sind Ort, Zeit, Anlaß und Verhalten eindeutig gekoppelt. Vielmehr ist es häufig so, daß „derselbe physikalische Raum in den Normenbereich zweier verschiedener sozialer Anlässe geraten kann. Dann kann die soziale Situation zur Szene eines potentiellen oder aktuellen Konflikts zwischen den Normensystemen werden, die herrschen sollen".³⁵ Dann ist es Aufgabe der Interaktionspartner, auf „die eigens dafür bestimmte Ausstattung"³⁶ zu achten, um einen sozialen Anlaß identifizieren und entsprechende Verhaltensweisen entwickeln zu können und zugleich den möglichen Motiven und Intentionen anderer Beachtung zu schenken. Dabei allerdings ist Vorsicht geboten, denn „da die Realität, mit der es der Einzelne zu tun hat, im Augenblick nicht offensichtlich ist, muß er sich statt dessen auf den Anschein verlassen"³⁷, den die anderen von sich zu erwecken suchen. Da im wechselseitigen Rollenspiel Informationen systematisch zurückgehalten werden, „stützt sich der Einzelne gern auf Ersatzinformationen – Hinweise, Andeutungen, ausdrucksvolle Gesten, Statussymbole usw. – als Mittel der Vorhersage".³⁸ Selbst den räumlich-gegenständlichen Bedingungen der Handlungssituation gegenüber ist daher Mißtrauen am Platz, denn „die Tatsache, daß es für den Beobachter notwendig ist, sich auf die Darstellungen von Dingen zu verlassen, schafft die Möglichkeit der falschen Darstellung".³⁹ Differenziert beschreibt Goffman Tricks und Schliche⁴⁰, mittels derer die Individuen versuchen, „die Situation

33 Um Rollen- und Situationsanalyse sinnvoll verknüpfen und verschiedene (Materialitäts-)Ebenen unterscheiden zu können, bezeichnet Goffman als Situation zunächst „diejenige räumliche Umgebung, und zwar in ihrem ganzen Umfang, welche jede in sie eintretende Person zum Mitglied der Versammlung macht, die gerade anwesend ist (oder dadurch konstituiert wird). Situationen entstehen, wenn gegenseitig beobachtet wird, sie vergehen, wenn die zweitletzte Person den Schauplatz verläßt". E. Goffman, Verhalten in sozialen Situationen, a.a.O., S. 29.
34 A.a.O., S. 29.
35 A.a.O., S. 31.
36 A.a.O., S. 29.
37 E. Goffman, Wir alle spielen Theater, a.a.O., S. 228.
38 Ebda.
39 A.a.O., S. 229.
40 Vgl. a.a.O., S. 230: „Als Darsteller verkaufen wir nur die Moral. Unsere Tage verbringen wir in engem Kontakt mit den Waren, die wir ausstellen, und unser Geist ist voll von genauestem Wissen über sie; aber es mag wohl sein, daß wir uns diesen Waren gegenüber umso fremder und denen, die leichtgläubig genug sind, sie zu kaufen, umso ferner fühlen, je mehr Aufmerksamkeit wir auf die Waren richten." Zur Kritik an Goffmans Interaktionstheorie vgl. A. W. Gouldner, a.a.O., S. 453 f.; auch F. Haug, Kritik der Rollentheorie, Frankfurt/Main 1972.

für das Publikum der Vorstellung zu bestimmen"[41], d. h. bestimmte Situationsdefinitionen zu projizieren und durchzusetzen[42], Betrugsunternehmen durch demonstrative Seriosität zu kaschieren. Anhand persönlicher Merkmale und szenischer Elemente müssen in der jeweiligen Interaktionssituation durch kreatives Mißtrauen ständig adäquate Interpretationen und Handlungsstrategien entwickelt werden, wobei auch die Gegenstände der räumlichen Umwelt in unterschiedlichen Funktionszusammenhängen zu deuten sind in dieser Welt des Anscheins, in der nichts vorschnell als das genommen werden darf, was es zu sein vorgibt: So ließe sich aufgrund einer Untersuchung des soziologischen Situationsbegriffes und entsprechender Beobachtungstechniken ein Ansatz zur Ideologiekritik räumlicher Gestaltung am Material entwickeln, wobei die Beobachtungen von Strauss und Goffman einen ganzen Fundus an Beispielen systematischer Definitionssteuerung bieten können.

Konsequent treten in neueren Untersuchungen zur Erlebnis- und Verhaltenswirksamkeit raumgestalterischer Maßnahmen an die Stelle von Analysen objektiver ‚Gestaltqualitäten', optimaler ‚Wahrnehmungsraten' und errechenbarer ‚Schönheitskriterien' zunehmend Fragen nach dem ,,Beitrag, den das Subjekt erbringen muß, wenn es seine Umgebung als Umwelt erschließen soll"[43] — ein Beitrag, der durch entsprechende Umwelt-Gestaltung gesenkt werden soll, indem individuelle Typisierungsprozesse und Situationsdeutungen gegenständlich vorgezeichnet werden.

2. Umwelt als Alltagswelt

Verkehrsregelung oder Supermarkt?

In einer Vielzahl von Veröffentlichungen wird untersucht, beschrieben und reich illustriert, wie unter wechselnden Umständen die räumliche Umwelt in Prozessen verhaltensrelevanter — d. h. hier: rollenkonformer — Bedeutungszuweisung erschlossen wird, ohne daß aber eine klare Konzeption der Ver-

---

41 E. Goffman, Wir alle spielen Theater, a.a.O., S. 23.
42 Wesentliches Element solcher systematischen Selbstdarstellung, die Goffman ‚Fassade' nennt, ist das Bühnenbild, ,,das Möbelstücke, Dekorationselemente, Vor satzstücke, die ganze räumliche Anordnung umfaßt — die Requisiten und Kulissen für menschliches Handeln, das sich vor, zwischen und auf ihnen abspielt". (S. 23) Das Bühnenbild ist meist unbeweglich im geographischen Sinne. Werden unter ,,Bühnenbild" die szenischen Komponenten des Ausdrucksrepertoirs verstanden, ,,so können wir mit dem Begriff ‚persönliche Fassade' jene anderen Ausdrucksmittel bezeichnen, die wir am stärksten mit dem Darsteller selbst identifizieren und von denen wir erwarten, daß er sie mit sich herumträgt": Größe, Alter, Kleidung, Mimik etc. (S. 25).
43 H. P. Bahrdt, Umwelterfahrung, a.a.O., S. 10.

mittlung räumlicher und sozialer Handlungsbedingungen entwickelt wird[44], zumal schon in den zugrunde liegenden Theorieansätzen eine systematische Darstellung der Raumbezogenheit sozialen Handelns kaum geleistet bzw. nicht als relevant betrachtet wurde.[45]
Wie in einem Vexierbild erscheinen die in wechselnden Situationen zu spielenden Rollen einmal festgelegt durch ein übergreifendes und einheitliches System von stabilen Normen und Werten, die auch durch die Gestaltung der räumlichen Umwelt vermittelt sind und umgekehrt diese Gestaltungen wieder eindeutig klassifizierbar machen; ein andermal wird der „Beitrag, den das Subjekt erbringen muß, wenn es sich seine Umgebung als Umwelt erschließen soll"[46], durch kreative Bedeutungs-Zuweisung in einem differenzierten Prozeß von Versuch und Irrtum zur Feststellung situationsadäquaten Rollenverhaltens geleistet. So betont etwa H. P. Bahrdt einerseits die „Offenheit der sozialen Intentionalität" und damit den breiten Handlungsspielraum jedes Einzelnen, andererseits behauptet er die rigide Abhängigkeit der Menschen „von erlernten, gesellschaftlich vermittelten Orientierungsschemata und Normen, von dem Repertoire der ihnen zur Verfügung stehenden Handlungsformen, aber auch von dem harten Kern räumlicher Tatsachen".[47]
Ungeklärt bleibt die wichtige Frage, in welcher Beziehung unter den aktuellen gesellschaftlichen Verhältnissen internalisierte Typisierungsschemata und Orientierungsmuster einerseits und die Möglichkeiten kreativer Interpretation andererseits zueinander stehen. So ist die symbolische Wirksamkeit der gestalteten Umwelt einmal einer strengen Verkehrsregelung vergleichbar, ein andermal eher einem Supermarkt, aus dem sich Kunden verschiedener Gruppenzugehörigkeit das ihrem jeweiligen Geschmack und Situationsverständnis Entsprechende aussuchen können.
Soll der Planer durch gestalterische Vorgaben „einen eindeutigen Beitrag zur Definition der Situation liefern", so wird unterstellt, es gäbe aufgrund eines einheitlichen „Symbolvorrats einer Kultur"[48] verbindliche Wahrnehmungs-

---

44 Systematische Anhaltspunkte dazu finden sich einmal im Werk Georg Simmels – vgl. insbesondere: Der Raum und die räumlichen Ordnungen der Gesellschaft, in: G. Simmel, Soziologie, a.a.O., und zum anderen bei Alfred Schütz, der in Anschluß an die phänomenologischen Untersuchungen Husserls einerseits und die Soziologie Max Webers andererseits die je vorgefundene Alltagswelt der Menschen als immer schon intersubjektive Kulturwelt beschreibt. Bei Untersuchungen der räumlichen Struktur der „Lebenswelt" wird dort ähnlich wie in der philosophischen Anthropologie die Leiblichkeit des Menschen zum zentralen Thema, da „für jeden von uns sein eigener Leib und dessen habituelles Funktionieren der erste fraglos gegebene Erfahrungskomplex ist". A. Schütz, Das Problem der Relevanz, Frankfurt/Main 1971. Vgl. auch ders., Strukturen der Lebenswelt, in: Gesammelte Aufsätze, Den Haag 1971, S. 155 f.; bes. aber: ders., Der sinnhafte Aufbau der sozialen Welt, Wien 1932.
45 Vgl. E. Konau, Raum und soziales Handeln, München 1973.
46 H. P. Bahrdt, a.a.O., S. 10.
47 A.a.O., S. 38.
48 A.a.O., S. 20 f.

muster und Typisierungsschemata. Wird dagegen die Mannigfaltigkeit und Widersprüchlichkeit des Systems symbolisch vermittelter Werte und Normen betont, so muß auch die in Aussicht gestellte Steuerungsfunktion der Planer und Architekten relativiert werden: „Sie können nur die Außenweltsvoraussetzungen schaffen und durch ästhetische Leistungen Ausnutzungsqualitäten und Aufforderungen symbolisieren, damit Menschen durch ihre Orientierungsformen und Handlungsweisen sich selbst eine räumliche und immer zugleich soziale Umwelt konstituieren, die ihnen Verhaltensspielraum, Wahlmöglichkeiten und zweckgebundene wie auch zweckfreie Kommunikation garantiert."[49]

Diese Gegenüberstellung von Einheitlichkeit und Widersprüchlichkeit gesellschaftlicher Normen- und Wertsysteme, der die Gegenüberstellung der Möglichkeiten gestalterischer Regelungs- bzw. Angebotsplanung entspricht, hat auf der Ebene sozialwissenschaftlicher Theoriebildung ihren Ausdruck in der Kontrastierung von *normativem* und *interpretativem Paradigma*[50] gefunden. Unter Annahme eines stabilen Werte- und *Normensystems* und entsprechend stabiler *Wahrnehmungs-* und *Handlungsmuster* wird auch in neuen Ansätzen, welche in der von Durkheim bis Parsons reichenden Tradition soziologischer Theoriebildung stehen, die subjektive Deutung der räumlichen Umwelt kaum problematisch, da Entsprechungen zwischen typischen Situationen und Orientierungsalternativen schlicht behauptet werden können; hier agieren die Rollenträger in stets schon vordefinierten Situationen nach entsprechend vorgegebenen Regeln; die Wahl der Orientierungsalternativen (der ‚pattern variables') ist nicht der freien Entscheidung der Rollenspieler überlassen, vielmehr sind sie Bestandteil der jeweiligen Situation selbst und sorgen für konfliktfreie Kopplung von Rolle und Situation in stabilen ‚behavior settings'. Die Annahme einer internalisierten Verknüpfung von Wahrnehmungs-, Orientierungs- und Handlungsmustern als fester Typisierungsschemata wird freilich umso fragwürdiger, je weniger konsistent und widerspruchsfrei, je unverbindlicher und mannigfaltiger das − in Symbolen vergegenständlichte − System der gesellschaftlichen Normen und Werte ausgebildet ist. „Zwar sind in diesem System disparate, voneinander abweichende Definitionen von Situationen und Handlungen nicht ausgeschlossen, doch diese werden entweder als konfligierende subkulturelle Traditionen oder als idiosynkratische Abweichungen vom kulturell etablierten kognitiven Konsens behandelt."[51]

Sollen dagegen angesichts der Mannigfaltigkeit unterschiedlicher Lebensstile und entsprechender Wertsysteme unterschiedliche Bedeutungszuweisungen

---

49 A.a.O., S. 55.
50 Vgl. T. P. Wilson, Theorien der Interaktion und Modelle soziologischer Erklärung, in: Arbeitsgruppe Bielefelder Soziologen (Hg.), Alltagswissen, Interaktion und gesellschaftliche Wirklichkeit, Bd. I, S. 54 f., Reinbek 1973; vgl. hierin auch: Zur Einführung, S. II f.
51 T. P. Wilson, a.a.O., S. 55.

und Situationsdefinitionen systematisch berücksichtigt werden, so bieten hierzu handlungstheoretische Konzepte im Umfeld des *Symbolischen Interaktionismus*[52] bessere Voraussetzungen und realistischere Darstellungen als das am Bild der stationären Reproduktion gesellschaftlicher Organisationsformen entwickelte (makro-)funktionalistische Rollenkonzept: „Eine dramaturgische Auffassung sozialen Lebens spiegelt eher die Ansichten und Gefühle der neuen Mittelschicht wider — des ‚swingers' im Dienstleistungssektor der Wirtschaft, des statusbewußten Angestellten, des Selbständigen, des Verwaltungsbeamten und des gebildeten Mittelstandes — als der besitzenden Gruppen."[53] Ebensowenig, wie der an der Organisation der materiellen Produktion orientierte Funktionalismus in der Architektur einem ‚urbanen' Lebensgefühl noch entsprechen und Richtlinien zur Selbstdarstellung der ‚offenen Gesellschaft' bieten kann, ist der herkömmliche Funktionalismus in der Soziologie in der Lage, den täglichen Kampf um Selbstbehauptung in einer unüberschaubar gewordenen sozialen Welt theoretisch zu reflektieren, in der es mehr auf den Schein als das Sein der Individuen ankommt. „Man könnte es so formulieren, daß der Funktionalismus auf einen Entwurf vom Menschen und seinen Handlungen als ‚Gebrauchs-Werten', die Dramaturgie lediglich auf einem Entwurf von ihnen als ‚Tausch-Werten' beruht."[54]

Gerade unter (stadt-)soziologischen Fragestellungen[55], die sich hauptsächlich

52 Die zur Ausprägung des entsprechenden *interpretativen Paradigmas* in der Handlungstheorie einflußreichsten Denkanstöße gab die Konzeption G. H. Meads — des ‚Stammvaters' des Symbolischen Interaktionismus —, der die Untersuchung der Symbolfunktionen eng mit dem Konzept der Identitätsbildung verknüpfte: Erst durch das Erlernen der gesellschaftlichen Bedeutung von Gesten, Worten und Gegenständen beginnt sich die individuelle Identität — d. h. auch: Fähigkeit zu sozialem Handeln überhaupt — auszubilden, weil die eigenen Handlungen können auf die der anderen sinnvoll nur dann bezogen werden, wenn die in Formen, Gesten und Worten vergegenständlichten Bedeutungen im Prozeß des ‚role-taking' erfaßt und als Mitteilung verstanden werden. Vgl. G. H. Mead, Geist, Identität, Gesellschaft, Frankfurt/Main 1973; ders., Sozialpsychologie, Neuwied und Berlin 1969; ders., Philosophie der Sozialität, Frankfurt/Main 1969. Zur Kritik der phänomenologischen und pragmatistischen Ansätze vgl. Th. Leithäuser, Formen des Alltagsbewußtseins, Frankfurt am Main/New York 1976.
53 A. Gouldner, Die westliche Soziologie in der Krise, a.a.O., S. 456.
54 A.a.O., S. 458.
55 Nicht zufällig werden hier die Ansätze in der Tradition des Symbolischen Interaktionismus wirksam, da sie an Fragestellungen entwickelt wurden, die den heute aktuellen entsprechen: Durch den beschleunigten Industrialisierungs- und Urbanisierungsprozeß stellten sich in den ersten Jahrzehnten dieses Jahrhunderts gerade in Chikago — am Entstehungsort dieser Theorie — Probleme der Kriminalität und abweichenden Verhaltens sowie der Assimilation und Integration von Einwanderern höchst unterschiedlicher Herkunft und Tradition. Die Auflösung der überschaubaren traditionalagrarischen Farmkultur war verbunden mit der wachsenden „Schwierigkeit, eine stabile Sozialorganisation angesichts der zunehmenden Bedeutung der individuellen Leistungsfähigkeit auf allen Gebieten des kulturellen Lebens aufrecht zu erhalten". W. I. Thomas, a.a.O., S. 243.

auf die Untersuchung ‚öffentlichen' Verhaltens in städtischen Umwelten — d. h. in ‚unvollständigen' bzw. ‚offenen' Situationen — richtet, werden somit jene handlungstheoretischen Ansätze[56] relevant, die das Rollenspiel weniger als einen nach strengen Regeln normativ eingespannten, sondern als gestaltbaren, interpretativen Prozeß beschreiben. Je konsequenter dabei die Labilität des gesellschaftlichen Rahmens anerkannt wird, umso mehr Aufmerksamkeit wird den Integrationsleistungen der Individuen geschenkt, deren Rollenspiel im Sinne einer wechselseitigen Ausrichtung von Handlungsabläufen, als ein taktisches Aushandeln von Rollen und Interaktionssequenzen begriffen wird.

Je stärker nämlich im Zuge der beschleunigten Verstädterungsprozesse durch die ‚unvollständige Integration' traditionelle Handlungsmuster und Bedeutungszuweisungen aufgelöst und differenzierte Anforderungen an die individuellen Interpretationsleistungen, kognitiven und sozialen Kompetenzen gerichtet werden, umso stärker rückt die Frage in den Vordergrund, wie denn „eine komplexe urbanisierte Gesellschaft funktionsfähig bleiben kann", wenn weder ein konsistentes Normensystem vorhanden ist, noch selbst die „angeblich zentralen Werte einer Gesellschaft"[57] einstimmig anerkannt sind und schon die individuelle Integration der von den einzelnen akzeptierten Normen kaum mehr zu leisten ist. Gerade der so attraktive ‚urbane Lebensstil' erfordert Interaktionsqualifikationen, die eine Wahrung der in unvorhergesehenen Situationen immer neu gefährdeten Identität einer Person durch ein empfindsames Aufspüren entsprechender Muster zur Darstellung des eigenen und zur Einschätzung des Handelns anderer erlauben. „Heute wird fast jeder in unerwünschte und häufig wechselnde Rollen verwickelt, und viele müssen einen dauernden Kampf um Identität führen. Die Wechselhaftigkeit des modernen Lebens mit dessen Reduktion auf das Private zwingt die Individuen geradezu, funktionale Konzepte bezüglich der Identifikation sozialer Situationen und sozialer Rollen anzuwenden."[58] Dabei ist auch jede Auseinandersetzung mit der räumlich-gegenständlichen Umwelt über wechselnde Bedeutungszuweisungen kommunikativ vermittelt: Die Individuen befinden sich auch mit den jeweils handlungsrelevanten physischen Objekten ihrer Umwelt in sozialer Inter-

---

56 Anders als in den Ansätzen Durkheimscher Tradition, in der die Raumbezogenheit sozialen Handelns vor allem als über stabile Gruppen und Organisationsformen vermittelt vorgestellt ist, wird hier aus mikro-soziologischer Sicht die Entwicklung des ‚gelebten' Raums entlang begrenzter Handlungsabläufe untersucht. Grundzüge entsprechender Überlegungen finden sich auch in der philosophisch orientierten Phänomenologie. Vgl. M. Merleau-Ponty, Phänomenologie der Wahrnehmung, Berlin 1966, bes. S. 237 f; E. Minkowski, Le temps vecu, Paris 1933; F. Bollnow, Mensch und Raum, Stuttgart 1963; ders., Probleme des erlebten Raumes, Schriftenreihe der Nordwestdeutschen Universitätsgesellschaft, Heft 34/1962.
57 W. J. Goode, Eine Theorie des Rollen-Stress, in: H. Hartmann, Moderne amerikanische Soziologie, Stuttgart 1967, S. 270.
58 J. Ruesch, W. Kees, Function and Meaning in the Physical Environment, a.a.O., S. 143.

aktion; antizipierend muß auch ihre ‚Rolle' übernommen werden, soll sinnvoll mit ihnen umgegangen werden können. Umwelterfahrung ist somit stets bezogen auf lebensgeschichtlich verfestigte Handlungserwartungen und Interpretationsmöglichkeiten, die zugleich aber situativer Modifikation offen sind – ein Konzept[59], das auch für neuere interaktionstheoretische Ansätze[60] verbindlich bleibt.

Zur Semiotik der Architektur

War in früheren Konzeptionen über die gleichsam totale Vergesellschaftung der Individuen und die entsprechende Ausbildung ihrer Identität – in der die Struktur des gesellschaftlichen Funktionszusammenhangs ihre subjekte Entsprechung findet – ein allen Individuen gemeinsames Repertoire an Interpretationsmustern gegeben, so wird inzwischen der gesellschaftliche Zusammenhang als tendenziell undurchschaubar angesehen. Jedes Individuum kann nur auf ein eng gruppenspezifisch begrenztes Reservoir an Erfahrungen und Deutungsmöglichkeiten zurückgreifen, deren intersubjektive Gültigkeit vor allem durch die gemeinsame Sprache gesichert ist: Die umgangssprachlich vermittelte Welt-Anschauung gibt lebenspraktisch bewährte Identifikation, Klassifikation und Interpretation von Umweltgegebenheiten[61] vor. Dabei gilt auch hier, daß erst der Prozeß symbolischer Repräsentation der Realität im Medium der Sprache es den Menschen erlaubt, den tierischen Reiz-Reaktions-Kreis zu durchbrechen und sich in innerem Probehandeln die handlungsrelevante Bedeutung auch der Gegenstände der räumlichen Umwelt zu vergegenwärtigen. Auf der individuellen „Suche nach Identität"[62] ist daher in der unüberblickbaren Vielzahl von unterschiedlichen Wertsystemen, Lebensformen und Situationsgefügen jedes Indiz von Wichtigkeit, das die Identifizierung von Erlebnis- und Handlungsfeldern erlaubt. Dabei bilden die durch umgangssprachlich vermittelte Alltagserfahrungen geprägten *visuellen Codes* und kognitiven Kompetenzen den Filter, durch den auch die Vorstellungsbilder und Eindrücke von städtischen Umwelten subjektiv verarbeitet, entsprechende Images

---

59 Vgl. G. H. Mead, Philosophie der Sozialität, a.a.O., S. 75 f.
60 Vgl. P. Berger, T. Luckmann, a.a.O.; A. Strauss, Spiegel und Masken, a.a.O.; sowie die angeführten Arbeiten von E. Goffman.
61 Der Bezug zur Stadt wird besonders deutlich bei A. Strauss, Spiegel und Masken, a.a.O., wo es um die Beziehung zwischen persönlicher Identität, Gruppenidentität und Stadtgeschichte geht. Vgl. S. 161 f., S. 173 f., S. 183 f.; vgl. dazu auch: ders., Images of the American Life, New York 1961, auszugsweise (Life Styles and Urban Space) in: H. M. Proshansky u. a. (Hg.), a.a.O., S. 303 f.; vgl. unter diesem Aspekt auch H. Treinen, Symbolische Ortsbezogenheit. Eine soziologische Untersuchung zum Heimatproblem, in: Kölner Zeitschrift für Soziologie und Sozialpsychologie, 17. Jahrgang, 1965.
62 Untertitel von A. Strauss, Spiegel und Masken, a.a.O.

geprägt und Situationen definiert werden. In den neueren Untersuchungen wird dabei die Raumbezogenheit sozialen Handelns schon soweit unter kommunikationstheoretischen Aspekten betrachtet, daß ein Vergleich mit Ansätzen zur Semiotik naheliegt: Insbesondere von E. Goffman sind zur Analyse unterschiedlicher Raumbedeutungen Terminologien und Denkmodelle entwickelt worden, die so deutlich von linguistischen Überlegungen geprägt sind, daß sie bereits der Semiotik zugerechnet wurden.[63] Ohne daß hier die verschiedenen Richtungen semiotischer Forschungen angesprochen werden können, soll zumindest noch auf die enge Beziehung zwischen interaktions- und kommunikationstheoretischen Ansätzen hingewiesen werden, um die gemeinsamen Grundzüge der Argumentation anschließend einer Kritik unterziehen zu können. Denn nicht allein von Soziologie und Psychologie kam der Anstoß, Architektur als Zeichensystem zu betrachten und nach der Bedeutung der architektonischen Elemente[64] zu fragen: Auch in Ansätzen zur Informationsästhetik wurden zeichentheoretische Überlegungen angestellt, die jedoch den Bedeutungs-Aspekt noch weitgehend unberücksichtigt ließen. Nachdem unter verschiedenen Schwerpunkten zunächst M. Kiemle[65] und C. Norberg-Schulz[66] versucht hatten, zeichentheoretische Konzepte auf Architekturanalysen anzuwenden, wurde von U. Eco[67] ein Ansatz vorgestellt, der — ebenfalls in Wendung gegen den traditionellen Funktionalismus in der Archi-

---

63 Unter Hinweis auf E. Goffman schreibt P. Thurn: „Die Tatsache, daß unterschiedliche Räume von verschiedenen Individuen als handlungsverpflichtend erfahren werden können, führt zu der Einsicht in die Notwendigkeit einer soziologischen Semiotik des Raumes, innerhalb derer die Analyse öffentlicher und teilöffentlicher Räume den ihr entsprechenden Stellenwert erhält." P. Thurn, Architektursoziologie, Zur Situation einer interdisziplinären Forschungsrichtung in der BRD, in: Kölner Zeitschrift für Soziologie und Sozialpsychologie, 24. Jg., 1972, S. 313.

64 Die Anwendung der Zeichentheorie auf architektonische Elemente, die Betrachtung der Architektur als Zeichensystem erscheint auf den ersten Blick verwirrend und abwegig, weil Entwicklung und Popularität der modernen Semiotik sich insbesondere wissenschaftstheoretischen Fragestellungen verdanken, die sich auf die deskriptiv-informativen Funktionen von Sprachzeichen richteten. Dabei gerieten nicht nur die emotionalen und valuativen Bedeutungsdimensionen der Sprachzeichen, sondern erst recht die Erforschung anderer, nicht-begrifflicher Zeichensysteme weitgehend aus dem Interessenfeld der Semiotiker. Erst in den letzten Jahren wurde verstärkt versucht, auch andere kulturelle Bereiche systematisch unter zeichentheoretischen Aspekten zu untersuchen. Vgl. U. Eco, Einführung in die Semiotik, München 1972; A. Schaff, Einführung in die Semantik, Reinbek bei Hamburg 1973; K. O. Apel, Transformation der Philosophie, Bd. I und II, Frankfurt/Main 1973. Zur architekturbezogenen Diskussion vgl. die Aufsätze in: Werk 6/1971; B. Schneider, Was hat der linguistische Strukturalismus mit dem Entwerfen zu tun? in: A. Carlini, B. Schneider, a.a.O., S. 9; M. Gandelsonas, Semiotics as a tool for theoretical development, in: EDRA 4, Vol. II, Stroudsburg 1973, S. 324 f.; P. Atteslander, B. Hamm (Hg.), Materialien zur Siedlungssoziologie, Köln 1974, S. 29 f.

65 M. Kiemle, Ästhetische Probleme der Architektur, a.a.O.
66 C. Norberg-Schulz, Logik der Baukunst, a.a.O.
67 Vgl. auch den Vorabdruck in: B. Schneider, A. Carlini, a.a.O., S. 19 f.

tektur — „die Betrachtung der Funktionen unter dem Aspekt der Kommunikation diese besser zu verstehen und gerade als Funktionen zu definieren erlaubt und andere Arten der Funktionalität zu entdecken hilft, die ebenso wichtig sind, für die aber die nur funktionalistische Betrachtung blind macht".[68] Denn die Form bezeichnet die Funktion „nur auf der Basis eines Systems von erworbenen Erwartungen und Gewohnheiten, also auf der Basis eines Codes".[69] In diesem ‚System erworbener Erwartungen und Gewohnheiten' sind gesellschaftlich vermittelte, lebensgeschichtliche Erfahrungen derart verdichtet, daß sie selbst die vermeintlich neutrale Struktur der individuellen Wahrnehmung entscheidend prägen und zur Ausbildung entsprechender ‚visueller Codes' führt, die gleichsam den Transport gedanklicher Rückübersetzung und Verhaltenssteuerung übernehmen. Das dabei unbewußt zu Hilfe genommene „System von Konventionen" ist bestimmt und bestimmbar in der pragmatischen Dimension[70]: in dem Kontext unterschiedlicher sozialer Situationen, in denen sich die Individuen mit unterschiedlichen Interessen der gegenständlichen Umwelt zuwenden. So ist die Ausbildung differenzierter Interessen (etwa kunsthistorischer, technischer, finanzieller) und entsprechender Codifizierungen erst möglich auf der Grundlage eines gesicherten Wissens um die primären, lebenspraktischen Gebrauchsmöglichkeiten der Gegenstände und der entsprechenden Basis-Codes. Diese Gebrauchsfunktion schreibt sich in den Individuen als subjektives Konstrukt fest, von dem aus gesellschaftlich verbindliche, intersubjektiv gültige Deutungen möglich sind. Subjektive Codifizierungsprozesse sind in diesem Konzept Prozesse der Internalisierung von Handlungsmustern gemäß gesellschaftlichen Funktionszusammenhängen, die den Individuen eine relativ einheitliche Basis der Interpretation auch architektonischer Elemente geben — dies aber nur auf der Ebene der Denotationen, der primären Gebrauchs-Funktionen. Daher muß jeder Architekt diese konventionell verfestigten Codes berücksichtigen, will er die Nutzer seiner Bauten nicht überfordern; architektonische Innovation ist nur im Rahmen gewisser Bandbreiten möglich: Architektur ist in diesem Konzept Festschreibung von Lebensformen, die nur geringe Abweichungen von vorgegebenen (codifizierten) Handlungsroutinen und von dem entsprechenden ‚kognitiven Konsens' gestatten. Die materielle Produktion der gegenständlichen Umwelt, d. h. die Materialisierung architektonischer ‚Codes' bleibt eng auf die gesellschaftlichen Verkehrsformen bezogen und kann sich insgesamt nur mit diesen ändern — die Architektur einer vorpreschenden Avantgarde bliebe gesellschaftlich unverständlich und damit funktionell untauglich.

68 U. Eco, Einführung in die Semiotik, a.a.O., S. 296.
69 A.a.O., S. 309.
70 Vgl. dazu K. O. Apel: C. W. Morris und das Programm einer pragmatisch integrierten Semiotik, Einführung in: C. W. Morris, Zeichen, Sprache und Verhalten, Düsseldorf 1973. Zur Auseinandersetzung mit Morris vgl. U. Eco, a.a.O., S. 301 f.

Im Hinblick auf den zuvor an sozialpsychologisch orientierten Konzepten aufgezeigten ‚neuen Funktionalismus' wird nun bei Eco die Unterscheidung zweier unterschiedlicher Bedeutungsschichten, von (ikonischen) *Denotationen* und (symbolischen) *Konnotationen* wichtig: Auf der Ebene der Denotationen wird ein relativ stabil vorgegebener, materieller *Gebrauchszusammenhang* angenommen, in den jedes Individuum sich einbinden muß, doch ist die Kenntnis solcher primärer Funktionen von Gegenständen eng verknüpft und überlagert mit dem Wissen um *symbolische Nebenbedeutungen*, in denen die jeweilige gesellschaftliche Ordnung ihren historisch-spezifischen Ausdruck findet. Die Konnotationen sind zur Stabilisierung des sozialen Systems und sozialer Hierarchien ähnlich funktional wie die Kenntnis des gesellschaftlichen Gebrauchszusammenhangs dem bloßen Überleben. „So dehnt sich unter dieser Perspektive die Bezeichnung ‚Funktion' auf alle kommunikativen Bestimmungen des Gegenstandes aus, vorausgesetzt, daß im Gemeinschaftsleben die ‚symbolischen' Konnotationen des Gebrauchsgegenstandes nicht weniger nützlich sind als seine ‚funktionellen' Denotationen. Es muß klar sein, daß sich die symbolischen Konnotationen als funktionelle verstehen, nicht nur im metaphorischen Sinne, sondern insofern sie einen sozialen Gebrauchswert des Gegenstandes mitteilen, der nicht unmittelbar identisch ist mit der ‚Funktion' im strengen Sinne."[71] Damit ist auch hier ein Konzept vorgestellt, in dem der Bedeutungsverlust konkreter Gebrauchswertzusammenhänge zugunsten der Dominanz jenes ‚sozialen Gebrauchswertes' der Statussymbole und Prestigewerte − der gesellschaftlichen Phantasieprodukte − seine theoretische Entsprechung findet. In diesem Rahmen kann nun auch das entwerferische *styling* eine ‚funktionale' Erklärung finden, indem bei unveränderten ‚ersten' Funktionen über äußerlich-ästhetische Innovationen neue Bedeutungszusammenhänge organisiert werden, indem die materiellen gesellschaftlichen Lebensbedingungen mit einer täuschenden Schicht überzogen werden. Die Verfestigung von Ideologien setzt sich demnach über die systematische Verfestigung bestimmter Konnotationen durch − entsprechend jenen Prozessen, die anfangs am Zusammenhang von Städtewerbung und Stadtgestaltung beschrieben wurden.

Interaktionstheoretische Verkürzungen

An den bisher vorgestellten Ansätzen wurde gezeigt, in welchen Denkfiguren Prozesse subjektiven Umwelterlebens theoretisch gefaßt wurden: Ihre kulturelle Bedeutung erhielten die Gegenstände der räumlichen Umwelt in diesen Konzeptionen durch Bedeutungszuweisungen in Prozessen sozialer *Interaktion* und *Kommunikation*; ihre materiellen Entstehungsbedingungen und Funktionszusammenhänge dagegen wurden nicht thematisiert. Daß Bauten,

---

71 U. Eco, a.a.O., S. 311.

Straßen, Plätze durch Verausgabung menschlichen Arbeitsvermögens, als Auseinandersetzung mit Materialien, als *Vergegenständlichung* gesellschaftlicher Beziehungen unter den Bedingungen historisch-konkreter *Produktionsverhältnisse* geschaffen werden, blieb in diesen kommunikations- und interaktionstheoretischen Ansätzen nahezu ausgeklammert.

Die gegenständliche Welt wurde als immer schon fertig gegebene ‚zweite Natur' der Menschen betrachtet, als naturhafte Umwelt unverbundener Einzel-Organismen, nicht aber systematisch konzipiert als Ergebnis gesellschaftlicher Arbeit auf einer bestimmten Entwicklungsstufe der Produktion, die als gesellschaftlicher Stoffwechsel mit der ‚ersten' Natur Gesellschaft und Natur vermittelt. So wurde ausführlich dargestellt, wie, nach jahrzehntelanger Überbetonung des technisch-instrumentellen Charakters räumlicher Strukturen, die inzwischen ‚wissenschaftlich' formulierte Artikulation sozialer und ästhetischer Bedürfnisse zu einer Art Über-Kompensation dergestalt führte, daß die Architektur der Stadt – nun als Zeichensystem, als Massenmedium, als Erlebnisgegenstand begriffen – vor allem auf ihren ‚Erlebniswert' hin untersucht werden sollte. Folgerichtig wurden die ästhetischen Qualitäten der gebauten Umwelt primär unter dem Aspekt möglicher Orientierungsfunktionen betrachtet. Auf der Suche nach den Bedingungen intersubjektiv gültiger Wahrnehmung und Deutung traten die Prozesse kommunikativer Bedeutungszuweisung und gedanklich-interpretativer Überformung der Wahrnehmungstätigkeit in den Vordergrund des wissenschaftlichen Interesses. Um jene über die räumlich-gegenständlichen Qualitäten der Umwelt hinausweisenden Dimensionen benennen und erschließen zu können, wurden in den Ansätzen zur Semiotik der Architektur ‚Gebrauchsfunktion' und ‚kommunikative' Funktion (Kiemle), ‚erste' und ‚zweite' Funktionen (Eco) unterschieden, auf deren wechselseitige Verschränkung zuvor an Beispielen sozialpsychologisch orientierter Ansätze hingewiesen wurde.[72]

So bleibt angesichts der Offenheit und Beliebigkeit der terminologischen Wendungen sowohl in den sozialpsychologisch als auch in den semiotisch orientierten Ansätzen der Bezug zu ihrem konkreten historischen Wirkungszusammenhang verschleiert: Die interaktionstheoretischen Konzepte bleiben durch anthropologisierende Betrachtungen den Strukturen der Lebenswelt so eng verhaftet, daß der Strukturwandel der objektiven, gesamtgesellschaftlich gültigen Lebensbedingungen aus dem Blick gerät; die Begriffe der Semiotik dagegen haben so wenig Schärfe und Gehalt, daß sie fast beliebig interpretierbar und innerhalb des durch sie gebildeten Systems variabel verwendbar sind.

Durch Betonung der Vermittlungsfunktion der symbolischen Repräsentation der Welt der Dinge im Denken der Menschen wurde so zwar einerseits gezeigt, daß selbst die privateste Aneignung der räumlichen Umwelt, selbst der einsame Akt des Werkzeuggebrauchs gesellschaftlichen Charakter trägt, andererseits aber blieb diese Einsicht selbst bloß ein Deckmantel, unter dem jene histo-

---

72 Vgl. M. Kiemle, a.a.O., S. 55 f.

risch bestimmbaren gesellschaftlichen Verhältnisse verhüllt bleiben, die bis in die Wahrnehmungs- und Orientierungsmuster der Subjekte hinein ihren Niederschlag finden. Zwar wurde bereits die Wahrnehmung nicht mehr nach dem Muster passiv-rezeptiver Sinnlichkeit begriffen, sondern als ein höchst aktiver Prozeß, in dem objektive Realität selektiv und durch subjektive Projektionen verformt wahrgenommen und für wahr gehalten wird — je nach Handlungsintention und Decodierungsvermögen der Subjekte. Über die im Zusammenhang gesellschaftlicher Praxis verankerten, systematischen Wahrnehmungs-Verzerrungen und das Leiden der Individuen daran jedoch wurde nichts ausgesagt.

Die Prozesse subjektiver Umwelterfahrung wurden bisher primär unter kognitivem Aspekt als Problem der Ermittlung situationsgerechter Handlungsmuster und Selbstdarstellungen geschildert — was nahezu unbegrenzte Fähigkeiten zur flexiblen Interpretation und Änderung von Bedürfnislagen im Rahmen immer neuer Identitätsentwürfe voraussetzt: Im gleichsam ‚technologisch' variablen *Ich* schrumpfen Zukunft und Vergangenheit, Hoffnungen und Enttäuschungen im Hier und Jetzt der Interaktion zusammen; ein situativer Relativismus verstellt den Blick auf die Kontinuität von Lebensgeschichte und Bedürfnisentfaltung, die wesentlich von den Widersprüchen zwischen der historisch erreichten Entwicklungsstufe der Produktivkräfte und den gesellschaftlich vorgegebenen Produktionsverhältnissen geprägt ist.

Doch nicht nur der durch gesellschaftliche Arbeit vermittelte und widersprüchlich organisierte Stoffwechsel mit der ersten, *äußeren Natur* der Menschen wurde bisher ausgeblendet, sondern auch die Ebene des affektiven Bezugs der Menschen zu den Gegenständen ihrer sozialen und räumlichen Umwelt: Wurden bislang vorwiegend die kognitiven und normativen Momente des Bezugs der Menschen zu ihrer räumlichen Umwelt thematisiert, so wird mit Blick auf die affektiven Prozesse die *innere Natur* der Individuen jedoch spätestens dann problematisch, wenn Fragen nach den Möglichkeiten einer planerischen Vorbereitung emotionaler Bindungen an die Gegenstände der räumlichen Umwelt in den Vordergrund treten — Fragen, auf die einige Beiträge zur Architekturdiskussion aus psychoanalytischer Sicht Antwort zu geben versprachen. Entsprechende Überlegungen dazu wurden in dem von Architekten oft als kritische Architekturpsychologie mißverstandenen Buch „Architektur als Ideologie"[73] angestellt, von dessen Autoren der Soziologe H. Korte behauptet, sie hätten „die Kritik Mitscherlichs weiterentwickelt und sehr deutlich einen Zusammenhang zwischen Gesellschaftssystem, Deformation primärer Triebregungen und dem Funktionalismus der Architektur herausgearbeitet".[74] Der theoretisch anspruchsvollste Versuch in dieser Richtung wird hier und in anderen Schriften von A. Lorenzer unternommen, der in

---

73 H. Berndt u. a., a.a.O.
74 H. Korte, a.a.O., S. 32; siehe auch die Anmerkungen E. Bauers, a.a.O., S. 73.

Zusammenschau soziologischer, psychoanalytischer und symboltheoretischer Ansätze aktuelle Fragen der städtebaulichen Praxis anzugehen sich bemüht.[75] Auch hier läßt sich jedoch zeigen, daß dabei implizit ähnlich ‚dramaturgische' Gestaltungs-Empfehlungen vermittelt werden wie im zuvor untersuchten soziologischen Mikro-Funktionalismus. In einem knappen Ausblick wird daher nun zum Abschluß dieses Kapitels noch an einem psychoanalytisch orientierten Ansatz versucht, nicht Architektur, sondern Architektur-*Theorie* als Ideologie zu betrachten, auch wenn dabei der Hintergrund der entsprechenden Theoriediskussionen in und zwischen den jeweiligen Einzeldisziplinen nicht mitdargestellt werden kann.[76]

3. Gestaltung als szenisches Arrangement

Architekturkritik als Bedeutungsanalyse

An Bahrdts eingängigem Modell der Polarität von Öffentlichkeit und Privatheit werden auch von Lorenzer jene Annahmen entwickelt, den den Rahmen seiner weiteren Ausführungen bilden. Wie an Zitaten von J. Jacobs deutlich wird, interessiert dabei zunächst „die Frage nach dem emotionalen Kern des öffentlichen Verhaltens", nach der für die Entwicklung der „komplizierten Verhaltensmuster" grundlegenden „Bildung von ‚Vertrauen' und ‚Verantwortung' ".[77] Denn davon sollen trotz des engen normativen Korsetts sozialer Kontrolle auch die anonymen und distanzierten Beziehungen innerhalb städtischer Lebensformen zehren. Da diese Beziehungen also zugleich emotional geprägt und dennoch flüchtig und variabel handhabbar sein sollen, kann eine entsprechende Affektkultur nicht mehr an stabilen Beziehungen etwa in einem begrenzten nachbarschaftlichen Erfahrungsfeld erworben werden: Als Ort solcher Erfahrungen wird jener ‚öffentliche Raum' ausgewiesen, in dem Kom-

---

75 Vgl. A. Lorenzer, Perspektiven einer kritischen Theorie des Subjekts, Frankfurt/Main 1972; ders., Kritik des psychoanalytischen Symbolbegriffs, Frankfurt/Main 1970.
76 In einer weiterführenden Kritik könnte darüber hinaus aufgezeigt werden, an welche Grenzen selbst jene symbol- und interaktionstheoretischen Konzepte stoßen, die zwar mitunter die Terminologie historisch-materialistischer Theoriebildung applizieren, nicht aber konsequent eine Vermittlung zur Kritik der politischen Ökonomie, zu den historisch konkreten Verhältnissen der gesellschaftlichen Produktion herstellen. Vgl. dazu die neuere Diskussion über das Verhältnis von Psychoanalyse und historischem Materialismus; speziell zu Lorenzer: K. Ottomeyer, Soziales Verhalten und Ökonomie im Kapitalismus, a.a.O.; H. v. Plato, Die Einigung. Zur Sozialisationstheorie von A. Lorenzer, in: Ästhetik und Kommunikation, Heft 15, 16/1974; sowie im selben Heft: M. Wolf, Individuum / Subjekt / Vergesellschaftung der Produktion; K. Holzkamp, Einleitungsreferat zum Internationalen Kongreß Kritische Psychologie, gekürzt in: Das Argument, Heft 103/1977.
77 A. Lorenzer, Städtebau: Funktionalismus oder Sozialmontage? , a.a.O., S. 66.

munikation und Integration nicht mehr über einen verbindlichen Zusammenhang gesellschaftlicher Tätigkeiten, sondern ‚urban' auch über architektonische Symbole vermittelt sein sollen.

Welche sozialpsychologischen Funktionen die architektonischen Symbole dabei übernehmen, wird am Vorgang der *Identifizierung* beschrieben, durch die sich angeblich wechselnde, fließende „Gruppierungen" bilden, welche sich locker um gemeinsame „Wertentwürfe" zusammenschließen.[78] So ist etwa die Darstellung einer spezifischen Lebensart, wie sie sich an der Einrichtung eines Cafés ablesen läßt, die Darstellung gemeinsamer Wertvorstellungen für jene Menschen, die sich an solcher Lebensart orientieren: Sie ist ihnen „Abbild der Gemeinsamkeit" und „Übereinstimmung innerer und äußerer Strukturen".

Als Beispiel solcher Gruppierungen, die sich um ein gemeinsames Wertsystem sammeln, führt Lorenzer mit merkwürdiger Beliebigkeit neben dem Café-Publikum auch die christliche Gemeinde einer Stadt an, um am Beispiel von Kirchenbauten den normativen Charakter bestimmter Umweltausschnitte plastisch hervortreten zu lassen. Der reale, durch gesellschaftliche Arbeit vermittelte Zusammenhang städtischen Lebens verflüchtigt sich jedoch auch hier in kommunikative Prozesse, in denen Architektur auf nur noch symbolische, gleichsam sprachliche Funktionen reduziert ist.

Hatte A. Mitscherlich bei aller biologistischen Kurzschlüssigkeit immerhin noch versucht, den Zusammenhang und wechselseitigen Einfluß von Arbeits- und Freizeitwelt sowie politisch-ökonomische Determinanten der Stadtplanung im Auge zu behalten, so wird bei Lorenzer vollends auf psycho-therapeutische Funktionen der Stadtgestaltung abgestellt. Dabei ist jedoch zu berücksichtigen, daß Lorenzer die Grundzüge seiner Argumentation in späteren Aufsätzen wesentlich differenzierter entwickelt und in seinen Schriften zum psychoanalytischen Symbolbegriff implizit Maßstäbe der Kritik seiner früheren Ansätze vorgibt.[79] So wird bereits in einem Vortrag vor der Deutschen Akademie für Städtebau und Landesplanung die Formensprache der Architektur klar auf die Formen und Inhalte sozialen Handelns bezogen: „Menschliches Handeln im Rahmen sozialer Interaktion wird vermittelt durch Symbole. Das Gesamte solcher Symbole nennt man eine Sprache, wobei das, was man gemeinhin als Sprache bezeichnet, nämlich das System der verbalen Äußerungen, nur den Kern, aber nicht die einzige Form sprachlichen Verhaltens darstellt. Sprachliches Verhalten umfaßt immer auch die weiteren Systeme gestischer Aussagen und menschlicher Entäußerungen, also jede menschliche Produktion, die immer zugleich Träger von bedeutsamen Mit-

---

78 A.a.O., S. 79 f.
79 Vgl. A. Lorenzer Zur Kritik des psychoanalytischen Symbolbegriffs, a.a.O., ders., Sprachzerstörung und Rekonstruktion, Frankfurt/Main 1971; ders., Zur Begründung einer materialistischen Sozialisationstheorie, Frankfurt/Main 1973; ders., Symbol, Interaktion und Praxis, in: H. Dahmer, A. Lorenzer u. a., Psychoanalyse als Sozialwissenschaft, Frankfurt/Main 1971.

teilungen, Träger von Bedeutungen ist."[80] Wie im behavioristischen Symbolkonzept sind dabei die einzelnen Gebrauchsgegenstände wie die gebaute Umwelt insgesamt als „Anweisungen über die Lebensart der Benutzer"[81] begriffen, da ihre Formen Ausdruck des jeweils konventionellen Verständnisses der mit ihnen verbundenen Handlungsvollzüge ist. Da Architekten und Städtebauer zu — mehr oder weniger verbindlicher — Interpretation gezwungen sind, weil sie im Vorgriff auf zukünftige Nutzungsmöglichkeiten deren Bedingungen festlegen, fordert Lorenzer zur kritischen Distanz gegenüber jenen Werten und Schablonen auf, die unbewußt im Entwurf von heute in das Morgen der geplanten Umwelt übertragen werden. Kritische Distanz soll den „Einsatz für eine kritisch-hermeneutische Verständigung" eröffnen, damit „die Verstümmelung der Symbole und Verfälschung der Bedeutungen unter dem Druck kultureller und gesellschaftlicher Zwänge"[82] aufgedeckt werden können. Eine Parallele zwischen der Arbeit des Architekten und der des Psychoanalytikers wird sichtbar, sobald im Rahmen einer gelungenen „kritisch-hermeneutischen Verständigung" solche Bemühung „auf sozial-psychologischer Ebene dem individualpsychologischen Verstehensprozeß entspricht".[83]

Ließe sich ein Fazit aus „Städtebau: Funktionalismus oder Sozialmontage?" überspitzt so formulieren, daß die Funktion räumlicher Gestaltung in der symbolisch-normativ vermittelten Provokation rollenkonformer Verhaltensmuster und der Stabilisierung sozialer Identitäten besteht, so wird nun eine kritische Wendung vorgenommen durch die Aufforderung, allererst das gesellschaftliche Gefüge dieser Verhaltensmuster kennen und analysieren zu lernen, um sie dann im Vorgriff auf die Zukunft baulich modifizieren zu können. Soll Psychoanalyse als Sozialwissenschaft auch architekturbezogen wirksam werden, so muß die angedeutete Parallele von gestalterischem und psychoanalytischem Verstehensprozeß genauer betrachtet werden. Dies hieße nämlich, daß ein Planer in der kritischen Analyse seines Materials — Entwürfe und Bauten — jene gesamtgesellschaftlichen „Praxisverstümmelungen"[84] zu untersuchen hätte, die der Psychoanalytiker auf der Ebene individueller Lebensgeschichte über die Analyse des Wort-Materials ins Bewußtsein zu heben hat. Um diesen Gedanken weiterzuverfolgen, kann das in „Architektur als Ideologie" vorgestellte Symbolkonzept nicht genügen. Dessen weitere Entwicklung und Interpretation kann anhand der „Kritik des psychoanalytischen Symbolbegriffs" untersucht werden, zu deren Einleitung ausdrücklich auf die früheren Arbeiten zu Architektur und Städtebau verwiesen wird.

---

80 A. Lorenzer, Perspektiven einer kritischen Theorie des Subjekts, a.a.O., S. 13.
81 A.a.O., S. 13.
82 A.a.O., S. 15.
83 Ebda.
84 Vgl. A. Lorenzer, Zur Begründung einer materialistischen Sozialisationstheorie, a.a.O., S. 234 f.

Zeichen, Symbol, Klischee

Hier wird nun nach ausführlicher Vorbereitung versucht, die Langersche [85] Unterscheidung von diskursiven (verbalen) und präsentativen (bildhaften) Symbolen im Rahmen symboltheoretischer und psychoanalytischer Konzepte zugleich zu betrachten. An Vergleichen verschiedener Konzeptionen der Symbolbildung wird nachgewiesen, daß diese polarisierende Unterscheidung nur ein Indiz ist für eine — vom psychoanalytischen Standpunkt aus aufzuschlüsselnde — durchgängige *Stufenfolge der Symbolbildung*, in der als einzige Bildungsinstanz das Ich wirkt, „dem durchgehend — von der Traumproduktion bis zu den hochentwickelten abstrakten Operationen mit Symbolen — die Funktion der Symbolbildung zukommt". [86]
Die Skala des Symbolniveaus dagegen, die Unterscheidung zwischen höheren und niedrigeren *Ebenen der Symbolorganisation*, soll aber nicht wertend die subjektive Fähigkeit zur Bildung von Symbolen beschreiben, sondern deren objektive Struktur: „Eine Symphonie gehört zur niedrigeren Gruppe der presentational symbols, während ein gewöhnlicher Zeitungsartikel oder ein Schüleraufsatz zur diskursiven Symbolik zählt." [87] Folglich wird es bei der Kunst immer darum gehen, „innere Erfahrungen, die sich einer diskursiven Erfassung widersetzen, auf dem bildhaften Niveau zu artikulieren". [88]
Um nun die affektiven Beziehungen der Menschen zu ihrer Umwelt deutlicher noch in den Blick zu nehmen, muß nach den zwei oben beschriebenen Dimensionen der Symbolorganisation — der ‚subjektiven' Symbolbildungsfähigkeit und dem ‚objektiven' Niveau der Symbolstruktur — eine dritte betrachtet werden. Nachdem zuvor der Prozeß der Symbolbildung in den genannten zwei Richtungen modellhaft dargestellt wurde, wird gezeigt, daß Symbole als (innerpsychische) Objektrepräsentanzen immer auch *Instrument der Triebökonomie* sind: „Sie sind Strukturen, an denen sich Besetzungen abspielen können" [89], und nur dadurch wird emotionales Engagement gegenüber den repräsentierten Objekten möglich.
Standen auch bei Lorenzer bisher noch erkenntnispsychologische Aspekte im Vordergrund, so werden jetzt psychodynamische Prozesse untersucht; zwischen dem Begriff des Symbols und dem der Repräsentanz wird unterschieden: „Symbole sind psychische Gebilde, die äußere Objekte und Vorgänge oder innere Vorgänge repräsentieren, die von diesen Objekten im Wahrnehmungs- bzw. Erkenntnisprozeß unterschieden werden können und die als selbständige Einheiten Gegenstand der Denk- und Erkenntnisprozesse werden." [90]

---

85 Vgl. S. K. Langer, Philosophie auf neuem Wege, Frankfurt/Main 1965.
86 A. Lorenzer, Zur Kritik des psychoanalytischen Symbolbegriffs, a.a.O. S. 71.
87 A.a.O., S. 78.
88 Ebda.
89 A.a.O., S. 89.
90 A.a.O., S. 91.

Somit sind zwar alle Symbole auch Repräsentanzen, doch können solche Repräsentanzen durch Verdrängung, durch Übergang ins Unbewußte ihren Symbolcharakter verlieren und sind der Reflexion nicht mehr zugänglich. Solche unbewußten Repräsentanzen, nicht-symbolische Strukturen, sind dann nicht mehr ‚bewußtseinsfähig‘, bleiben aber stark mit Triebenergie besetzt; sie werden von Lorenzer „Klischees"[91] genannt. Ist unter erkenntnispsychologischen Aspekten von *Repräsentanz* die Rede, ist immer auch *Symbol* gemeint; unter psychodynamischen Aspekten dagegen „löst sich der Begriff Repräsentation vom Begriff Symbol ab"[92], da die Stellvertretungsfunktion eines Symbols hier unter triebökonomischen Aspekten gefaßt ist: „Wir müssen den Unterschied zwischen ‚stellvertretendem Objekt für Triebbesetzungen‘ und ‚Zeichen für‘ als methodologische Differenz durchschauen können"[93] — eine Differenz, die in den kognitivistisch verkürzten interaktions-theoretischen Ansätzen nicht thematisch wurde.

In psychoanalytischer Sicht nun bestehen Repräsentanzen aus ganzen Gefügen von Symbolen, aus — um lebensgeschichtliche Erfahrungen mit den Objekten — sich bildenden Sammlungen von Symbolen.[94] „Diese konkreten Vorstellungssymbole werden sprachlich immer ungenauer, weil die sprachliche Verallgemeinerung immer weniger den individuellen Gehalt zu sammeln vermag. Zunehmend gewinnen die Imagines eine Prägnanz, die nur noch historisch auszumachen ist".[95] In der einen Richtung nimmt also mit zunehmender Abstraktion von der lebensgeschichtlichen (Einführungs-)Situation und wachsender Verallgemeinerung der individualhistorische Charakter der Symbole ab, da der Bezug zu konkretem Erleben, zur persönlichen Bedeutung immer lockerer wird. Umgekehrt nimmt mit engerer lebensgeschichtlicher Bindung der Grad an emotionaler Besetzung zu: „Das eben macht wesentlich die schon von Langer bedachte Verbundenheit von Emotionalität und präsentativen Symbolen (versus diskursiven) aus, daß die Differenz von Subjekt und Objekt noch nicht jene Herausisolierung des Gegenstandes aus der Beziehungssituation erfahren hat, wie dies bei der exakten Gegenstandserfassung mit Hilfe diskursiver Symbole der Fall ist."[96] In diese Richtung auf weitere intellektuelle Aufgliederung „setzt der Prozeß der Entpersönlichung, der ‚Isolierung‘ (durchaus im doppelten Sinne verstanden als Ablösung von affektivem Ver-

---

91 A.a.O., S. 93; vgl. auch: Sprachzerstörung und Rekonstruktion, a.a.O., S. 72 f.
92 A.a.O., S. 92.
93 A.a.O., S. 91.
94 Am Beispiel der Objektrepräsentanz ‚Mutter‘ beschreibt Lorenzer, wie sie — selbst wenn nur die bewußten Anteile, die Symbole betrachtet werden — sich darstellt als ein „vielschichtiges Gebilde aus verbal faßbaren ‚diskursiven‘ wie auch averbal ‚präsentativen‘ Symbolen". Weiter fächert sich die Mutterimago in eine Vielzahl von „Momentbildern mit jeweils differenziertem Beziehungsgehalt" (S. 94): die sorgende, strafende, zärtliche Mutter.
95 A.a.O., S. 94.
96 A.a.O., S. 96.

halten und zugleich Distanzierung der Beziehungen zwischen Selbst und Objekt, als Vergegenständlichung) ein".[97] Bei weiterer intellektueller Distanz und sinkender affektiver Beteiligung sowie zunehmender Abschwächung des Beziehungsgehaltes wird das Symbol – im Anschluß an die Terminologie Piagets – zum *Zeichen*: „Die Feststellung einer zunehmenden Entleerung der Bedeutung ist zu verstehen als eine Entleerung von ‚emotionaler Bedeutung für das Subjekt'."[98]
Gewinnen mit dieser Entwicklung in Richtung auf das Bewußtsein die Symbole Zeichencharakter, so führt sie auf der anderen Seite „in den Bereich der unbewußten Repräsentanzen, der Klischees"[99], die nicht mehr – wie die Symbole als kognitive Instrumente – unabhängig von der Realsituation bzw. in der Reflexion begriffener Situationen evoziert werden können. *Symbolvermitteltes* Verhalten, das durch inneres Probehandeln und durch Reflexion auf die zugrunde liegenden Motive und Intentionen bewußt plan- und kontrollierbar ist, wird zu *klischeebestimmtem* Verhalten, zu blindem Agieren und Reagieren, das durch ein bestimmtes „szenisches Arrangement"[100] ausgelöst wird. Damit können entsprechende *Szenen* nicht mehr als *Situationen* vom Teilnehmer begriffen und kontrolliert werden, sondern werden ihm zu Aktionsgefügen, in die er durch starre Reiz-Reaktions-Verknüpfung eingespannt ist aufgrund des beschriebenen „Mechanismus der Desymbolisierung", den Lorenzer „in bemerkenswerter Übereinstimmung als Umkehrung des von Mead konzipierten Entwicklungsganges der Symbolbildung"[101] versteht.

Rückschlüsse

Blickt man von der oben dargestellten Konzeption zurück auf Lorenzers erste Thesen zu Architektur und Städtebau, so wird deren affirmativer Charakter deutlich: Konnte am traditionell-funktionalistischen Bauen die „emotionale Isolierung des Individuums von seiner Umwelt"[102], der Verlust von „Phantasie und emotionalem Spiel im Umgang mit der gebauten Umwelt"[103] – kurz: deren funktionalistisch-isolierter Zeichencharakter[104] – kritisiert werden (bloßes Kenntlichmachen einzelner Nutzungsmöglichkeiten), so lassen sich an

97 A.a.O., S. 96.
98 A.a.O., S. 109.
99 A.a.O., S. 96.
100 A.a.O., S. 97.
101 A.a.O., S. 115; vgl. auch: Sprachzerstörung und Rekonstruktion, a.a.O., S. 68 f.
102 A. Lorenzer, Städtebau: Funktionalismus oder Sozialmontage?, a.a.O., S. 56.
103 A.a.O., S. 57.
104 Vgl. dazu den „kulturgeschichtlichen Entwicklungsprozeß der Symbole": Zur Kritik des psychoanalytischen Symbolbegriffs, a.a.O., S. 80 f., und die entsprechenden Illustrationen an der „Verfallsform des bloßen Dekors" (S. 83), wo Lorenzer seine psychoanalytischen Begriffe zur Kritik an künstlerischen Produkten einsetzt.

den Empfehlungen zur ‚Integration über präsentative Symbole' Züge der individualpsychologischen Klischeebildung nachzeichnen. Da die gebaute Umwelt im gegenständlichen ‚Stehen-für' umfassendere Wertentwürfe – die weder durchsichtig noch reflektierbar sind[105] – Erleben und Verhalten steuern soll, wird empfohlen, in dieser Umwelt, in der eine emotionale Verankerung kaum mehr möglich ist, künstlich solche Züge auszubilden, die einen unbewußten, aber wirksamen Zusammenhang zwischen lokalen Situationen und übergreifenden Wertsystemen suggestiv herzustellen helfen. Verfolgt man diesen an der Konzeption der präsentativen Symbolik von S. K. Langer weiter ausgeführten Gedanken und die entsprechenden Empfehlungen, so bedeutete dies, genau jene Bedingungen zu programmieren, die für klischeebestimmtes, rigiden Reiz-Reaktions-Verknüpfungen gehorchendes Verhalten bezeichnend sind, auf das imagestrategische Stadtgestaltung ohnehin abzielt: ,,Eine ‚Szene' wird reproduziert, die ‚wirkliche Situation' ist unkenntlich, sie wird als ‚Situation' verstanden – aber falsch, nicht als die Situation, die sie wirklich ist."[106]

Am von Lorenzer vorbildhaft angeführten Beispiel der geschickt arrangierten Café-Einrichtung etwa wird deutlich, daß es gerade um das Gegenteil eines bewußten Erfassens der Bedingungen sozialer Integration geht, die an dem ‚Kristallisationspunkt für Nahkontakte' über ‚präsentative Symbolbildung' gestalterisch vorstrukturiert werden soll. Nicht zu einer Ausweitung der Kenntnis konkreter Handlungsabläufe und ihrer objektiven Bedingungen wurden Vorschläge gemacht, sondern Modelle entwickelt, die eine symbolisch-architektonische Überhöhung zur *Vorbereitung systematischer Fehl-Definitionen sozialer Situationen* vorsehen. Denn nicht die in begriffenen und artikulierten Bedürfnissen gegründeten, gemeinsamen Handlungen bilden hier den Zusammenhang von ‚Gruppierung'; diese sollen vielmehr durch eine architektonische Symbolbildung hergestellt werden, auf welche die Teilnehmer selbst keinen Einfluß mehr haben. Die empfohlene ‚Darstellung des Gemeinsamen' war nicht als praktische Ermittlung und Darstellung gemeinsam bewußter und

---

105 Vgl. A. Lorenzer, Städtebau: Funktionalismus oder Sozialmontage?, a.a.O., S. 98: ,,Und noch ein weiterer Gesichtspunkt ergibt sich aus der Unterscheidung von diskursiven und präsentativen Symbolbildungen, der hier wichtig ist: Gerade in einer Zeit, die von der Fragmentation überkommener Gesellschaftsbilder und Ideologien gekennzeichnet ist, wird ein mögliches Gemeinsames, das für die einzelnen emotional verwurzelt und ‚ich-gerecht' ist, nur in Bereichen zu suchen sein, die sich dem Zugriff der begrifflichen Erfassung und damit dem Zwang zur Einordnung in dieses oder jenes System entzieht. *Gemeinsames kann also zunächst nur in präsentativen Symbolbildungen* – Kunst, Mythos, Ritual – *darstellbar sein*, ehe die Erfassung gesellschaftlicher Vorgänge in diskursiven Symbolen, d. h. Begriffen gelingt. Dieser Sachverhalt berührt einen Vorgang, den auch Bahrdt in den Mittelpunkt einer gelungenen urbanen Integration (einer zu erhoffenden Integration) stellt: die *Darstellung des Gemeinsamen*." – An Stelle der Ideologien tritt bloße Propaganda.
106 A. Lorenzer, Zur Kritik des psychoanalytischen Symbolbegriffs, a.a.O. S. 121.

verbindlicher Werte konzipiert, sondern als vorgegebene bauliche Entsprechung gruppenspezifischer ‚innerer Erwartungen‘, die anschaulich Teilhabe an Lebensformen verspricht, durch welche illusorisch die Versagungen des Alltags überblendet werden. An dem auf bestimmte Zielgruppen hin eingerichteten Café etwa ließe sich — gemäß der möglichen Parallelität der Intentionen von Psychoanalytiker und Architekt — aufzeigen, wie hier die kurzfristige Illusion eines spielerischen und mühelosen Daseins einzig auf der schweigenden Anerkennung durch das übrige Publikum beruht: Wie in ‚Des Kaisers neue Kleider‘ läßt es jeden für sich auf der dazu hergerichteten Bühne die Rolle des müßigen Genießers spielen und sieht — solange der Eintritt gezahlt wird — von allen anderen Seiten der konkreten Individuen ab.

Damit ‚Umwelt‘ die Zweckrationalität der zwischenmenschlichen Beziehungen nicht trist und brutal auch baulich noch ausdrückt, soll nach diesem Muster ‚emotionale Resonanz‘ derart vorstrukturiert werden, daß durch räumliche Gestaltung Situationen als Szenen mißverstanden werden können — ein Architekturverständnis im Sinne des früher beschriebenen *Bühnenmodells*, dem der ‚organische‘ Zusammenhang der Funktionen nur noch Anlaß zum *szenischen Arrangement* ist, durch das suggestiv Orientierungen auf der Suche nach Identität vorgegeben werden sollen: „Ausgleich und Integration im Raum strukturiert die innere Integration innerhalb des Selbst vor, und zwar umso mehr, je entscheidender in der Stadt die Strukturen nicht nur sich einpendeln, sondern im ungeteilten Raum Gestalt annehmen. Diese Gestalt muß ebenso sehr das Ergebnis einer funktional orientierten Stadtplanung wie eines als Symbolbildung zu begreifenden Städtebaus sein."[107]

Da sich aber die Restriktionen „funktional orientierter Stadtplanung" bis in die konkreten Bedingungen städtebaulicher Gestaltung durchsetzen, kann das festgestellte emotionale Defizit auch durch gestalterische Überformung nicht ausgeglichen werden, zumal selbst in den von Lorenzer immer wieder angeführten Bereichen der Freizeitwelt nicht auf einheitliche Wertsysteme als Grundlage individueller und zugleich intersubjektiv gültiger „Wertentwürfe" zurückgegriffen werden kann.

Wenn daher die Analyse der Bedeutungen architektonischer Formen ernst genommen werden soll, dann kann auch die gebaute Umwelt nur durch systematischen Rekurs auf den Zusammenhang zwischen gesellschaftlicher Praxis und lebensgeschichtlicher Erfahrung untersucht werden, da „erst eine volle Interpretation kollektiver Erlebnisfiguren — und ihrer objektiven Bedingtheit — im umfassenden Rahmen kritischer Gesellschaftstheorie jenes kritische

---

107 A. Lorenzer, Städtebau: Funktionalismus oder Sozialmontage?, a.a.O., S. 100. Davor heißt es: „In einer Gesellschaft, in der eine verwirrende Vielzahl von Werten nebeneinander besteht, kann es zu ständigem Gegeneinander, mindestens aber zu einem schwierigen Nebeneinander von unverbundenen Identifikationen kommen. Daraus ergibt sich eine erhebliche Schwierigkeit für die synthetischen Leistungen des Ich, die die Gegensätze zum Ausgleich zu bringen hat."

Unternehmen vollendet, das Psychoanalyse, ausgehend vom individuellen Leiden, als Analyse des Subjekts beginnt"[108], wie Lorenzer ausführt. Da lebensgeschichtliche Zusammenhänge — gleich ob kognitiver, normativer oder affektiver Art — sich nur im Rahmen gesellschaftlicher Praxis bilden, muß systematisch am Zusammenhang der gesellschaftlichen Bedingungen konkreter Alltagshandlungen angesetzt werden, sollen die objektiven Strukturen und subjektiven Bedeutungen von Ausschnitten der physischen Gegenstandswelt ‚kritisch-hermeneutisch' aufeinander bezogen werden. Erst durch eine solche Zuordnung könnte gezeigt werden, wieweit die räumliche Einbettung von Handlungsvollzügen deren unverzerrtes Verständnis erleichtert oder erschwert. schwert.

4. Objektive Bedingungen sozialer Interaktion

Nach Untersuchung der realhistorischen Bedingungen des Perspektivwechsels in Theorie und Praxis der Stadt- und Raumgestaltung wurden oben einige der entsprechenden ‚wissenschaftlichen' Reflexionsformen vorgestellt und kritisiert, wobei schließlich zwei Argumentationslinien nachgezeichnet wurden: Zunächst standen in soziologisch-interaktionstheoretischen Ansätzen, bei denen die Unterscheidung von normativem und interpretativem Paradigma hervorgehoben wurde, die intersubjektiv kanalisierten Typisierungs- und Orientierungsleistungen der Subjekte im Vordergrund, wodurch kognitivistisch verzerrte und bis in linguistische Überlegungen reichende Konzepte der ‚Mensch-Umwelt-Beziehung' zustande kamen; anschließend wurden vor allem die affektiven Prozesse und die damit verknüpften individuellen Bedeutungs-Verzerrungen thematisiert.
Trotz aller Differenziertheit der Konzepte wurde erkennbar, daß diese zumeist in Bereichen sozialer Unmittelbarkeit und kommunikationstheoretischen Verkürzungen befangen bleiben mußten: Ihre theoretische Tragweite blieb beschränkt auf Einzelsituationen symbolvermittelter Interaktion, deren Verortung im Zusammenhang gesellschaftlicher Arbeit und gegenständlicher Tätigkeiten gar nicht erst problematisch wurde, da dieser Zusammenhang als bloße Verkettung individueller Handlungsabläufe im Rahmen mehr oder minder eingefahrener normativer Regelungen vorgestellt wurde. Die nicht-normativen Konstitutionsbedingungen der Normen selbst, die in der historischen Formbestimmtheit der gesellschaftlichen Produktionsverhältnisse vorgegeben sind, blieben ausgeklammert; der *working consensus* der Interagierenden erschien als Träger der gesellschaftlichen Synthesis.[109]

108 A. Lorenzer, Zur Begründung einer materialistischen Sozialisationstheorie, a.a.O., S. 21.
109 Unter den gegebenen gesellschaftlichen Verhältnissen ist die Masse der Bevölkerung gezwungen, durch den Verkauf ihrer Arbeitskraft auf unterschiedlichem Niveau ihr Leben zu reproduzieren: Der stumme Zwang der verselbständigten gesellschaftlichen

Nicht in den gesellschaftlich vorgebenen Rahmenbedingungen von Interaktionssituationen wurden die Gründe für die systematische Fragmentierung von Erfahrungszusammenhängen, für die Verhaltensunsicherheit und Orientierungslosigkeit der Individuen gesucht. Unter Annahme eines „Splitterhaufens subjektiver Horizonte"[110] wurden die Schwierigkeiten und Leistungen der Synthetisierung unterschiedlicher Verhaltenszumutungen in unterschiedlichen Lebensbereichen primär als Problem der Individuen selbst, ihrer unterschiedlichen Interpretations- und Interaktionsqualifikationen gesehen. Normendiskrepanzen und Wertmusterkonflikte wurden aus Entwicklung und Verschiebung unterschiedlicher Gruppenzugehörigkeiten zu erklären versucht, nicht aber aus der widersprüchlichen Organisation unterschiedlicher Lebensbereiche und -tätigkeiten abgeleitet. Gerade weil aber nicht intersubjektive Beziehungen, sondern das Verhältnis der Menschen zur gesellschaftlich produzierten und gestalteten physischen Welt im Mittelpunkt der Untersuchung stand, ließen sich einige Widersprüche aufdecken: Die durch das Privateigentum objektiv gesetzte Entfremdung der Menschen von den Gegenständen ihrer räumlichen Umwelt kann weder durch verbal vermittelte Ideologien noch durch Versuche gestalterischer Identifikations-Vermittlung aufgehoben werden; die durch Eigentumstitel gesetzten Grenzen konkreter Verfügung zeichnen zugleich auch die Grenzen der kognitiven und affektiven Aneignung vor.[111] Je schärfer jedoch diese Grenzen zutage treten, umso stärker werden sie psychologisiert, als Mangel an ‚Aufforderungscharakter' und ‚Anmutungsqualitäten' der Gegenstände fetischisiert und schließlich als Problem der Ästhetik vorgestellt.

Verhältnisse, die mit der Eigenständigkeit von Naturgesetzen den Individuen bei Strafe des Untergangs Anpassung abverlangen, ist die wirkliche Basis des normregulierten Handelns, das materielle Substrat auch der wechselnden Rollenzuweisungen. Zur „Rolle nichtnormativer gesellschaftlicher Faktoren" und zum „Verhältnis von normativer Ebene und faktischer Struktur" gesellschaftlichen Lebens vgl. J. Ritsert, Die Antinomien des Anomiekonzepts, in: J. Ritsert, Erkenntnistheorie, Soziologie und Empirie, Frankfurt/Main 1971, S. 212 f.; vgl. auch ders., E. Becker, Grundzüge sozialwissenschaftlich-statistischer Argumentation, Opladen 1971; K. Ottomeyer, Soziales Verhalten und Ökonomie im Kapitalismus, a.a.O.; unter methodologischen Aspekten vgl. auch A. V. Cicourel, Methode und Messung in der Soziologie, Frankfurt/Main 1974, S. 266 f.

110 K. Kosik, Dialektik des Konkreten, Frankfurt/Main 1973, S. 46.
111 Da über diese knappen Anmerkungen hinaus der Zusammenhang lebenspraktischer, kognitiver und affektiver Aneignungs-Prozesse hier nicht weiter dargestellt werden kann, vgl. hierzu P. H. Chombart de Lauwe, Aneignung, Eigentum, Enteignung, in: Arch +, Heft 34/1977. Zur weiteren Diskussion des Aneignungs-Begriffs zwischen Lerntheorie, kritischer Psychologie, Ästhetik und Versuchen zur Rekonstruktion des historischen Materialismus vgl. A. N. Leontjew, Probleme der Entwicklung des Psychischen, Frankfurt/Main 1973; K. Holzkamp, Sinnliche Erkenntnis, Frankfurt/Main 1973; P. Gorsen, Transformierte Alltäglichkeit oder Transzendenz der Kunst? in: P. Brückner u. a., a.a.O.; H. Hartwig (Hg.), Sehen lernen, Köln 1976; A. Wildt, Produktivkräfte und soziale Umwälzung, in: U. Jaeggi, A. Honneth, Theorien des historischen Materialismus, Frankfurt/Main 1977.

Wie im 3. Kapitel angedeutet wurde, kann daher der Zusammenhang zwischen Sozialverhalten und räumlicher Umwelt sinnvoll nur untersucht werden durch Rückgang auf die gleichermaßen widersprüchlich strukturierenden historisch-konkreten Produktionsverhältnisse, die in den verschiedenen gesellschaftlichen Lebensbereichen deren räumliche Erscheinungsformen ebenso prägen wie die dort jeweils gültigen Handlungs- und Wahrnehmungsmuster der Subjekte. Die mit der materiellen Produktion einhergehende Produktion gesellschaftlicher Verhältnisse wird in den Formen zwischenmenschlicher Beziehungen manifest, die wiederum als Sozialisationsbedingungen die Vergesellschaftung der inneren Natur der Menschen prägen. Als gesellschaftlich bestimmte Menschen können also die Individuen selbst — wie auch die unterschiedlichen Chancen und Formen der Aneignung der Umwelt durch sie — nur von der Organisation der gesellschaftlichen Reproduktionsprozesse her begriffen werden.[112] Bis in die Wahrnehmungstätigkeit der Subjekte etwa wirkt sich aus, daß sich in der vom Tauschprinzip beherrschten Gesellschaft die Aneignung der gesellschaftlich produzierten Gebrauchsgüter allererst als private Aneignung im Kaufakt vollzieht: „Die private Form der Aneignung tut ein ihriges zur Deformation von Objektbeziehungen. Die erscheinende Umwelt, Produkt gesellschaftlicher Arbeit, ist durch Besitzverhältnisse, Possessivpronomina, strukturiert. ‚Mein', ‚dein' sind — anders als Masse, Farbe, Festigkeit, sinnliche Qualität insgesamt — keine phänomenalen, sondern abstrakte Momente des Objektes. Eine der wichtigsten Bestimmungen möglicher Gegenstände ist total unanschaulich, rein soziales Verhältnis."[113]

Dieser Wider- und Eigenständigkeit gesellschaftlicher Verhältnisse gegenüber dem aktuellen Verhalten[114] der Individuen sollte bereits dadurch Rechnung getragen werden, daß — wie im vorausgegangenen Kapitel erfolgt — der Blick auf die Organisation gesellschaftlicher Arbeit, in der die materielle Produktion und die Produktion gesellschaftlicher Verhältnisse miteinander vermittelt sind, gerichtet wurde. Durch den unterschiedlichen Standort der Individuen in der Organisation gesellschaftlicher Arbeit nämlich sind die Unterschiede sowohl ihrer Wahrnehmungsperspektiven[115], Wertsysteme und Orientierungsalternativen als auch — und damit zugleich — die unterschiedlichen Chancen und Fähigkeiten zur sinnlich-praktischen Aneignung der räumlichen Umwelt

---

112 Vgl. L. Sève, a. a. O., bes. S. 62 f. und 177 f.
113 A. Krovoza, Die Verinnerlichung der Normen abstrakter Arbeit und das Schicksal der Sinnlichkeit, in: P. Brückner u. a.. Das Unvermögen der Realität, Berlin 1974, S. 29; weiter heißt es dort: „Die private Form der Aneignung arbeitet an der Reduktion der Sinnlichkeit auf den einen Sinn des Habens! Im Privateigentum verschränken sich Herrschaft, Sozialisation und Reduktion von Sinnlichkeit."
114 Vgl. E. Hahn, Soziale Wirklichkeit und soziologische Erkenntnis, Hamburg 1972, S. 11 f.; vgl. auch K. Marx, Grundrisse der Kritik der politischen Ökonomie, Berlin 1953, S. 75 f.
115 Vgl. M. Merleau-Ponty, Phänomenologie der Wahrnehmung, Berlin 1966, bes. S. 493 f.; unter anderem Aspekt vgl. K. Holzkamp, Sinnliche Erkenntnis, Frankfurt/Main 1973, bes. S. 233 f.

bestimmt; durch die Bedingungen der materiellen Produktion werden die Bedingungen der Konsumtion bzw. Rezeption der Produkte geprägt. Um gegenüber den in diesem Kapitel vorgestellten ‚subjektivistischen' Argumentationsmustern solche Zusammenhänge zumindest anzudeuten, wurde im 3. Kapitel — manchmal überpointiert — die Ebene einer eher ‚objektivistischen' Argumentation beschritten, um — hinter der „Pseudokonkretheit"[116] von Lebenswelt und Alltagswissen — Bewegungsgesetze der gesellschaftlichen Wirklichkeit als Bewegungsgesetze ihrer Ökonomie freizulegen.

Eine bruchlose Verschränkung der Aspekte jedoch, ein Nachweis der wechselseitigen Vermitteltheit individueller Handlungspotentiale und sozio-ökonomischer Strukturen kann hier freilich nicht geleistet werden. Gerade weil aber der ‚subjektive Überschuß' individueller und kollektiver Lebenspraxis, der zukunftsgerichtete Entwurfcharakter menschlichen Handelns nicht vollständig von sozialen und ökonomischen Determinanten eingefangen wird und ‚Subjektivität' eine vorläufig nicht nur theoretisch unbestimmbare Residualkategorie bleibt, ist nun nach theoretischen und praktischen *Alternativen* zu den ‚herrschenden' Produktions- und Aneignungsweisen zu fragen. Denn schließlich wird durch die gegenständlich-sinnliche Tätigkeit der Menschen die gesellschaftliche Wirklichkeit nicht nach herrschenden Gesetzen bloß statisch reproduziert, sondern täglich neu konstituiert und modifiziert und ist somit auch grundsätzlich veränderbar.[117] Dennoch vollzieht sie sich nach Gesetzmäßigkeiten, die vom Wissen und Wollen der Beteiligten weithin unabhängig sind, von ihren subjektiven Sinndeutungen nicht erfaßt werden und deshalb gleichsam hinter ihren Rücken wie unbeeinflußbare Naturgesetze wirken. Weder die gesellschaftliche Praxis der Individuen noch die gegenständlichen Produkte aus deren Tätigkeit aber sind ganz durch sie bestimmt. Wenn die Untersuchung alternativer Entwicklungstendenzen in Architektur und Städtebau in den Vordergrund rücken soll, muß die Kritik ästhetischer Innovationen zwischen dem prägenden Einfluß der historisch gegebenen ökonomischen Determinanten und den darüber hinausweisenden Momenten neuer Wahrnehmungs-, Aneignungs- und Gestaltungsmöglichkeiten zu unterscheiden suchen, um vor dem Hintergrund der gegebenen sozialen und politischen Bedingungen transzendierende Handlungsperspektiven und -potentiale hervortreten zu lassen. Dazu kann aber nicht an der sinnlichen Unmittelbarkeit baulicher Erscheinungen, an beobachtbaren Entwicklungs- und Verdrängungsprozessen angesetzt werden, indem rasch die Verbindung zwischen Investitionsströmen und Veränderungen der Stadtgestalt aufgezeigt werden. Die hier anzusprechenden Momente sind aus den Brüchen und Widersprüchen im gesellschaftlichen Reproduktionszusammenhang selbst zu entwickeln, — *und dies wiederum ist vor allem eine Aufgabe politischer Praxis, nicht theoretischer Spekulation.*

116 K. Kosik, a. a. O., S. 9.
117 Zur Dialektik des Alltagslebens vgl. H. Lefèbvre, Kritik des Alltagslebens, Kronberg 1977.

5. Alltagspraxis: Aneignung der Stadtgestalt

1. Hinter den Kulissen

Die Ästhetik der Repression

Geschafft! Nach dem Gang durch die Zentren der großen Städte, der kurzen Umschau in Arbeits-, Einkaufs- und Wohnbereichen ist nach trockenen Exkursionen in theoretische Gefilde das letzte Kapitel erreicht, in dem Perspektiven alternativer Gestaltungs-Praxis diskutiert werden sollen. Wer freilich meint, damit in der Abteilung ‚Rezepte' angekommen zu sein, wird enttäuscht, da hier nur ausschnitthaft Diskussionszusammenhänge, Praxisansätze und Einschätzungsversuche vorgestellt werden können. Dabei sind keine Orientierungshilfen oder gar verbindliche Hinweise zu geben, sondern allenfalls Anregungen zu vermitteln, die aber noch eng aktuellen Ereignissen ver-

haftet sind, da weiterführende Perspektiven im Zusammenhang der sich entfaltenden städtischen Konflikte und sozialen Bewegungen erst langsam Konturen gewinnen.

In diesem Zusammenhang geraten die bisher betrachteten Gegenstandsbereiche ein wenig an den Rand des Interesses: In distanziertem Rückblick wirkt die bisher durchgangene Strecke weit weniger dramatisch als an den Zwischenstationen. Stadtgestaltung — was ist das schon?

Gemessen an der städtischen Wirklichkeit erscheint das oben skizzierte Bild einer fragilen Kulissenwelt stark überzeichnet, nach vorgegebenen Projektionen zu sehr einigen ausgewählten Oberflächenphänomenen abgeschildert. Blickt man eine Schicht tiefer, so stellt sich die Verwandlung der Zentren eher als Vorbereitung eines (Bürger-)Kriegsschauplatzes dar: Ohne den Tarnbehang aus Design und Farbe nehmen sich die Kaufhäuser als Waren-Horte eher aus wie Bunker, die nachts durch Stahlgitter und Wachmannschaften vor Angriffen zu schützen sind; wie Panzersperren wirken die unverwüstlichen Betonkuben und -ringe der ‚Straßenmöblierung' — auch in Härtefällen gegen permanenten Vandalismus beständig, in ihrer Unbrauchbarkeit noch geschützt gegen spontane Umgestaltungsversuche. Von den Wohngebieten getrennt wird der Tresorraum der Stadt durch das Niemandsland der Parkhäuser, Büros und Zufahrtsstraßen, an deren Kreuzungen ein Verbund kaum sichtbarer Kameras nicht nur den Verkehr überwacht — das „System Haussmann"[1] wird perfektioniert. Selbst der Bau der großen Wohnanlagen jenseits der kontrollierten Innenstädte und ihrer Randbereiche scheint von Sicherheitsaspekten bestimmt: Wie freies Schußfeld liegt karges Abstandsgrün zwischen überschaubaren Wegen und schlagfesten Türen — „Crime Prevention by Urban Design"[2]; Identifikation durch praktische Aneignung bleibt durch Eigentumsgrenzen beschränkt auf das Wohnungsinnere, durch Steckschloß doppelt gesichert.

Gerade im Massenwohnungsbau wird ‚Gestaltung' insbesondere dort eingesetzt, wo nur noch durch Farbe Abwechslung in die versteinerten Lebensbedingungen gebracht werden kann, nicht aber durch Aktion und Organisation der Bewohner selbst; wo aufgemalte Freundlichkeit die Brutalität rentabilitätsorientierter Planung kaschiert. Die bunten Rhythmen der wenige Meter neben der Autobahn gelegenen Wohnsiedlung, die farbigen Blöcke des Märkischen Viertels, die Farbstufen und -signale der Vorstädte im Einzugsbereich der großen Ballungsräume sind stumme Zeugen einer planerischen Resignation, die sich still in die überschminkten Produktionsverhältnisse fügt. Trotz aller ideologischen Neuorientierungen und Verklärungen wird hier Ästhetik praktisch betrieben immer noch im Verständnis einer auf bloß passive Rezeption reduzierten Sinnlichkeit, die in der informationsästhetischen Bemessung von Reizmengen ihre wissenschaftliche Entsprechung findet, die aber weder praktisch noch theoretisch vorangetrieben wird in Richtung auf ästhetische Erfahrungen, durch die sinnliche Wahrnehmung in tatsächliches Wahr-Nehmen von Möglichkeiten, das Begreifen der Wirklichkeit in spontanes Ergreifen und Verändern umgesetzt werden. Die verödeten oder verwüsteten Flächen und Einrichtungen zwischen den Einzelwohnungen und -häusern künden vom resignativen Rückzug der Erwachsenen ebenso wie vom deformierten Aneignungssinn der Kinder und Jugendlichen, deren hier immerhin noch freigesetzten Aggressionen als ‚Vandalismus' denunziert werden.

Eine Verräumlichung von Gewaltverhältnissen nimmt (Stadt-)Gestalt an, deren repressiver Charakter sich auch durch geschickte Arrangements kaum verbergen läßt: Selbst bei konzentriertem Einsatz kann visuelle Bereicherung nicht für die praktische Enteignung entschädigen. Im 3. Kapitel wurde noch die Raumgestaltung in Einzelbereichen als freundliche Tarnung von gesellschaftlichen Verhältnissen beschrieben, deren Sicherung zunehmende Steuerung und Kontrolle des Verhaltens der Menschen erfordert. In Auswahl und

---

1 F. Engels, Zur Wohnungsfrage, a. a. O., S. 260 f.; vgl. zur Kritik gegenwärtiger Zustände J. Janssen u. a., Stadtplaner und Reformgeister, a. a. O., S. 46 f.
2 O. Newman, Defensible Space. Crime Prevention by Urban Design, New York 1972.

Interpretation der Beispiele wurde auch hier das Bild oft überzeichnet, gemessen an einer sozialen Wirklichkeit, in der ökonomische Abhängigkeiten auch unverkleidet entsprechendes Verhalten erzwingen und die Inszenierung durch ‚Humanisierung' und ‚Partizipation' in weiten Bereichen als vorübergehendes Schönwetterexperiment wieder eingestellt wird.

Durch polemische Auswahl und Interpretation wurde im 4. Kapitel gar ein Gruselkabinett theoretischer Versatzstücke zusammengestellt, die – oft unfein aus ihrem Zusammenhang gerissen – ein Spiegelkabinett menschlicher Ängste vor Orientierungs- und Identitätsverlust ergaben: lebens-notwendiger Ängste in einer Welt, in der sich jeder einzelne als kenntnisreicher Pfadfinder durchs Leben schlagen muß, ohne den gegebenen Zeichen, Worten, Gesten, Gegenständen – so wie sie sich geben – trauen zu können. Ein Schauplatz psychologischer Kriegsführung aller gegen alle, auf dem ständig jedoch auch mit manifesten Angriffen zu rechnen ist: ,,Im Hinblick auf soziales Verhalten können unklar definierte Plätze, wenn man sie nicht vermeiden kann, zu einem ‚Sichgehenlassen' verführen, d. h. zum Verfall des durch Alltagsnormen standardisierten Verhaltensstils beitragen."[3] Unter städtebaulichen Gesichtspunkten interessierten daher insbesondere die Strukturen und Regeln der Interaktion im öffentlichen Raum und die Wirkung jener Mechanismen, durch die selbst in diffusen Situationen jene ,,schützende soziale Kontrolle"[4] gewährt wird, die ,,in unserer Mittelstandsgesellschaft"[5] die Menschen interpersonell auf Distanz hält, auch wenn sie physisch einander nahe sind.

So erschien schließlich die Gestaltung von Straßen und Plätzen als durchorganisierte Verkehrs-Regelung, die Raum-Aneignung reduziert auf reibungsloses Nebeneinanderherfunktionieren und nur dort zum Verweilen ‚einlädt', wo Stadt-Erleben der Verkaufsförderung dient: Durch sperrige Straßenmöbel und holpriges Pflaster wird der Verkehrsstrom gebremst; über Begrünungs-Grenzen im Augenauf- und -niederschlagswinkel wird die Aufmerksamkeit der Passanten auf die ausgestellten Waren gelenkt, die jedoch ohne individuell vollzogenen Kaufakt ebenso unbrauchbar bleiben wie die visuellen Zusatzangebote der Schaufenster- und Straßendekorationen.

Selbst die in Wohngebiete vordringende Verschönerungswelle trägt nur selten zur Ausweitung der Möglichkeiten konkreter *Aneignung* bei, ist meist nur Vorbote weiterer *Enteignung* durch Mieterhöhung und Kündigung. Die Gratis-Nutzung von Straßen und Plätzen, von Hinterhöfen und Treppenhäusern als wohnungsumgebenden Lebensraum wird durch Sanierung und Modernisierung eher eingeschränkt, wenn schützende Sozialbeziehungen aufgelöst und ,,unklar definierte lokale Situationen", die gar ,,zum Sammelpunkt asozialer Elemente"[6] werden können, durch gestalterische Definition bereinigt werden.

3 H. P. Bahrdt, Humaner Städtebau, a. a. O., S. 112.
4 E. Goffman, Verhalten in sozialen Situationen, a. a. O., S. 136.
5 A. a. O., S. 137.
6 H. P. Bahrdt, a. a. O., S. 112.

Gegen die Intention der ‚verantwortlichen' Planer und Architekten trägt die *Bereicherung der Wahrnehmungswelt* oft genug zur weiteren *Verarmung des Alltagslebens* bei, die auch durch Sonntags-Veranstaltungen nur vorübergehend überspielt werden kann: „Und wenn die Behörde Prozessionen, Maskeraden, Bälle und folkloristische Feste genehmigt, dann wirkt die Inbesitznahme der Straße durch die Menschen wie eine Karikatur. Eine echte Inbesitznahme – die *Demonstration* – wird von den Kräften der Unterdrückung bekämpft, die Schweigen und Vergessen gebieten."[7]

Städtische Konflikte und soziale Bewegungen

Leicht läßt sich hinter der blättrigen Schicht eines bunten und betriebsamen Leerlaufs nun die Grau-in-Grau gehaltene Apokalypse der ‚verwalteten Welt' einer ‚gelenkten Konsumgesellschaft' vermuten, doch werden in der gesellschaftlichen Realität der Kontrolle und Funktionalisierung an verschiedenen Fronten Grenzen gesetzt. Besonders in den Zentren der Ballungsräume zeichnen sich durch verschärfte soziale Konflikte um die Sicherung und Verbesse-

---

7 H. Levèbvre, Die Revolution der Städte, a. a. O., S. 27.

rung der Reproduktionsbedingungen der arbeitenden Bevölkerung Ansätze sozialer Bewegungen ab, die der fortschreitenden Veränderung räumlicher und sozialer Beziehungsgefüge zugunsten ökonomischer Verwertungserfordernisse wachsenden Widerstand entgegensetzen. In Arbeiter-, Mieter- und Bürgerinitiativen beginnen sich Organisationsformen zu entwickeln, die auf lokaler Ebene Ausdruck und Resultat einer gesellschaftlichen Entwicklung sind, in der die bisher reibungslos wirksamen materiellen und ideologischen Integrationsmechanismen zu versagen beginnen.[8]
Auf der einen Seite ist unter wachsendem ökonomischem und psychischem Druck, mit steigender Arbeitslosigkeit und Existenzangst die beruhigende Fiktion einer Wohlstands-Gesellschaft brüchig geworden, in der durch quasi automatische Kopplung von Wirtschaftswachstum und Einkommenssteigerung eine stetig fortschreitende Verbesserung des individuellen Lebensstandards garantiert zu sein schien; die Kehrseite des Fortschritts wird sichtbar. Ebenso brüchig wurde auf der anderen Seite die Fiktion stetiger Verbesserung der kollektiven Lebensqualität durch einen Wohlfahrts-Staat, dessen Schwäche und Abhängigkeit von der (Privat-)Wirtschaftsentwicklung durch die Rücknahme von Reformversprechen und sozialen Sicherungen deutlich vor Augen tritt. Da zudem die beschleunigte Zerstörung der bisher für selbstverständlich erachteten Formen der individuellen und gesellschaftlichen Bedürfnisbefriedigung durch entsprechende Angebote für individuelle Kaufakte nicht vollständig ausgeglichen werden kann, sondern einer kollektiven Lösung durch Übergang zu einer insgesamt rationalen Gesellschaftsordnung bedürfte, trifft die Auflösung der relativ gesicherten Lebensverhältnisse und sozialen Verkehrsformen — mit Verstärkereffekt nach unten — die Bevölkerung quer durch ihre Schichtung: „Nicht nur die lohnabhängigen Klassen, sondern auch Teile der Mittelklassen, die städtischen Angestellten und Beamten, die Rentner und Pensionäre, die Selbständigen im Dienstleistungsbereich, die kleinen Kaufleute und die einfachen Warenproduzenten werden von den zerstörerischen Auswirkungen der rigorosen Akkumulation der großen, international agierenden Konzerne getroffen und in der Verteidigung ihrer Lebensinteressen Seite an Seite getrieben — für letztere freilich in der Regel gegen ihre Absichten und gegen die Anschauungen ihres ideologischen Weltbildes, demzufolge sie zu jenen gehören, die identisch sind mit den in Staat, Kirche und Gesellschaftsordnung ausgedrückten Interessen. Die Konfrontation mit der Realität ist daher oft umso schmerzlicher und unbewältigbarer und äußert sich ja nicht selten in erheblicher Aggressivität, die sich in faschistoiden Anklängen Luft macht. Doch trotz dieser Geburtswehen, die diesen Klassen die Einsicht in

---

8 Vgl. C. Offe, Strukturprobleme des kapitalistischen Staates, Frankfurt/Main 1972; J. Habermas, Legitimationsprobleme im Spätkapitalismus, Frankfurt/Main 1973. Zu den darauf folgenden Diskussionen vgl. R. Ebbinghaus (Hg.), Bürgerlicher Staat und politische Legitimation, Frankfurt/Main 1976; zur Entwicklung der Bürgerinitiativen vgl. P. C. Mayer-Tasch, Die Bürgerinitiativbewegung, Reinbek 1976.

ihre gesellschaftliche Lage bereitet, existiert hier eine *materielle Basis* für eine gemeinsame Abwehr der zerstörerischen Tendenzen der Produktionsweise zusammen mit den Lohnabhängigen, die auch in der heterogenen sozialen Zusammensetzung der meisten Bürgerinitiativen sichtbar wird."[9]
Nach Jahrzehnten einer als ‚Wunder' erfahrenen Wirtschaftsentwicklung, die auch breite Schichten der Lohnabhängigen satt und bewegungsunfähig werden ließ, weicht die anschließende ‚Schrecklähmung' durch Wirtschaftskrisen und Arbeitslosigkeit allmählich neuen politischen Orientierungsversuchen, die sich unter dem Zwang zur Sicherung des erreichten Reproduktionsniveaus allererst auf eine Politisierung der unmittelbaren Lebensverhältnisse richten. Da angesichts der schlechten Wirtschaftslage und der damit von den Gewerkschaften erklärten Zurückhaltung eine Verschärfung der innerbetrieblichen Auseinandersetzungen um Lohnhöhe und Arbeitsbedingungen ausbleibt und andererseits die regierenden Parteien in Bund, Ländern und Gemeinden sich zunehmend auf die Verwaltung des Mangels beschränken – wobei sie noch zur Verschärfung regionaler und sozialer Disparitäten beitragen, nicht aber zu Ausgleich und kompensatorischer Verbesserung der kollektiven Reproduktionsbedingungen –, liegt die Suche nach neuen politischen Orientierungen und Organisationsformen jenseits der etablierten Parteien und Verbände nahe, die ohnehin durch ihre ‚bürokratische Distanz' dem alltäglichen Lebenszusammenhang der Bevölkerung entrückt erscheinen.[10]
Infolge des Mangels an alternativen Parteien und überregionalen Organisationen werden durch örtlich und sachlich begrenzte Konflikte Lektionen politischer Bildung und ‚Kampferfahrungen' nachgeholt, die in anderen europäischen Ländern durch die Wirksamkeit einer ungebrochenen Tradition der Arbeiterbewegung zur ‚Allgemeinbildung' gehören. Während dort die Politik von Parteien und Verbänden im alltäglichen Lebenszusammenhang der Bevölkerung verankert ist, gehen hier von der Politisierung des Alltags erst allmählich Anstöße zur Neubestimmung der ‚großen' Politik aus, die in Polarisierungsprozessen quer durch die Parteien hindurch (z. B. in der Energiediskussion) und in innergewerkschaftlichen Auseinandersetzungen über die verstärkte Einflußnahme auf außerbetriebliche Lebensbereiche zum Ausdruck kommen. So führt die Suche nach Alternativen meist – bestenfalls im ‚aufrechten Gang' – zum Marsch auf und durch die Institutionen zurück, sofern sie nicht in Resignation und politischer Apathie endet: Je nach materieller Betroffenheit und objektiver Lage folgen aus dem politischen Engagement in basisdemokratischen Initiativen unterschiedliche Konsequenzen, doch kommt ihm – gleichsam als ‚Durchlauferhitzer' für politisches Bewußtsein – eine nicht zu unter-

---

9 H. Faßbinder, Einleitung zu: M. Castells, Kampf in den Städten, Westberlin 1975, S. 24.
10 Zur Rückgewinnung der ‚Bürgernähe' werden von den großen Parteien neuerdings bis zur Ununterscheidbarkeit in Stadtteilzeitungen und -festen die Medien der Bürgerinitiativen kopiert.

schätzende Bedeutung bei der Entwicklung eines neuen Politik-Verständnisses und selbstbestimmter Organisationsformen zu, die den Charakter einer notwendigen Ergänzung zu den etablierten repräsentativ-demokratischen Entscheidungsstrukturen annehmen. Während jedoch aufgrund disparitärer Lebensverhältnisse bereits in einigen Sektoren (z. B. im Energie-, Gesundheits- und Bildungsbereich) von anfangs vereinzelten ‚Situationsgruppen' mit dem Aufbau übergreifender Diskussions- und Kooperationszusammenhänge begonnen wurde, da hier der Einfluß zentralstaatlicher Entscheidungsinstanzen offenkundig ist, werden die städtischen Konflikte im Bau- und Planungsbereich noch selten in übergreifenden Zusammenhängen gesehen und angegangen. Die Abhängigkeiten lokaler Strukturen von staatlichen Oberinstanzen, überregional disponierenden Unternehmen und Baugesellschaften werden erst allmählich durchleuchtet. Häufig neutralisieren sich durch mangelnde Kooperation selbst auf örtlicher Ebene die Forderungen verschiedener Initiativen wechselseitig und versanden im Verwaltungsgetriebe, das dadurch nicht gerade auf Touren kommt.

In diesem Zwischenfeld basisdemokratischer Interessenartikulation und institutioneller Einflußnahme bieten sich nun gerade Architekten und Planern vielfältige Möglichkeiten, sich innerhalb und außerhalb ihrer Berufstätigkeit zu engagieren, um über den Rahmen ihrer beruflichen Routinetätigkeiten hinaus auf deren sozialen Zusammenhang einzuwirken. Angesichts der Bedeu-

Eine der ersten Demonstrationen im Frankfurter Westend ...

... und eine der letzten.

tung, die Stadtplanung und Umweltfragen im Zusammenhang verschärfter sozialer Disparitäten und Konflikte in den letzten Jahren gewonnen haben, haben gerade Planer und Architekten günstige Bedingungen, ihre Fachqualifikationen aus dem Ghetto der individuellen Arbeits- und Privatsphäre in umfassendere gesellschaftliche Zusammenhänge einzubringen.

Wem gehört die Stadt?

Zurück zur Stadtgestaltung. Wie an einigen Entwicklungen in Wohnbereichen bereits angedeutet, beginnt sich durch wachsenden ökonomischen Druck und institutionelle Verregelung ein Gegendruck zu verstärken, der über die Wiederentdeckung von Stadtteil- und Stadtqualitäten zu neuen Formen handfesten Wahr-Nehmens und konkreter Inbesitznahme führt: zu Ansätzen einer *Stadtgestaltung von unten*, der nicht allein bauliche Oberflächenphänomene, sondern auch die ökonomischen und politischen Bedingungen der örtlichen Lebensverhältnisse zum Gestaltungsobjekt werden. Daß dabei die hinter den konkreten Erscheinungsformen liegenden Strukturen den Veränderungsversuchen mehr Widerstand bieten als die ‚harten Fakten' baulicher Tatsachen, wird nicht nur bei Raum-aneignenden Grenzüberschreitungen spürbar, wenn etwa bei der Besetzung leerstehender Wohnhäuser der Widerspruch zwischen Tausch- und Gebrauchswert aufbricht und durch Polizeieinsatz Eigentumsgrenzen geschützt werden. Schon im Vorfeld solcher ‚Regelverletzungen' können Versuche der Einflußnahme auf die scheinbar naturwüchsig verlaufenden baulichen Veränderungsprozesse zu einer Konfrontation mit wirtschaftlichen und politischen Interessen führen, durch die die Wider- und Eigenständigkeit gesellschaftlicher Verhältnisse sinnlich erfahrbar wird.

Mit steigender Betroffenheit durch die Verschlechterung städtischer Lebensbedingungen und mit wachsendem Engagement breiter Bevölkerungsschichten werden dabei Prozesse exemplarischen Lernens eingeleitet, die einen Durchblick auf gesellschaftliche Zusammenhänge freigeben, der selbst für traditionell unpolitische Bevölkerungsgruppen problematisch werden kann. So haben selbst die bildungsbürgerlichen Bemühungen zur Erhaltung des ‚kulturellen Erbes' gleichsam einen politischen ‚Sprengsatz', wenn sie sich gegen parteipolitische oder kommerzielle Vereinnahmung sperren und zu verhindern suchen, daß die ausgewachsenen Häute des Kapitalismus[11] nur um den Preis ihres Mißbrauchs und der Überführung in neue Verwertungszusammenhänge noch zu retten sind.

In diesem politisch noch unüberschaubaren Aktionsfeld zwischen konservativer Kulturpflege und ‚militanter' Bestandssicherung durch Hausbesetzung und Mietstreik liegt ein breites Spektrum von Initiativen, an denen — bei aller Unterschiedlichkeit der tragenden Interessen und Aktionsformen — immerhin deutlich wird, daß die Eingriffe in die Substanz der städtischen Umwelt immer weniger als naturgegeben hingenommen wird. In und neben administrativ geregelten Partizipationsangeboten mehren sich die Versuche der Bevölkerung, auch ohne durch Eigentumstitel geschützte Rechte Einfluß zu nehmen auf die Gestaltung und Nutzung der städtischen Räume. Dabei zeichnen sich durch gemeinsame Arbeitskreise verschiedener Initiativen, durch Zusammenschluß von Wählergemeinschaften, Mieterräten und durch überlokalen Erfahrungsaustausch Ansätze zur Koordination der oft divergierenden Interessen von Einzelinitiativen ab, wodurch der vielzitierte ‚Sankt-Florians'-Charakter der Initiativen[12] allmählich durch ‚konzertierte Aktion' von unten aufgelöst wird.

Aus anfangs dumpfem Unbehagen und diffusen Protesthaltungen, die zwar nicht selten in ‚faschistoide Anklänge' und Rufe nach dem ‚starken Staat' zurückfallen, beginnt sich durch Einblick in wirtschaftliche und politische

---

11 Vgl. D. Hoffmann-Axthelm, Das abreißbare Klassenbewußtsein, Gießen 1975.
12 Zu den oft diskutierten Bornierungen und Widersprüchlichkeiten der Bürgerinitiativen vgl. C. Offe, a. a. O., S. 161f.

Zusammenhänge ein ‚aufgeklärtes' Stadt-Verständnis herauszubilden, das die Rationalität planerischer Eingriffe in Frage stellt und somit auch die Tätigkeit der Architekten langfristig nicht unberührt läßt. Da diese zudem durch den absehbaren Wandel der Bauaufgaben immer unmittelbarer in vorhandene Bau- und Sozialstrukturen einzugreifen gezwungen sind, dabei aber kaum über die erforderlichen Qualifikationen verfügen, weil z. B. anstehende Modernisierungsmaßnahmen allenfalls in ihren baulichen, nicht aber auch in ihren ökonomischen, sozialen und politischen Dimensionen überschaubar sind, mehren sich die Reibungspunkte.

Mit der Nähe zur Lebenswelt der Betroffenen und durch Konfrontation mit deren politisch artikulierten Interessen geraten Planer und Architekten zunehmend in das Spannungsfeld zwischen den ökonomischen Verwertungsinteressen, als deren ‚Handlanger am Reißbrett' sie in ihrem Beruf zu agieren gezwungen sind, und einer sozialen Verantwortlichkeit, die sich schon aus der wachsenden Anschaulichkeit der Planungskonsequenzen im Lebenszusammenhang der ‚Beplanten' ergibt. Anders als bei der Planung normierter Neubausiedlungen für anonyme Bewohner ist etwa bei Sanierungs- und Modernisierungsmaßnahmen jeder einzelne Planungsschritt für konkrete Menschen bedeutsam: die Dauer der baulichen Eingriffe, das Ausmaß der Veränderungen, die Form der Finanzierung und Kostenabwälzung — all dies entscheidet über Rückzug oder Wohnungsverlust, über die Umstellung von Lebensgewohnheiten und die Auflösung vertrauter Kommunikationszusammenhänge. Von Wohnungsmodernisierung und flankierenden Gestaltungsmaßnahmen im öffentlichen Raum der Straßen und Plätze bis zur quartierübergreifenden Bau- und Verkehrsplanung erfordern planerische Entscheidungen eine neue politische Sensibilität, ohne die besonders die ‚von oben' angeordneten Maßnahmen schnell zu unkontrollierbaren Konflikten führen können.

In der Übernahme der ‚Nutzerperspektive' bei der Entdeckung von Trivialarchitektur und Alltagsästhetik auf halbem Wege stehengeblieben, führt die Suche nach einem neuen beruflichen Selbstverständnis weit über die bisher nur polemisch kommentierten Stationen hinaus. Doch bleibt die entstehende soziale und politische Sensibilisierung ambivalent: auf schmalem Grat zwischen parteilichem Engagement für die Betroffenen und notwendigen Qualifikationserweiterungen durch Sozialtechnologien, ohne die sich gerade die detailreichen Umbau- und Gestaltungsmaßnahmen vor Ort kaum noch durchführen lassen. Im Dreieck zwischen zunehmender Politisierung der städtischen Lebensbedingungen, beschleunigtem Wandel der Bauaufgaben und der Strukturkrise des Architektenberufs stellen sich Probleme einer sozialen Standortbestimmung, die freilich nur durch konkrete Praxis lösbar sind. Dennoch sollen im folgenden einige Orientierungs- und Lösungsversuche diskutiert werden, wobei insbesondere wieder auf Gestaltungsfragen Bezug genommen wird. Dabei können die im folgenden thesenartig skizzierten Tendenzen ohne eine Analyse der objektiven Bedingungen der krisenhaften Berufsentwicklung nicht mehr abgeben als ein aus unabgeschlossenen Gesprächen zusammengestelltes Diskussionsmaterial, das ebenso unabgeschlossen und widersprüchlich bleibt wie diese selbst.

2. Fluchttendenzen und Orientierungsversuche

Vorwärts oder zurück?

In sehr einseitiger Betrachtung wurden bisher die künstlerischen Bereiche der Planungspraxis derart verkürzt dargestellt, daß schließlich Raumgestaltung als bloßes Täuschungsmanöver und auch die ästhetische Praxis im Netz ökonomischer Zwänge vollständig eingefangen und verregelt erscheinen mußte. Bereits in den ersten Kapiteln wurde jedoch betont, daß in selektiver Sicht damit zunächst nur *ein* Aspekt architektonischer Praxis und Theoriediskussion untersucht werden sollte, um daran plastisch den Prozeß der Funktionalisierung des Ästhetischen hervortreten zu lassen. Dabei wurde darauf hingewiesen, daß das wachsende Unbehagen an den engen Verwertungsbedingungen auch der ästhetischen Produktion zu zwei scheinbar weit auseinanderlaufenden Alternativ-Orientierungen führt, über deren Berührungspunkte zum Schluß diskutiert werden sollte.

Auf der einen Seite wird eklektizistischem Design wieder die Sperrigkeit innerästhetischer Strukturprinzipien entgegengesetzt: Eine — besonders im Hochschulbereich festzustellende — neue Entwurfsorientierung und Re-*Ästhetisierung* sucht statt modischer Anpassung an wechselnde Gestaltungsklischees formale Alternativen und in Stadtreparaturen Anbindung an historische Strukturen, die sich gegen waren-ästhetische Aufbereitung sperren.[13] Mit verklärtem Blick auf große Vorbilder der Baugeschichte und das ästhetische Glück künftiger Generationen wird die schlechte Gegenwart mitsamt ihren ökonomischen Verwertungszwängen aus dem Bewußtsein verdrängt — ohne freilich dadurch objektiv außer Kraft gesetzt zu sein. Auf der anderen Seite versuchen Architekten statt Rückzug in die Freiräume formaler Experimente den Angriff: durch *Politisierung* ihrer Berufssituation und durch Suche nach organisatorischen Bindungen, die auf langfristige Veränderung der gegebenen gesellschaftlichen Bedingungen der Architekturproduktion abzielen, wobei die formale Qualität der zwischenzeitlich entstehenden Produkte relativ gleichgültig bleibt.

In grober Polarisierung wurden verschiedene Reaktionen auf die beschleunigte Auflösung eines Berufsstandes zusammengefaßt, dessen Mitglieder ihre berufliche und persönliche Identität häufig aus einem diffusen künstlerischen

---

13 Zu dieser wesentlich durch italienische Einflüsse gekennzeichneten Entwicklung vgl. A. Rossi, Die Architektur der Stadt, Düsseldorf 1973. Zur Diskussion vgl. Projektgruppe Lehrbauspiele: Architektur als politisches Medium, in: Arch +, Heft 30/1976.

Selbstverständnis beziehen, das in der gesellschaftlichen Realität kaum mehr verankert ist. Dennoch scheinen traditionelle Berufsvorstellungen gerade hier ein merkwürdiges Eigenleben zu führen. Trotz sinkender Berufschancen drängen sich die Studienplatzbewerber weiter um Ausbildungsplätze für einen Be-

ruf, der immer noch Möglichkeiten zu bieten scheint, in Formen nicht-entfremdeter Arbeit sich selbst oder anderen Denkmäler zu setzen, Kunst mit Handwerk und Technik zum gebauten Werk zu vereinen – in Architektur.[14] Ein Berufsbild, das wie kaum ein anderes von einer glorifizierten Vergangenheit lebt und in der Skala des Sozialprestiges ganz oben rangiert.[15] Im Rahmen eines luxurierenden Lebensstils erscheint in der träumerischen Erwartung die Berufstätigkeit allererst als künstlerische und technische Aufgabe, durch die sich sogar noch das große Geld verdienen läßt. Nur selten hören die Studenten von ihrem späteren Beruf als einer sozialen Aufgabe, zumal ihre Lehrer die Lehre oft wider besseres Wissen zu entsprechender Selbstdarstellung und Alltags-Verdrängung nutzen.

14 Zur „Gebrauchswertillusion im Architektenbewußtsein" vgl. R. Faßbinder, Der Architekt – Berufsbild und Berufsrealität, in: Arch +, Heft 17/1974; vgl. auch K. Brake (Hg.), Architektur und Kapitalverwertung. Veränderungstendenzen in Beruf und Ausbildung von Architekten in der BRD, Frankfurt/Main 1973.
15 So rangierte bei einer Meinungsumfrage 1977 der Architekt als „Traummann" bei den Frauen an 2. Stelle, gleich hinter dem Arzt, als Traumberuf bei den Männern immerhin noch an 7. Stelle; vgl. Der Stern, Heft 22/1977, S. 186.

Erst im Übergang zur beruflichen Praxis wird die gesellschaftliche Wirklichkeit schmerzhaft erfahren — sofern durch einen festen Arbeitsplatz überhaupt ein Übergang möglich wird: Das große Geld bleibt jedoch meist ebenso aus wie die großen Aufträge; kleinliche Kompromißarchitekturen, Umbauten und Routinetätigkeiten bestimmen die berufliche Alltagspraxis, in der allenfalls das Ausfeilen und Durchsetzen einiger ‚anständiger' Details Ersatz für die erhofften künstlerischen Tätigkeiten bieten.[16]
Je stärker nun unter dem Druck verschärfter Rationalisierung, Arbeitsteilung oder gar Arbeitslosigkeit die oft zur Berufswahl motivierende ‚künstlerische Selbstverwirklichung' im beruflichen Alltag versagt bleibt, umso näher liegt die Flucht in die verbleibenden Nischen, in denen autonom noch Gestaltungsprinzipien entfaltet werden können, solange sie die finanzielle Kalkulation nicht stören. Werden auch diese Lücken geschlossen, bleibt als letzter Ausweg noch die kompensatorische Verlagerung ins Private und die Bewunderung für die Werke künstlerischer Vorturner, hinter deren Erfolg die eigene Misere als individuelles Versagen und Schicksal erscheint. Wie in anderen *Jobs* führt dann auch hier die Suche nach dem ‚eigentlichen' Leben zur Verdrängung des Berufsalltags und zum Rückzug, wobei jedoch eine Nabelschnur bleibt: Schon vom täglichen Umgang mit dem Arbeitsgegenstand her liegt die *Ästhetisierung* eines individuellen Lebensstils nahe, wenn die Hoffnung auf gestalterische Verallgemeinerung aufgegeben werden muß, die über Jahrzehnte Motor des ‚messianischen' Funktionalismus war. Die berufliche Identität findet ihre Verklärung in einer elaborierten Wohnkultur, durch die sich Architekten — freilich — von anderen Berufsgruppen deutlich unterscheiden. Vom heimlichen Schwärmen für handmade houses bis zur phantasievollen Umnutzung und Herrichtung alter Bauernhäuser und Mühlen zur heilen Gegenwelt, in der man wieder ungestört Zeichnen und Aquarellieren kann, eröffnen sich weite Felder für Ausbruchsversuche zur Umsetzung gestalterischer Phantasie, die in der durchrationalisierten Berufspraxis keinen Platz mehr findet. Fernab vom Elend der Vorstädte und von den Folgen der Stadtzerstörung selbst nur selten wirklich betroffen, läßt sich von Architekten und Planern die Konfrontation mit den sozialen Zusammenhängen und Auswirkungen ihres beruflichen Handelns oft noch umgehen. Das soziale Engagement reduziert sich auf einsam getroffene Gestaltungs-Entscheidungen, auf ästhetische Erziehung vom Reißbrett aus: Nur für die *Form* des Produkts will man verantwortlich sein; nach dem Muster des eigenen Lebensstils werden die Vorstellungen alternativer *Lebens*formen identisch mit Vorstellungen eines angepaßten Lebens in gegenständlichen Formalternativen.
Während diese *individualistischen* Versuche zur Bewältigung der beruflichen Situation eine weitgehende Verdrängung der objektiven Lage und Abhängig-

---

16 Zur Berufsentwicklung vgl. G. Hübener u. a., Der lohnabhängige Architekt, Westberlin 1973.

keiten erfordert, setzen *organisatorische* Lösungsversuche gerade an der Einsicht in deren ‚unsichtbare' strukturelle Bedingungen an, die sowohl die Arbeitssituation als auch die Gestalt und Verwertung der Produkte bestimmen. Indem Architekturproduktion als Lohnarbeit vor dem gleichen Hintergrund interpretiert wird wie die Arbeit anderer Lohnabhängiger, wird zwischen beruflichen Aufgaben und politischer Identität geschieden und Anschluß an Parteien und Organisationen gesucht, die nichts mehr mit der Pflege eines ständischen Selbstbewußtseins zu tun haben. Dabei ist die Verankerung der *Politik* am Arbeitsplatz — etwa durch gewerkschaftliche Arbeit — hier besonders schwierig, da oft die noch relativ ‚lockere' Organisationsstruktur der Büros und die internalisierte Identifikation mit der Arbeit Verdrängungsprozesse erleichtern, zumal der mit künstlerischen Ambitionen gepflegte Individualismus eine harte Bewußtseinssperre bildet. Von diesem ‚aufgeklärten' Standpunkt aus erscheinen die künstlerischen Bereiche der Berufstätigkeit lediglich als ideologisch überhöhte Nebentätigkeiten.[17] Da Architektur allemal als Bedeutungsträger fungiert und die warenästhetische Verkleidung der Bauten, die Darstellung von Macht, Seriosität usw. unter dem Diktat der Bauherren oder Bauträgergesellschaften als eine Aufgabe unter anderen gesehen wird, verdient unter diesem Aspekt architektonische Gestaltung in anti-ästhetischem Affekt allenfalls ideologiekritische Würdigung, sofern sie nicht Ausdruck und Ergebnis solidarischer Anstrengungen zur Verbesserung der sozialen und ökonomischen Situation der in den Gebäuden wohnenden oder arbeitenden Lohnabhängigen ist.

Produkt-Design oder Prozeß-Gestaltung?

Zwischen diesen beiden grob konstruierten Polen — der *Verklärung* künstlerischer Tätigkeit infolge des Rückzugs in privatisierenden Ästhetizismus einerseits und der *Stigmatisierung* künstlerischer Produktion durch totalen Ideologieverdacht infolge rigider Politisierung andererseits — lassen sich inzwischen vermittelnde Tendenzen feststellen: Tendenzen einer *demokratisierten Ästhetik*[18] im Rahmen einer gesellschaftlichen Praxis, in der bei den

17 Vgl. z. B. G. Hübener u. a., S. 9.
18 Dabei wird versucht, den aktuellen *populistischen Strömungen* durch klare politische Orientierung eine ‚Linkskurve' zu geben, um ihre methodische Beliebigkeit aufzuheben, die von A. Tzonis und L. Lefaivre folgendermaßen charakterisiert wird: „Das von den Populisten selbst erklärte Ziel soll eine Veränderung im Architektenberuf im Hinblick auf die stets wachsenden sozialen Fragen bringen. Sie wollen die auf visuellen und funktionellen Regeln beruhende Architekturpraxis beiseitelegen zugunsten einer auf die Bedürfnisse des Benutzers konzentrierten Bemühung. Für die Populisten soll der Benutzer der Mentor, wenn nicht der Meister des Entwurfsvorganges werden. Gleichgültig, ob ein Exponent der populistischen Architektur die unintellektuelle und populäre Ausdrucksweise der Vergnügungsstraße befürwortet oder die Teilnahme des Benutzers und die Selbsthilfe in den Slums, in allen Fällen verlangt er, daß der Ent-

Versuchen zur Sicherung und Verbesserung der sozialen und ökonomischen Lebensbedingungen der arbeitenden Bevölkerung politisch-kulturelle Dimensionen miterfaßt werden, in denen auch die gegenständlichen Qualitäten der räumlichen Umwelt in einem neuen Licht erscheinen. Von Versuchen „sozialorientierter Stadterhaltung"[19] zum Schutz historisch ‚gewachsener' Sozialstrukturen und vergegenständlichter Sinngefüge über die Beratung und Unterstützung von Arbeiter-[20], Mieter-[21] und Bürgerinitiativen bis hin zur Entwicklung Planungs-didaktischer Methoden zur ‚massenhaften' Vermittlung der bislang beruflich monopolisierten Gestaltungs- und Planungskompetenzen werden in verschiedenen Praxisbereichen Ansätze unternommen, unter Verzicht auf gestalterische Determination den Entscheidungs- und Handlungsspielraum der sonst bloß ‚Beplanten' zu erweitern, um dadurch deren Alltagspraxis zu verändern und zu bereichern. Dabei sind die gegenständlichen Qualitäten der Gestaltungs-*Produkte* allererst vor dem Hintergrund der sozialen *Prozesse* ihrer Produktion, Veränderung und den dabei den Nutzern gegebenen Einfluß- und Aneignungsmöglichkeiten zu beurteilen[22]: also weder nach den ‚objektiven' Gestaltqualitäten im Rahmen fachinterner Qualitätsmaßstäbe, noch in bloßer Kritik der ‚subjektiven' Erlebnisqualitäten warenästhetischer Gestaltungsklischees.

wurfsvorgang *im Namen des Volkes* verlaufen müsse." A. Tzonis, L. Lefaivre, Im Namen des Volkes. Die Entwicklung der heutigen Bewegung in der Architektur, in: Bauwelt, Heft 1/1975; vgl. dazu M. Müller, Architektur als ästhetische Form oder ästhetische Form als lebenspraktische Architektur? in: W. M. Lüdke (Hg.), ‚Theorie der Avantgarde', Antworten auf Peter Bürgers Bestimmung von Kunst und bürgerlicher Gesellschaft, Frankfurt/Main 1976; historische Hinweise gibt O. Uhl, Demokratisierte Ästhetik, in: R. Dirisamer u. a., Marginalien zur Kunstpädagogik, Wien 1976.
19 Vgl. Die kooperierenden Lehrstühle für Planung an der RWTH Aachen (Hg.), Sozialorientierte Stadterhaltung als historischer Prozeß, Köln 1976; zum politisch-kulturellen Hintergrund der oft als beispielhaft vorgestellten Entwicklung in italienischen Städten, vgl. M. Jaeggi, Das rote Bologna, Zürich 1976.
20 Vgl. J. Boström, R. Günther (Hg.), Arbeiterinitiativen im Ruhrgebiet, Westberlin 1976; vgl. auch das Kapitel ‚Handlungsperspektiven' in: M. Andritzky u. a. (Hg.), Labyrinth Stadt, Köln 1975.
21 Vgl. B. Brunnert u. a., Die Dürrlewanger. Mieterbewegung in städtischen Modernisierungsgebieten, Westberlin 1976; Betroffene des Märkischen Viertels, Wohnste sozial, haste die Qual, Reinbek 1975.
22 Projektgruppe Lehrbauspiele, a. a. O., S. 12: „Die Produktion gesellschaftlich bedeutsamer Architektur muß erst die Produktion ihrer Bedingungen sein – und das meint die Veränderung des Produktionsprozesses selbst. Verändertes Architekturverständnis ist also nur dann wirksam, wenn mit ihm gebrauchbare Formen vorgeschlagen werden, die im Aneignungsprozeß durch die Bewohner von Nutzen sind." – Ein politisierter Funktionalismus? Er hat (Architektur-)Geschichte: von William Morris über Hannes Meyer bis heute. Daran erinnert auch J. Posener, Eine Architektur für das Glück? Plädoyer für eine utopische Architektur heute, in: Arch +, Heft 33/1977, S. 41 f., und warnt zugleich: „Wer sich hier nicht einer Utopie verschreiben will, die mit beiden Beinen in der Luft schwebt, muß sich die Gesellschaft ansehen, wie sie ist, er muß nach den Vorstellungen fragen, die ihre Bürger sich vom Glück machen, er muß mit ihnen cooperieren."

In einer Politisierung der ästhetischen Praxis zeichnet sich eine Vermittlung bisher scheinbar unvereinbarer Positionen ab. In konsequenter Auflösung der traditionellen Deutungsmuster bleibt die Übernahme der Nutzer-Perspektive nicht beschränkt auf die zuvor beschriebenen touristischen Aspekte gegenständlicher Milieu-Sicherung, sondern führt durch soziale Betroffenheit zu parteilichem Handeln durch die Berufspraxis hindurch. „Der Architekt kann die Durchsetzung alternativer Lebensweisen und befreiter Formen der Bedürfnisbefriedigung nicht durch die Verbesserung seiner *Werke* allein erreichen, sondern vor allem durch die Veränderung ihrer Produktions- und Nutzungsbedingungen, durch die Ermöglichung kollektiver Aneignungsprozesse."[23] Der herrschenden Orientierung an den gegenständlichen Qualitäten der Bau-Produkte wird eine Prozeß-Gestaltung gegenübergestellt, da erst in historischem Prozeß durch solidarisches Handeln schließlich auch jene alternativen Formensprachen gefunden werden können, welche die Formalisten am Zeichentisch konzipieren zu können hoffen und doch warenästhetischer Vereinnahmung nicht entgehen.

Anstelle der mit der Stadtzerstörung einhergehenden Errichtung von Prestigesymbolen, Kulturfassaden, Reparatur- und Dekorationsversuchen wird daher die Sicherung und Ausweitung lebenspraktischer Aneignungs-Möglichkeiten und kollektiver Form-Findungen zur Aufgabe einer sozialen Praxis, durch die Fachkompetenz und gestalterische Phantasie zu Momenten sozialer Bewegungen werden, die auch im Vorfeld parteipolitischer und organisatorischer Bindungen zur Politisierung des Alltags beitragen. Obwohl die Ablösung der Warenästhetik durch formale Alternativen letztlich erst mit Auflösung der Warenwirtschaft möglich wird, sollen dazu kulturelle Voraussetzungen geschaffen werden, durch die sich über veränderte Verkehrsformen bereits im Schoße gegenwärtiger Zustände auch alternative Lösungen räumlicher Gestaltung ahnen lassen.

Nach programmatischen Formulierungen setzt der Prozeß praktischer und theoretischer Klärung solcher Perspektiven gerade erst ein; heterogene Bestimmungsversuche stehen gegeneinander und werden durch erste Erfahrungen relativiert, die aber immerhin einen Übergang zu einem neuen, sozial verantwortlichen Berufsverständnis und einer berufsbezogenen politischen Praxis zu markieren scheinen. Noch bieten die praktischen Ansätze ein schillerndes Spektrum zwischen ästhetischer Scharlatanerie und emanzipatorischer Mediendidaktik, zwischen vorgreifender Berufsqualifikation und Sozialtechnologie, wie einige Beispiele zeigen, die hinführen sollen zu solcher Raum-, Selbst- und Gesellschaftsentdeckung ineins: In großmaßstäblichen Modellen lernen Kinder mit Hilfe geschulter Gestalter ihre Umwelt neu kennen, spielerisch verändern und verfremden[24]; anderswo wird unter Anleitung kreativer Initiato-

---

23 Projektgruppe Lehrbauspiele, a. a. O., S. 5.
24 Vgl. die Berichte der Projektgruppe Lehrbauspiele, a. a. O., und das von ihr herausgegebene *Stadtlesebuch*, Ausstellungskatalog Schloß Morsbroich, Leverkusen 1977; als Kontrast vgl. das *Stadtmalbuch* von H. Schmitt-Brümmer, A. Schulz, Köln 1975.

ren ein „Experiment zur Aneignung eines Straßenraumes durch seine Bewohner"[25] durchgeführt; in Schul- und Volkshochschulkursen lernen Bewohner einer Stadt interessenspezifische Planungsalternativen unterscheiden, kritisieren und selbst formulieren[26]; Mieter planen in Treppenhausgesprächen, wechselseitigen Wohnungsbesuchen und Versammlungen mit Architekten und Studenten gemeinsam Umbau und Modernisierung, diskutieren und kalkulieren Alternativen[27]; in Stadtteilen werden Beratungsbüros als Anlaufstellen für Stadtbewohner eingerichtet und mit Planeradvokaten und Stadtteilbeauftragten besetzt.[28] Die Beispiele ließen sich vermehren, doch führt eine genauere Betrachtung schnell wieder zu den unbequemen Fragen nach den materiellen Abhängigkeiten und der objektiven Lage der beteiligten Architekten zurück. Diese Fragen sind allenfalls durch ein Ausweichen in andere Bereiche künstlerischer Praxis oder in die ätherischen Höhen ästhetischer Diskussionen zu umgehen, die als theoretische Klärungsversuche jedoch ebenso schillernd bleiben wie die praktischen Ansätze in diesem Bereich. Auf einem kurzen Umweg über solche Ausweichversuche soll dennoch kurz angezeigt werden, daß auch die — meist nur literarischen — Klimmzüge ‚avantgardistischer' Kunstpraxis und -theorie allenfalls Richtungen, aber keine Auswege aus dem Dilemma beruflicher Realitäten weisen, zumal das alle Lebensbereiche durchdringende System des Warentauschs in fast allen Feldern künstlerischer Produktion vergleichbare Probleme stellt.

Abkürzung auf Umwegen

Um gegenüber der affirmativen Warenästhetik-Produktion auch in der Architektur alternative Praxisansätze zu klären und theoretisch zu legitimieren, wird in der neueren Architekturdiskussion auf Positionen Bezug genommen, die in anderen Bereichen künstlerischer Tätigkeit vorformuliert wurden, in denen der Weg vom „Kunstwerk zur Ware"[29], in Design und Massenkultur bereits zu akzentuierteren Stellungnahmen führte als in der engen Provinz der Architekturkritik.

25 J. Halfmann u. a., Heimat kaputt. Kreative Formen der Selbsthilfe zur Verbesserung des städtischen Wohnmilieus, Berlin 1975. Zur Kritik daran und zu weiterführenden Ansätzen vgl. S. Epp u. a., Bürger planen selbst! in: Arch +, Heft 29/1976 und Heft 33/1977
26 Vgl. z. B. K. Baumann u. a., Stadtplanung im Unterricht, Köln 1974; zu entsprechenden Volkshochschulprogrammen der Stadt Frankfurt/Main vgl. E. Mühlich u.a., Zur öffentlichen Planung mit Alternativen, in: Stadtbauwelt, Heft 47/1975.
27 Vgl. B. Brunnert, u. a., a. a. O.
28 Vgl. den Bericht *Bürger-Beratung mit dem Bürger im Rücken*, in: Beratende Ingenieure, Heft 5/1977.
29 H. H. Holz, Vom Kunstwerk zur Ware, Neuwied und Berlin 1972; vgl. auch K. O. Werckmeister, Ende der Ästhetik? Frankfurt/Main 1971; R. Bubner, Über einige Bedingungen gegenwärtiger Ästhetik, in: Neue Hefte für Philosophie, Heft 5/1973.

Nachdem über Jahrzehnte das ideologiekritische Lamento[30] über Kulturindustrie und Massenbetrug den Ton angab, zeichnete sich auch hier eine Polarisierung ab: Auf der einen Seite wurde die ‚materialistisch' rehabilitierte *Autonomie der Kunst* zum Hort subversiver Gegenerfahrung erklärt. Ganz im

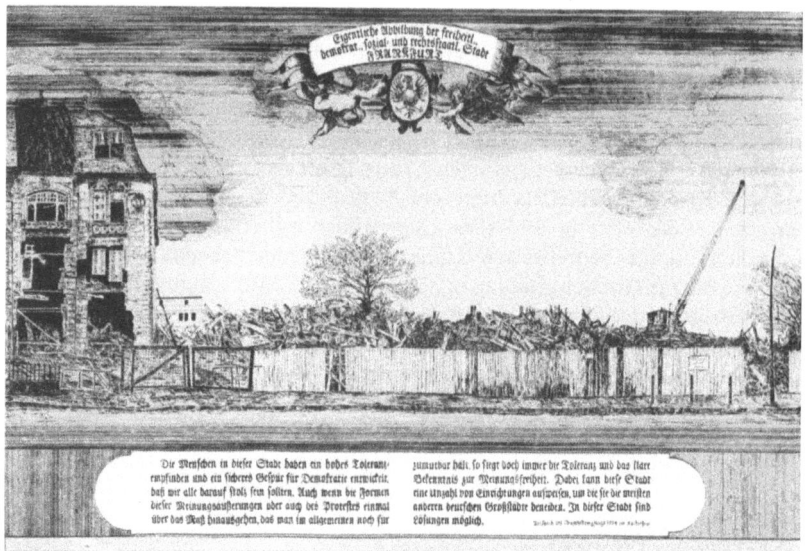

Sinne einer bürgerlich-idealistischen Kunstbetrachtung und traditionell-normativen Ästhetik wurde das auratische Kunstwerk wieder zum Bild des Wahren und Guten, das die Träume und Hoffnungen auf eine bessere Welt in der Erstarrung lebendig hält und damit zum „Sprengsatz"[31] im System kapitalistischer Integrationsmechanismen werden kann. Der Rückzug in den elfenbeinernen Turm der Kunst wird zur unerkannten Guerillatätigkeit verklärt, durch die der einsam produzierende Künstler den revolutionären Geist der Utopie belebt.

30 Die von M. Horkheimer und T. W. Adorno dazu entwickelten Argumentationen blieben nicht davor bewahrt, über wortreiche Feuilletonisten selbst Teil der kritisierten Kulturindustrie zu werden.
31 J. Habermas, Legitimationsprobleme im Spätkapitalismus, a. a. O., S. 110. Dort heißt es weiter: „Allein die (gegenüber kunstexternen Verwendungsansprüchen) autonom gewordene Kunst hat komplementär Auffangstellungen für die Opfer der bürgerlichen Rationalisierung bezogen. Die bürgerliche Kunst ist zum Reservat für eine, sei es auch nur virtuelle, Befriedigung jener Bedürfnisse geworden, die im materiellen Lebensprozeß der bürgerlichen Gesellschaft gleichsam illegal geworden sind." Vgl. auch H. Marcuse, Konterrevolution und Revolte, Frankfurt/Main 1973, und ders., Die Permanenz der Kunst. Wider eine bestimmte marxistische Ästhetik, München 1977.

Während die künstlerische Formulierung subversiver Gegen-Erfahrung somit als inner-ästhetisches Problem eine emanzipatorische *Differenz zwischen Kunst und Leben* voraussetzt und eine deutliche Absage[32] an kulturrevolutionäre Strategien bedeutet, wie sie insbesondere seit dem Pariser Mai 1968 in Europa diskutiert wurden, wird auf der anderen Seite vorgeschlagen, „auf jenen Lern- und Emanzipationsprozeß hinzuwirken, den Künstler bei Nicht-Künstlern, bei Rezipienten als künftigen präexistenten Produzenten auslösen können"[33] – Vorschläge zur Entwicklung einer *operativen Ästhetik*, die an Traditionen der surrealistischen und ‚proletarischen' Kunstpraxis aus dem ersten Drittel dieses Jahrhunderts anzuknüpfen und zugleich die Verbindung zu aktuellen politischen Bewegungen herzustellen versuchen. Mit Hinweis auf Positionen von Brecht[34], Benjamin[35] und Tretjakow[36] werden Konzepte einer politisierten Produktionsästhetik entworfen: Danach sollen nicht allein durch Kunst-Werke und die darin vergegenständlichten Sinnbezüge system-alternative Erfahrungen vermittelt werden, sondern allererst durch Formen alternativer Lebenspraxis, durch die „Kunst als Mittel zum Erlernen historischer Prozesse, zum Einüben von Erkenntnis und Phantasietätigkeit, zur Versinnlichung des Differenzwissens zum Status quo instrumentalisiert ist und sich in permanentem Einstellungswechsel zur gesellschaftlichen Realität manifestiert".[37] Durch subversive Aktion[38] sollen in einer „transformierten Alltäg-

32 Als Kontrast zu den neuerdings von Marcuse verteidigten Positionen vgl. ders., Versuch über die Befreiung, Frankfurt/Main 1969.
33 P. Gorsen, Transformierte Alltäglichkeit oder Transzendenz der Kunst?, in: P. Brückner u. a., a. a. O., S. 139.
34 Vgl. z. B. die Schriften über den Realismus, Gesammelte Werke 19, Frankfurt/Main 1968. Beziehungsreich heißt es da, S. 333, über die ‚Volkstümlichkeit' der Dichtung: „Das Volk, das die Dichter, einige davon, als seine Sprechwerkzeuge benutzt, verlangt, daß ihm aufs Maul geschaut wird, aber nicht, daß ihm nach dem Maul gesprochen wird" – eine klare Absage an platte Populismen, die sich mit artifiziellem Gebrauch der abgelauschten Alltagssprache begnügen, wie dies im Bereich der Architektur R. Venturi nahelegt.
35 Vgl. W. Benjamin, Der Autor als Produzent, in: Versuche über Brecht, Frankfurt/Main 1971. Auf diesen Aufsatz bezieht sich auch G. Kohlmaier, Über die Funktion des Architekten, eine Rechnung mit dem Hauswirt zu machen, in: Theorie und Praxis, Heft 2/1969, und führt aus: „Die Notwendigkeit, für die Agitation eine konkrete Analyse der über Architektur vermittelten Zwänge zu erstellen, hebt die gängige Arbeitsteilung auf und produziert eine Situation, die sie (die Architekten) auf Zusammenarbeit mit Mietern einübt. Ohne eigentlichen Zusammenhang mit diesen, bleibt jedoch die politische Tendenz populistisch. Die Funktion des Architekten, der Arbeiterklasse die architektonischen Produktionsmittel aneignen zu helfen, setzt eine Vermittlungsform voraus, die seine Analysen der breiten Masse der Arbeiter zugänglich macht. Voraussetzung dazu ist, daß er sich als zur Arbeiterklasse zugehörig erkennt und sich in der aus ihr sich bildenden Partei organisiert." 1969!
36 Vgl. S. Tretjakow, Die Arbeit des Schriftstellers. Aufsätze, Reportagen, Portraits, Reinbek 1972.
37 P. Gorsen, a. a. O., S. 142.
38 Im Rückblick auf die Hoch-Zeit der Studentenbewegung vgl. F. Böckelmann, H. Nagel, Subversive Aktion, Frankfurt/Main 1976.

lichkeit" Gegen-Erfahrungen gemacht werden, indem abgeschliffene Beziehungen und Alltagserfahrungen neu thematisiert, erfaßt und verarbeitet werden, um im Bruch der abstumpfenden Alltagsroutine Momente alternativer Lebensweisen und Bedürfnisbefriedigung aufscheinen zu lassen. In diesem dynamisierten Ästhetik-Konzept gewinnt somit auch der Begriff des Werkes neue Bedeutung: „Der Terminus ‚Werk' bezeichnet auf geistiger Ebene keinen Kunstgegenstand mehr, sondern eine Tätigkeit, die erkannt wird, die erfaßt wird, die ihre eigenen Bedingungen reproduziert, die sich diese Bedingungen und ihre Natur (Körper, Wunsch, Zeit, Raum) aneignet, die zu ihrem *Werk* wird. Auf der gesellschaftlichen Ebene bezeichnet dieser Ausdruck die Tätigkeit einer Gruppe, die ihre Rolle und ihr gesellschaftliches Schicksal in die Hand und in die Pflege nimmt, mit anderen Worten *Selbstverwaltung*."[39]
Bezogen auf den derzeitigen Zustand der bildenden Kunst will – bei aller Programmatik – keiner der beiden „*subversiven Brüder*"[40] so recht überzeugen: Angesichts der mageren Zeugnisse neuer ‚auratischer' Kunstwerke führt die Beschwörung des emanzipatorischen Gehalts der *Transzendenz der Kunst* zu einem eher melancholisch-retrospektiven Kunstverständnis, das zudem ein Privileg der ‚Kenner' bleibt, deren soziale Lage eine Zündung dieses „Sprengsatzes" kaum geraten erscheinen läßt. Auf der anderen Seite bleibt die proklamierte *Transformation der Alltäglichkeit* nur deren zynische Parodie, solange sie nicht Moment einer verbindlichen gesellschaftlichen Praxis wird: „Diese Kritik trifft für sehr viele Manifestationen der künstlerischen Avantgarde zu, die als ‚Spielstraße', als ‚begehbare Plastik' als ‚singing sculptures', als Spielautomat, als Demonstration von realen Veränderungsprozessen (...), durch die Thematisierung des Sozialen (ein Ereignis, ein von Umweltverplanung bedrohter Baum, eine Kleinstadt usw. werden zum Kunstwerk erklärt) oder im Happening, dem Nouveau Réalisme (...) und in der Concept Art sich häufig mit den fremden Federn der Alltäglichkeit geschmückt haben."[41]
Während in ästhetischen Theorie-Konzepten elaboriert formuliert wird, was praktisch so schlecht gelingen will – einerseits die ‚Systemtranszendenz' von Kunstwerken und kulturellen Traditionen, andererseits die ‚Transformation der Alltäglichkeit' durch künstlerische Aktion zu gesellschaftlicher Wirksamkeit zu bringen –, bieten die sozialen Auseinandersetzungen in Bereichen von Architektur und Städtebau vielfältige Beispiele in beiderlei Richtung: nur allerletzt von den Handelnden selbst als Probleme der Ästhetik verstanden. So ging es etwa bei den Kämpfen gegen den Abriß innerstädtischer Gründerzeitvillen allererst um die Erhaltung von Wohnraum, doch waren damit *zugleich* soziale und räumliche Qualitäten gemeint, die sich selbst durch ausreichend billige und verfügbare Wohnfläche in den Vorstadtsiedlungen nicht hätten ersetzen lassen: Die wachsende Sensibilisierung für den Gebrauchswert histori-

---

39 H. Lefèbvre, Das Alltagsleben in der modernen Welt, Frankfurt/Main 1972, S. 275 f.
40 P. Gorsen, a. a. O., S. 149.
41 A. a. O., S. 146 f.

scher Bauten, für die darin vergegenständlichten Sinnbezüge und Aneignungsmöglichkeiten sowie ein erwachendes (Stadt-)Geschichtsbewußtsein[42] zeugen durchaus von der „Sprengwirkung" kultureller Traditionen, deren anschauliche Glücksversprechen — in der bürgerlichen Gesellschaft nicht einlösbar — entweder vernichtet oder zur Lockfunktion beim Warentausch mißbraucht werden. Die Erhaltung der Stadtstruktur als Substitut einer verlorenen kollektiven Identität wird zum Politikum. Einseitig war bisher vor allem die Vermarktung dieser neuen Empfindsamkeit hervorgehoben worden: der auf dem Nährboden bürgerlichen Sentiments aufblühende Altwarenhandel der Kulturindustrie und seine Vereinnahmung für politisch-restaurative Tendenzen. Demgegenüber werden jedoch die Grenzen der Vereinnahmung sichtbar, sobald nicht nur die bloße Erhaltung zwecks kontemplativer Kunst-Betrachtung, sondern auch die gesellschaftliche Nutzungsbestimmung der geretteten Hüllen zum Gegenstand politischer Forderungen wird, wenn etwa in leerstehenden Villen, Fabriken und Krankenhäusern[43] Treffpunkte, Jugendzentren und Kulturstätten eingerichtet und durch die Nutzer selbst verwaltet werden; wenn Straßen blockiert, mit Tischen und Stühlen bestellt zum Raum selbstorganisierter Feste werden und nun tatsächlich als Bühne dienen: für Straßentheater und ‚spielerische' Aufklärungsarbeit.

Mit neuen Formen der Nutzung und Veränderung städtischer Räume geht somit zugleich eine „Transformation der Alltäglichkeit" einher, indem durch Veränderung und Verfremdung vertrauter Situationen auch neue Verkehrsformen erprobt werden können. Doch selbst an vertrauten Lebensformen kann sich das geforderte „Differenzwissen zum status quo" entfalten, wenn z. B. ‚rückständige' Arbeiterkulturen[44] gegen die Bedrohung durch Zerstörung oder ‚Modernisierung' verteidigt werden und dabei nicht nur der Gebrauchswert der entsprechenden Bau- und Siedlungsformen neu entdeckt und mit neuem Bewußtsein wahrgenommen wird.

So richtet sich unter politisch-sozialem Aspekt das ästhetische Interesse zunächst auf die Produktions-, Veränderungs-, Gebrauchsformen, auf Zwischen-Räume und ihre Benutzung, dann erst auf die gebauten Formen der Architektur: Ästhetische Erfahrung wird nicht länger als Ergebnis kontemplativer Versenkung nach Vorgabe verdinglicht tradierter Kulturkenntnis begriffen, sondern als Prozeß einer lebenspraktischen Aneignung, der erst im Verlauf viel-

---

42 Vgl. D. Hoffmann-Axthelm, a. a. O.
43 So wurden in verschiedenen Städten der BRD und auch in Westberlin, insbesondere während der Jugendzentrums-Bewegung, nach anfangs heftiger Auseinandersetzungen von den Stadtverwaltungen leerstehende Gebäude Jugendlichen zur Selbstverwaltung überlassen. Zur Umnutzung einer Schokoladenfabrik vgl. Bürgerinitiative südliche Altstadt (Köln), Stollwerck, in: Arch +, Heft 33/1977.
44 Zur inzwischen anwachsenden Literatur über Arbeiterinitiativen, das Leben und die Kämpfe in Arbeitersiedlungen des Ruhrgebiets vgl. G. Boström, R. Günter (Hg.), a. a. O.

fältiger Nutzung und sinnlicher Erfahrung zur Ausbildung von differenzierten kognitiven Kompetenzen und affektiven Bindungen führt.[45]

3. Lösungsversuche

Der Architekt als Berater

Schnell könnte man nun ins Schwärmen geraten und träumen von einer besseren Welt: Von Städten als Schatzkammern ungeahnter Wahrnehmungs- und Aneignungsmöglichkeiten, die nur der Entdeckung harren; von einem befreiten Leben darin, dem die Architekten gemeinsam mit den Bewohnern die geeigneten Spiel-Räume schaffen. Was in den klassischen Kunsttheorien der Architektur Makel war gegenüber den ‚reinen' Künsten, wird ihr nun zum Privileg: ihre ‚Verunreinigung' durch den gesellschaftlichen Gebrauch.[46] Gestalterische Phantasie als Selbstentdeckung, ästhetische Erziehung als politische Bildung – bloß eine Utopie? Oder ein neues Tätigkeitsfeld zwischen Sozialpädagogik, Kunst und Politik? Neue Aufgaben werden gestellt, neue Methoden zu ihrer Lösung entwickelt: Wie kann Bedürfnisentfaltung und Interessenartikulation beschleunigt und verstärkt werden? Wie kann die Vielfalt räumlich gegebener Nutzungsmöglichkeiten sinnlich-anschaulich antizipiert werden? Wie lassen sich die Auswirkungen vorgeschlagener Veränderungen in ihren verschiedenen Dimensionen überschauen und plausibel darstellen? Und vor allem: Wie lassen sich die Grenzen der Veränderbarkeit anschaulich auf die zugrundeliegenden gesellschaftlichen Strukturen zurückführen? Dazu reichen die gängigen Darstellungs- und Vermittlungstechniken nicht aus: Neue Techniken werden entwickelt, neue Medien getestet und mit anderen kombiniert. Durch Fotos[47], Collagen[48], Plakate[49], Informationsstände, Handbücher[50],

---

45 Vgl. dazu die Schilderung der Architektur-Rezeption als „simultaner Kollektivrezeption" bei W. Benjamin, Das Kunstwerk im Zeitalter seiner technischen Reproduzierbarkeit, a. a. O., S. 38 f.; unter anderem Aspekt vgl. den ‚funktionalistischen' Ästhetik-Begriff bei J. Mukarovsky, Kapitel aus der Ästhetik, Frankfurt/Main 1974.
46 Vgl. z. B. die niedere Stellung der Architektur in der Hierarchie der Künste bei G. W. F. Hegel, Vorlesungen über die Ästhetik II, Frankfurt/Main 1970.
47 Vgl. dazu die kommentierten Bilderserien und Artikel in: L. Wawrzyn, D. Kramer, Wohnen darf nicht länger Ware sein, Darmstadt und Neuwied 1974. Vgl. auch R. Günter, Fotografie als Waffe, Westberlin 1977; Mediengruppe Köln (Hg.), Medienhandbuch, Frankfurt/Main 1976.
48 Vgl. J. Boström, R. Günter (Hg.), a. a. O., S. 7; Projektgruppe Lehrbauspiele, a.a.O.
49 Vgl. die zunehmende Bedeutung von Wandzeitungen in den Stadtteilen, für die selbst von Hausbesitzern Fassadenflächen zur regelmäßigen Nutzung überlassen werden.
50 Als brauchbare Beispiele vgl. R. Günter, R. Hasse, Handbuch für Bürgerinitiativen, Westberlin 1976; W. Baufeldt, u. a., Mietrecht für Mieter. Juristische Ratschläge zur Selbsthilfe, Hamburg 1976.

Filme[51] und Stadtzeitungen[52], durch Einflußnahme auf Lokalpresse, Funk- und Fernsehanstalten[53] werden ‚interdisziplinär' die verschiedensten „Medien als Waffe"[54] im Kampf für Mieterinteressen eingesetzt. In soziale Bewegungen einbezogen, verstehen sich Wissenschaftler, Künstler, Planer und Studenten als „Sekretäre des Volkes"[55]. Dazu müssen Sprachbarrieren und Erkenntnisschwellen abgebaut, fremde Kulturen, ungewohnte Kommunikationsformen und Interpretationsmuster kennengelernt werden. Das geht nicht von außen: ‚Teilnehmende Beobachtung' ist bloß Zwischenschritt, macht zynisch oder betroffen — man muß sich drauf einlassen, um eingelassen zu werden und nicht bloß die eigenen Vorstellungen zu verdoppeln: „Der bürgerliche Voyeur bekommt nichts anderes mit als Oberflächenphänomene. Weil er merkt, wie unzulänglich dies ist, neigt er dazu, sich auf seiner unzulänglichen Erfahrung Abstraktionen zu basteln."[56]
Doch das Aus- und Umsteigen fällt schwer. Der Architekt als Berater der Ausgebeuteten und Unterdrückten? Historischer Stellungswechsel? Tatsächlich scheint in den Städten durch wachsenden Druck ‚von unten' einiges in Bewegung geraten zu sein, der ‚Partizipationstrend' unaufhaltsam und gestützt durch Tendenzen zu kommunaler Dezentralisation.[57] Überdies: Bei fachlicher Beratung verbürgt das Interesse der Bewohner den effektiven Einsatz der knappen Mittel, deren Wirksamkeit etwa bei Wohnungsmodernisierung durch ergänzende Selbsthilfemaßnahmen noch potenziert werden kann. Doch was nun: Beratung als Hilfe zu Anpassung oder Emanzipation? Der Architekt unversehens wieder zwischen den Fronten?
Bei genauerer Betrachtung landen die konzeptionellen Höhenflüge hart auf dem Boden der Tatsachen, zu deren Veränderung sie abhoben. Der Architekt kann kaum beides sein: Baumeister der Reichen und Mächtigen und Tunnel-

---

51 Zur Arbeit in Bürger- und Mieterinitiativen vgl. z. B. die in Arch +, Heft 31/1976 angegebenen Filme zur Wohnungsfrage; zur Arbeit mit Video-Protokollen vgl. S. 11 f. in demselben Heft.
52 Vgl. z. B. Kölner Volksblatt, Ruhr Volksblatt, Klenkes Aachen, Blatt in München, Stadtzeitung für Freiburg u. v. a. m.; ein Erfahrungsbericht: Autorengruppe ‚Märkische Viertel Zeitung', Stadtteilzeitung. Dokumente und Analysen zur Stadtteilarbeit, Reinbek 1974.
53 Die ‚Öffentlichkeitsarbeit' über Regionalprogramme haben viele Initiativen als wichtigen Bestandteil ihrer Arbeit erkannt. Zur Bedeutung einer Fernsehdiskussion vgl. J. Boström, R. Günter, a. a. O., S. 31.
54 R. Günter, E. Hasse, a. a. O., S. 27 f.
55 J. Boström, R. Günter, a. a. O., S. 7. Leicht verführen begeisternd–begeisterte Programme und Berichte bei dieser quer durch verschiedene Tätigkeitsbereiche und Berufe verlaufenden Diskussion dazu, daß Rollendifferenzen und Unterschiede der Reproduktionsbedingungen etwa zwischen Wissenschaftlern, Literaten und praktizierenden Architekten in den Hintergrund geraten.
56 J. Günter u. a., Gemeinsames Lernen in der Arbeiterinitiative, Arch +, Heft 33, S. 13.
57 Vgl. F. Wagener (Hg.), Regierbarkeit? Dezentralisation? Entstaatlichung?, Bonn 1976.

gräber der Ausgebeuteten und Unterdrückten in einer Person.[58] Der Architekt: lebt er zumeist doch gerade davon, die Lebensbedingungen in den Städten so zu verändern, daß sich auf Kosten der Masse ihrer Bewohner damit mehr Geld verdienen läßt als zuvor, und zu dessen Aufgaben in wachsendem Maße — unterstützt von entsprechend qualifizierten Sozialarbeitern und Wissenschaftlern[59] — nicht nur die Durchführung der (physischen) Baumaßnahmen gehört, sondern auch die (psychische) Vorbereitung der Bewohner: „Das harte Aufeinanderprallen der Interessengegensätze muß im partizipatorischen Prozeß umgewandelt werden in den Schein des Miteinander—Füreinander. Denn die Veränderung überkommener Wertvorstellungen ebenso wie der Verzicht auf die Durchsetzung eigener Konzeptionen kann nur in der aktiven Auseinandersetzung mit den neuen Strukturen geschehen, nur in der — zumindest fiktiven — Beteiligung an ihrer Entwicklung kann eine Identifikation mit den neuen Zielvorstellungen entstehen. Wesentlicher Teil der Rolle der Planer und Kommunalpolitiker bei der Betroffenenbeteiligung ist dabei, der Vielzahl heterogener Bedürfnisse zur Artikulation zu verhelfen, sie zu selektieren und im Diskussionsprozeß um das Projekt zu koordinieren und unmerklich den gesetzten Rahmenbedingungen, der Ausrichtung der öffentlichen Mittel und Maßnahmen auf einzelkapitalistische Kostenminimierung und der Schaffung von Bedingungen privater Akkumulation anzupassen."[60]
Partizipation als Beschäftigungstherapie zur Abkühlung der erhitzten Gemüter? Der Planer als Animateur und Gestalt-Therapeut? Konsequent muß sich die Beratung und Mitarbeit in Arbeiter- und Mieterinitiativen gegen das Standesinteresse wenden, muß zurückschlagen auf beruflichen Erfolg und erreichte Positionen, wenn soziales Engagement ernstgenommen wird und nicht selbst schon zur karriere- oder geschäftsfördernden Unterwanderung der Basis von oben her dient. So kommt die Forderung nach Unterstützung sozialer Bewegungen in außerparlamentarischen und -institutionellen Bereichen leicht einem naiven Bekenntnis gleich.
Rasch bleiben Planungsbüros und -genossenschaften in der Auftrags-Konkurrenz auf der Strecke, wenn sie durch kommunalpolitische Aktivitäten nicht nur ‚mitmischen', sondern sich einzumischen versuchen[61]; rasch sind die ‚progressiven' Flügel der Planungsabteilungen im Ränkespiel der Behörden gestutzt und lahmgelegt, wenn ohne geschickte Fraktionierung und Bündnispolitik örtlichen Initiativen zugearbeitet wird oder schon in der extensiven

---

58 Vgl. C. Thürmer-Rohr, Zur vermeintlichen und tatsächlichen Bedeutung von Milieu, in: Arch +, Heft 23/1974.
59 Vgl. C. W. Müller, P. Nimmermann, Stadtplanung und Gemeinwesenarbeit, München 1971; C. Thürmer-Rohr, Stadtteilarbeit und Sozialpädagogik, in: Arch +, Heft 31/1976.
60 H. Faßbinder, Bürgerinitiativen und Planungsbeteiligung, in: Kursbuch 27, Berlin 1972, S. 77.
61 Vgl. Planungsgruppe dt. 8, Sich einmischen oder mitmischen, in: Bauwelt, Heft 10/1977.

Auslegung und Anwendung institutionell und rechtlich gegebener Möglichkeiten ein Schritt zu weit gegangen wurde. Wenn das Engagement bis in die berufliche Praxis überhaupt vorhält, sind von dort aus allererst die örtlichen Besonderheiten, die institutionellen und personellen Gegebenheiten und damit auch die Zielrichtung und Reichweite der anvisierten Konfliktstrategien zu bestimmen. In diesem Rahmen erst können auch die ‚Berater' *realpolitisch* die Konfliktpotentiale und damit ihre eigenen Handlungsmöglichkeiten einschätzen, um sich wirksam in soziale Bewegungen einschalten zu können — nicht: sie einschalten zu können; um von ihnen getragen zu werden — nicht: sie austragen zu wollen.

Sackgassen und Stolperdrähte

Wie gesagt: Im Zusammenhang veränderter Bauaufgaben und politischer Konflikte, sozial orientierter Berufspraxis- und Ästhetik-Diskussionen zeichnen sich Wege zu einem neuen Gestaltungs-Verständnis ab, die über publizistisch breitgetretene Seitenpfade sozialer Experimente und universitärer Diskussionen leicht zu Illusionen verführen. Schnell ergibt zudem durch unzulässige Verallgemeinerung fragmentarischer Berater-Konzepte seminaristisches Wunschdenken einen schiefen Interpretationsrahmen zur Erfassung gesellschaftlicher Realität. Wer kann es sich schon leisten, sich außerhalb entsprechender historischer Bedingungen als „Sekretär des Volkes" zu definieren, und tatsächlich auch entsprechend handeln, ohne um die materielle Basis seiner Existenz fürchten zu müssen? Wer kann sich schon auf Konflikte mit Behörden, Politikern und Großunternehmen einlassen, ohne binnen Kurzem isoliert und kriminalisiert zu werden? Schnell führt die Überschätzung individueller Handlungsspielräume über blinden Aktionismus zu Enttäuschung und Resignation, wenn Perspektiven alternativer Berufspraxis über das (verlängerte) Studium hinaus auf die soziale Wirklichkeit des Berufsalltags übertragen werden, nicht aber zugleich geduldig mit an den Bedingungen einer breiten sozialen, politischen und kulturellen Bewegung gearbeitet wird, die den Rückfall in Vereinzelung und Resignation verhindern.
Um soziales Engagement und gestalterische Phantasie langfristig zur Wirkung bringen zu können, bedarf es einer politischen Sensibilität und fachlicher Kompetenzen, die vordergründig am wenigsten noch mit den oben aufgeworfenen ästhetischen Fragen zu tun haben. Wer von Mieterinitiativen etwa tatsächlich als Berater ernstgenommen werden will, muß außer gutem Willen und persönlicher Integrität vor allem sein ‚Handwerkszeug' mitbringen, neben Solidarität auch Solidität durch handfeste Kenntnisse von hohem ‚Gebrauchswert' als Material für Argumentationen und Alternativkonzepte: Detailkenntnis über technisch-konstruktive Veränderungsmöglichkeiten und Finanzierungsalternativen, parlamentarisch-institutionelle und andere Wege zur Durchsetzung ‚konzertierter' Doppel- und Dreifachstrategien. Um dabei

weder vorschnell ‚verheizt' und nachher ‚kaltgestellt', noch in Reformillusionen betriebsblind zu werden, ist trotz Betroffenheit Distanz erforderlich. Erst die Sicht auf übergreifende gesellschaftliche Entwicklungen schult den Blick für jene Bereiche, in denen der Einsatz sich lohnt, und gibt zugleich Phantasie und Detailschärfe zur Entdeckung finanzieller, rechtlicher und institutioneller Möglichkeiten der Vor- und Zuarbeit für örtliche Initiativen und Mieterselbstorganisation. Selbst unter günstigsten Bedingungen in Büros und Planungsämtern, in Kooperation mit ‚fortschrittlichen' Lehrern, Sozialarbeitern und Kommunalpolitikern bleibt jedoch die Wirksamkeit der direkten und indirekten Mitarbeit in Initiativen und deren Arbeit selbst von umfassenderen gesellschaftlichen Bedingungen bestimmt, die gleichsam das Klima abgeben, in dem Ansätze politischer Selbstbestimmung und -verwirklichung sich entfalten oder ersticken. So haben in den letzten Jahren wirtschaftliche und politische Entwicklungen ein Klima geschaffen, in dem ‚mehr Demokratie zu wagen' tatsächlich wieder zum Wagnis wird: Durch rechtliche Regelungen wurde zwar der Rahmen für institutionalisierte Partizipation, Sozialplanung und Härteausgleich erweitert, zugleich aber Ansätze spontaner Probehandlungen, Meinungsäußerung, Bedürfnisartikulation und Selbstorganisation in die Nähe krimineller Handlungen gerückt.[62] Um hier Vereinzelung und Kriminalisierung zu verhindern und gegen Schweigen und Vergessen Grundrechte zu beleben, bedarf es neben der Aktion und Organisation einer offenen und offensiven Gegenöffentlichkeit zur herrschenden Öffentlichkeit der Massenmedien,[63] bedarf es der ‚Betriebsprotokolle' aus Initiativen, Büros, Ämtern und Parlamenten. Was zur Entfaltung einer lebendigen politischen Kultur im Bereich städtischer Konflikte jedoch vor allem (noch) fehlt, ist eine ganze Tradition konkreter Erfahrung von ‚Beratern' vor Ort[64], von Konsequenzen, die aus sozialer Betroffenheit und parteilichem Handeln zur Veränderung auch des eigenen Lebenszusammenhanges gezogen wurden, ihre Aufarbeitung und Veröffentlichung. Bereits die Versuche der Systematisierung vorhandener Erfahrungen aber müssen noch scheitern, da etwa der Tunnelkrieg ‚alternativer' Praxisansätze in Büros und Behörden kaum zur dokumentarischen Verdoppelung des Elends verlockt und die Tätigkeiten als Feierabend-Berater mit all ihren privaten Konsequenzen kaum Zeit zum Festschreiben läßt. Da auch die einsetzende Zusammenarbeit zwischen einzelnen Initiativen und selbst der überregionale Verbund der Stadt- und Stadtteilzeitungen noch keine politisch orientierende Verallgemeinerung von Erfahrungen erlauben, bestimmen vorerst noch die von den Universitäten und Hochschulen ausgehenden Impulse und Inter-

---

62 Zur aktuellen Rechtsentwicklung vgl. S. Cobler, Die Gefahr geht von den Menschen aus, Berlin 1976
63 Zur Organisationsanalyse von bürgerlicher und proletarischer Öffentlichkeit vgl. O. Negt, A. Kluge, a. a. O.
64 Über das Leben in Arbeitersiedlungen berichtet J. Günter, u. a., a. a. O.

pretationsversuche die (dokumentierte) Diskussion, die dadurch noch stark von universitären Kommunikationsformen und Reputationszwängen eingefärbt ist. So sind etwa bei den Versuchen zur Vermittlung räumlich-gestalterischer Kreativität und Planungskompetenz die Grenzen zwischen politischer Motivation und unverbindlicher ästhetischer Experimentierlust fließend: Von spektakulären Aktionen zur Absicherung individueller Profilierungs- und Publikationsstrategien bis zur unauffälligen institutionellen Verankerung von Beratungstätigkeiten spannt sich ein bunter Bogen zwischen Integration und Emanzipation, zwischen Entmündigung und Ermutigung. Ähnlich widersprüchlich bleiben die Versuche, innerhalb aktueller sozialer Konflikte Fachwissen zur Verfügung zu stellen, aber auch zu erweitern: Einerseits bietet bislang allein solche ‚Projektarbeit' Möglichkeiten, sich realistisch Detailkenntnisse für Konfliktmanagement und für eine Berufspraxis anzueignen, die in den Lehrplänen der Hochschulen noch keine Entsprechung findet; andererseits macht die soziale Nähe betroffen und zwingt dazu, politisch verbindlich und persönlich folgenreich Partei zu ergreifen. Wie diese Widersprüche jedoch ohne Illusionen und Selbsttäuschungen außerhalb universitärer Freiräume langfristig ausgetragen werden und welche Konsequenzen daraus zu ziehen sind, wird erst durch Rückfragen nach weiterführenden politischen Perspektiven und organisatorischen Bindungen zu beantworten sein, durch die eine Gleichzeitigkeit politischen Handelns in Produktions- *und* Reproduktionsbereichen gesichert werden kann.

Die Inszenierung: Wiederholung einer Tragödie als Farce?

Wer an den sozialen Bedingungen, den sozialen Resultaten seines Berufs irre zu werden droht, beginnt auf Abhilfe zu sinnen. Allzu gerne sähe er sich in einer von materieller Not und ideologischer Gängelung befreiten Gesellschaft produktiv und schöpferisch dem Volke dienen, ohne Widersprüche, Konkurrenz und Warentausch. Doch ohne Anstrengung, ohne Arbeit an den objektiven Bedingungen ihrer Verwirklichung löst sich die Utopie vom besseren Leben und vom gesellschaftlichen Glück nicht ein: Wer alles oder nichts auf seine Fahne schreibt, verfällt leicht in kleinbürgerliche Träume von Revolution und sinkt zurück in tiefe Resignation, in der er die schlechten Verhältnisse mitsamt den Menschen verflucht. So braucht die Entscheidung zu dem Kompromiß, im Kapitalismus für die Verbesserung der Lebensbedingungen zu streiten, ‚Geduld und Ironie'. Nicht revolutionäre Ungeduld und nicht distanzlosen Einsatz beim Marsch auf und durch die Institutionen.
Zur Orientierung dazwischen und zu ‚positiven' Alternativen freilich hat die Argumentation bisher wenig beigetragen, da doch das Wesentlichste versäumt blieb: die Einordnung der Tagesereignisse und ihrer Hintergründe in eine historische Perspektive, die andere Maßstäbe setzt, wenn sie durch die gebro-

chenen Traditionen der Arbeiterbewegung hindurch rekonstruiert wird. In weitgreifendem Rückblick hätte dazu an soziale Bewegungen und historische Erfahrungen angeknüpft werden müssen, gegenüber denen die oben vorgetragene Kritik an der Inszenierung der Alltagswelt geradezu naiv wirkt, wenn man an deren Perfektionierung erinnert: vier Jahrzehnte zuvor, im Faschismus.

Um im Bild zu bleiben: Wie Theaterdonner verhallt die Kritik, wenn sie nicht zur aktiven Richtungsbestimmung gesellschaftlicher Entwicklung Anstoß gibt, wozu ein weiteres Zitat aus dem genannten Buch von A. Schwab[65] noch beitragen mag.

---

65 A. Schwab, a. a. O., S. 153 f.

Nachwort (aus dem Jahr 1930)

„Auf allen unseren technischen Hochschulen wird noch heute der Städtebau als ein Teil der Baukunst gelehrt. Was bedeutet das? Es bedeutet, daß die Entwicklung des neuen Bauens, die vom Gerät und vom Möbel ausging und dann das Haus als Ganzes erfaßte, beim weiteren Fortschreiten, als sie auf den großen sozialen Körper „Stadt" stieß, sich vor ein Problem gestellt sah, dessen ernsthafte Behandlung mit einem Schlage alle wirtschaftlichen und sozialen Gegensätze des Kapitalismus aufreißen mußte. Man fühlte, daß diese Frage innerhalb der bestehenden Gesellschaftsordnung nur scheinbar, nur mit provisorischen Teillösungen beantwortet werden konnte, und daß ihre endgültige Lösung von einer vollkommenen Umgestaltung der Wirtschaftsordnung abhängig ist. Man fühlte: wenn man modernen Städtebau nach Grundsätzen der menschlichen Zweckmäßigkeit, also der Zweckmäßigkeit für die breite Masse des Volkes, betreiben wollte, so konnte man zwar mit harmlosen Einzelheiten wie Verkehrsfragen, Fragen des Hochhausbaues, Grünflächen u. dgl. anfangen, würde aber von der inneren Folgerichtigkeit der Tatsachen dazu genötigt, sehr bald bei den Fragen der sozialen Revolution zu enden.

In dieser Situation, die natürlich von den beamteten Sachverständigen, den Professoren und Akademikern, instinktiv als höchst gefährlich empfunden wurde, selbst wenn sie sie keineswegs mit klarem Verstand erkannten, bot sich nun die „Schönheit" als der nächstliegende und freudig benutzte Ausweg an. Da sie als Angehörige der bürgerlichen Klasse sich nicht stark genug fühlen konnten, gegen das geschichtliche Interesse ihrer Klasse aufzutreten, beruhigten sie sich gern mit der Bemühung, den bestehenden Zustand zu verschönern.

So kommt es, daß auch in Großstädten mit einer sehr starken sozialistischen Bevölkerung und einer sozialistisch stark beeinflußten Stadtverwaltung bei städtebaulichen Fragen noch immer ungeniert vom „Stadtbild" gesprochen wird. In der gleichen Debatte, in der es sich etwa darum handelt, dem Spekulantentum Grund und Boden für eine Arbeitersiedlung abzujagen, oder um eine neue Verkehrsverbindung zwischen Wohnungs- und Arbeitsviertel, wird mit dem gleichen Ernst von der Schönheit irgend eines mittelmäßigen alten Gebäudes gesprochen, die man eben doch des Stadtbildes wegen erhalten müsse.

Die Einsicht, daß der Städtebau heute zuerst, zu zweit und zu dritt eine *gesellschaftliche Angelegenheit* ist, und daß der Gedanke an die „Schönheit des Stadtbildes" dabei in 99 von 100 Fällen nur als Deckmantel der sozialen Reaktion und der nackten Eigentumsinteressen dient, ist allerdings noch sehr jungen Datums."

1930

Bildnachweise

Umschlag: dpa (Vorderseite), A. Tüllmann (Rückseite)
S. 10   Verfasser
S. 12   Verf. (4)
S. 14   Verf. (2)
S. 15   Verf. (10)
S. 17   R. Beck (2); E. Peinelt (2); A. Tüllmann (1); Verf. (2)
S. 19   R. Beck (7); Institut Wohnen und Umwelt (1)
S. 21   Werbung: BASF, Gauloises
S. 32   Projektgruppe Entwurfskompendium an der RWTH Aachen
S. 61   H. B. Reichow, Organische Stadtbaukunst, Braunschweig 1948, S. 79
S. 66   A. Tüllmann (1); Verf. (2)
S. 74   Signets der Städte Darmstadt, Duisburg, Gelsenkirchen, Frankfurt/M.
S. 75   Button und Werbung: Stadt Bremen; J. C. Kirschenmann (2)
S. 83   Werbung: Stadt Berlin
S. 87   R. Beck; E. Peinelt
S. 92   Collage: J. Heartfield, A. I. Z. vom 15.5.1933
S. 93   Werbung: Stadt Berlin, Wüstenrot (2); Spalte: Frankfurter Allgemeine Zeitung vom 28.4.1977
S. 100 Poster: hrsg. vom Presse- und Informationsamt der Stadt Frankfurt am Main, August 1976
S. 109 dpa
S. 114 G. Rühl, a.a.O., S. 184
S. 115 G. Rühl, a.a.O., S. 183
S. 116 Verf.
S. 122 Verf.
S. 123 Verf.
S. 135 Werbung: Main-Taunus-Zentrum
S. 136 CZD-Planungsgruppe, a.a.O., S. 24, S. 25
S. 137 Verf.
S. 150 A. Tüllmann; Verf.
S. 154 Institut Wohnen und Umwelt
S. 155 Werbung: MM, Nassauische Heimstätte; dpa
S. 195 dpa
S. 196 Verf.
S. 199 A. Tüllmann
S. 202 A. Tüllmann
S. 203 A. Tüllmann
S. 204 A. Tüllmann
S. 208 Verf.
S. 214 H. Drescher, B. Miller
S. 219 Informationsdienst (1); Institut Wohnen und Umwelt (2); T. K. Müller (1); Westdeutscher Rundfunk (2); Verf. (3)

Bei Fragen zur Produktsicherheit wenden Sie sich bitte an:
If you have any questions regarding product safety,
please contact:

Birkhäuser Verlag GmbH
Im Westfeld 8
4055 Basel, Schweiz
productsafety@degruyterbrill.com